RÜDIGER
SAFRANSKI

KAFKA

Um sein Leben schreiben

Hanser

5. Auflage 2024

ISBN 978-3-446-27972-8
© 2024 Carl Hanser Verlag GmbH & Co. KG, München
Wir behalten uns auch eine Nutzung des Werks für Zwecke
des Text und Data Mining nach § 44b UrhG ausdrücklich vor.
Umschlag: Peter-Andreas Hassiepen, München
Satz: Greiner & Reichel, Köln
Druck und Bindung: Friedrich Pustet, Regensburg
Printed in Germany

MIX
Papier | Fördert
gute Waldnutzung
FSC® C014889

INHALT

VORBEMERKUNG

Franz Kafka, der 1883 in Prag zur Welt kam, war zu Lebzeiten nur Eingeweihten bekannt. Erst nach seinem Tod 1924 in einem Krankenhaus bei Wien wuchs der Ruhm in der internationalen literarischen Welt ins Unermessliche. In seiner makellosen Prosa fand man die Abgründe des 20. Jahrhunderts gespiegelt: die totalitäre Bedrohung und Überwältigung, die Metaphysik im Augenblick ihres Verschwindens, die Einsamkeit eines auf sich zurückgeworfenen Einzelnen, aber auch den existentiellen Trotz und die verborgene Komik der Ausweglosigkeit. So wurde Kafka zu dem wohl am meisten kommentierten Autor des letzten Jahrhunderts. Inzwischen droht er unter den Deutungen fast zu verschwinden. Zahlreiche Spuren führen zu ihm hin, viele auch an ihm vorbei, so wie der Weg zum Schloss im gleichnamigen Roman sich im Nirgendwo verliert.

Dieses Buch verfolgt eine einzige Spur im Leben Franz Kafkas, es ist die eigentlich naheliegende: Das Schreiben selbst und sein Kampf darum. Er selbst sagte von sich: *Ich habe kein litterarisches Interesse sondern bestehe aus Litteratur, ich bin nichts anderes und kann nichts anderes sein.*

In den ekstatischen Zuständen des Schreibens fühlte sich Kafka erst wirklich lebendig. Die ungeheure Welt, die er dabei im Schreiben entdeckt, ist die gewöhnliche, gesehen aus der Perspektive dessen, der zögert, in sie hineingeboren zu werden. Deshalb auch verteidigte er sein Schreiben gegen alle sonstigen Anforderungen des Lebens. Das weckte bei ihm Schuldgefühle, die an die dunklen Kammern des Menschheitsgedächtnisses und an die Misere der religiösen Selbstanklagen rühren, die aber bei ihm zugleich entfesselnd auf das Schreiben zurückwirken. Kein anderer hat aus seinen Schuldgefühlen so viel gemacht wie Kafka. Allerdings war er auch empfindlich gegenüber der banausischen Geringschätzung der Literatur. *Leg es auf den Nachttisch,* sagte der Vater, als Kafka ihm einen seiner wenigen veröffentlichten Texte überreichte. Seine Antwort war der monströse »Brief an den Vater«. Sein Schreiben war der Entwürdigung abgetrotzt. Er ließ sich denn doch nicht beirren, schon gar nicht von den Familienbanden. Entstanden ist dabei ein einzigartiges Werk voller Geheimnisse, von denen Kafka selbst sagte, *die Überlegungen, zu denen sie Anlaß geben, sind endlos.*

Und doch hat er Texte geschrieben von beispielloser Klarheit und Helligkeit. Selten ist die Vieldeutigkeit des Lebens so deutlich dargestellt worden wie bei Kafka. Die Magie seines Schreibens blieb ihm nicht verborgen. Im Tagebuch notiert er einmal: *Wenn ich wahllos einen Satz hinschreibe z. B. Er schaute aus dem Fenster so ist er schon vollkommen.*

Kafka ist ein faszinierendes Beispiel dafür, was Schreiben im Extremfall für das Leben bedeuten kann, wie alles ihm untergeordnet werden kann, welche Anfechtungen und Augenblicke des Glücks sich daraus ergeben und welche Einsichten sich an dieser existentiellen Grenze auftun.

ERSTES KAPITEL

›Ich bestehe aus Literatur, ich bin nichts anderes‹.
Das Tao vom Laurenziberg. Erste Versuche. *»Beschreibung*
eines Kampfes« Schwindelgefühle und Junggesellentum.
»Hochzeitsvorbereitungen auf dem Lande«

Am 14. August 1913 schreibt Franz Kafka an seine Verlobte Felice
Bauer: *Ich habe kein litterarisches Interesse sondern bestehe aus Litte-*
ratur, ich bin nichts anderes und kann nichts anderes sein. Damit will
er Felice warnen: Schreiben ist für ihn keine schöne Nebensache,
kein Ausgleich für die Belastungen im Berufsgeschäft. Er interessiert
sich nicht für Literatur, er ist Literatur, ganz und gar. Felice soll das
endlich begreifen, andernfalls hält sie sich an jemandem fest, den es
gar nicht gibt. Denn auch für sich selbst existiert er nur in seinem
Schreiben, der Rest ist ein *Leichnam.* Er erzählt ihr als Gleichnis für
seine Verbindung mit der Literatur die Geschichte einer Teufels-
austreibung: *Ein Kleriker hatte eine so schöne süße Stimme daß sie zu*
hören die größte Lust gewährte. Als ein Geistlicher diese Lieblichkeit
eines Tages auch gehört hatte, sagte er: das ist nicht die Stimme eines
Menschen, sondern des Teufels. In Gegenwart aller Bewunderer be-
schwor er den Dämon, der auch ausfuhr, worauf der Leichnam … zu-
sammensank und stank.

Was er Felice gegenüber nicht so deutlich ausspricht, dafür aber
im Tagebuch notiert, ist die schlichte Feststellung, dass er einem Leben jenseits der Literatur keinen Reiz abgewinnen kann, dass ihn
alles anödet, was nicht mit dem Schreiben zu tun hat. *Alles was sich*
nicht auf Litteratur bezieht, hasse ich, es langweilt mich Gespräche zu

führen … Besuche zu machen, Leiden und Freuden meiner Verwandten langweilen mich in die Seele hinein. Gespräche nehmen allem was ich denke die Wichtigkeit, den Ernst, die Wahrheit.

Eine andere Tagebucheintragung lautet: *Der Sinn für die Darstellung meines traumhaften innern Lebens hat alles andere ins Nebensächliche gerückt und es ist in einer schrecklichen Weise verkümmert und hört nicht auf zu verkümmern. Nichts anderes kann mich jemals zufriedenstellen.*

Es ist nicht das Traumleben allein, wodurch alles andere nebensächlich wird, sondern es ist die Lust an der Darstellung, die einen solchen Sog auf ihn ausübt. Die Lust des Schreibens also zieht ihn von der sonstigen Wirklichkeit ab, gibt dem Traumleben eine Form und führt es dadurch in das gewöhnliche Leben ein. So kann im Gewöhnlichen das Unheimliche aufscheinen. Dieser ganze Vorgang aber ist in sich selbst sehr fragil. *Nun ist aber meine Kraft für jene Darstellung ganz unberechenbar … So schwanke ich also, fliege unaufhörlich zur Spitze des Berges, kann mich aber kaum einen Augenblick oben erhalten.*

In diesen Augenblicken des Gelingens ist er ein anderer als sonst: *furchtlos, bloßgestellt, mächtig, überraschend, ergriffen.* So kennt man ihn nicht. Wie Antäus zum Riesen wird, wenn er den Boden berührt, so strömt Kafka Lebenskraft zu, wenn er schreibt. Er erklärt Felice, dass er nur darum den Mut hatte, um sie zu werben, weil er sich stark fühlte, da ihm gerade das Schreiben gelang. Das Schreiben, und nur das Schreiben, entband bei ihm Kräfte, von denen er sich sonst abgeschnitten fühlte. Und deshalb konnte er aus der gelungenen Verbindung mit dem Schreiben heraus auch entschiedener und kraftvoller auftreten. Dazu passt auch, dass Kafka äußerst lebendig seine eigenen Texte, aber auch die von anderen vortragen konnte und das auch sehr gerne tat. Der sonst eher scheue Mensch kam hier ganz aus sich heraus oder genauer: war vollkommen in dem enthalten, was er vortrug, und brachte es zur vollkommenen Entfaltung. Wer solche Vortragszenen Kafkas erlebt hat, konnte sie nicht mehr vergessen. Schreibend und vortragend war Kafka ein Verwandelter.

Eine Quelle des Schreibens ist eben auch die Lust an der Verwandlung. Ein anderer sein, wenigstens probeweise, mit der Möglichkeit der Rückverwandlung allerdings. Die berühmte Erzählung »Die Verwandlung« aber wird eine unwiderrufliche Verwandlung schildern – die in einen Riesenkäfer. Hier wird die Verwandlungslust zum Albtraum, der dann doch auch wieder lustvoll ausgemalt wird.

Der Verwandlungslust benachbart ist der Nachahmungstrieb. Kafka selbst hat von seiner mimetischen Begabung gesprochen. 1911 lernte er Tucholskis Freund, den Zeichner und Karikaturisten Kurt Szafranski, kennen und schildert nun im Tagebuch die folgende Szene: *Safranski ... macht während des Zeichnens und Beobachtens Grimassen, die mit dem Gezeichneten in Verbindung stehen. Erinnert mich daran, daß ich für meinen Teil eine starke Verwandlungsfähigkeit habe, die niemand bemerkt. Wie oft mußte ich Max nachmachen.*

Das mimetische Verlangen treibt einen über sich selbst hinaus und lässt einen teilnehmen an einem anderen Leben und ist auf diese Weise auch verknüpft mit dem Schreiben.

Nun muss aber das Schreiben auch geschützt und bewahrt werden, und das erfordert den Rückzug. Eine widersprüchliche Bewegung: die Kraft des Schreibens lässt ihn auf Menschen zugehen und treibt ihn ins Alleinsein, das ihn nur dann nicht ängstigt, wenn er schreibt. So oder so, aus dem Schreiben entspringt ihm die Lebenskraft.

Sie entspringt ihm nicht aus den gewöhnlichen Lebenssphären der Gemeinschaft, der Familie, des Berufs, der Religion, der Sexualität. Da er das Schreiben hat, beklagt er sich nicht darüber, dass ihn *der Lebensstrom niemals ergriffen* habe. Die Folge davon ist, dass er auch in einem übertragenen Sinne abgemagert ist. *Als es in meinem Organismus klar geworden war, daß das Schreiben die ergiebigste Richtung meines Wesens sei, drängte sich alles hin und ließ alle Fähigkeiten leer stehn, die sich auf die Freuden des Geschlechtes, des Essens, des Trinkens, des philosophischen Nachdenkens der Musik zu allererst richteten. Ich magerte nach allen diesen Richtungen ab.*

Das notiert er in der Silvesternacht 1911/12 im Tagebuch und fährt dann fast euphorisch fort: *Ich habe also nur die Bureauarbeit aus dieser Gemeinschaft hinauszuwerfen, um, da meine Entwicklung nun vollzogen ist und ich soweit ich sehen kann, nichts mehr aufzuopfern habe, mein wirkliches Leben anzufangen.*

Mit dem Schreiben also fängt für Kafka das wirkliche Leben an.

Die frühen Schreibversuche zählen für ihn noch nicht. Er hatte damit in der Schulzeit am Altstädtischen Deutschen Gymnasium in Prag angefangen. Sogar einen Roman hatte er begonnen, der von zwei Brüdern handelte, von denen der eine im Gefängnis saß, der andere nach Amerika auswanderte. Damals hatte er es noch gerne, wenn man ihm beim Schreiben zusah. Es erfüllte ihn mit Stolz. Im Tagebuch erinnert er sich an einen Sonntagnachmittag bei Verwandten. Der Junge hatte seine Hefte mitgenommen, um auch dort vor aller Augen darin zu schreiben. *Es ist schon möglich, daß ich ... durch Verschieben des Papiers auf dem Tischtuch, Klopfen mit dem Bleistift, Herumschauen in der Runde unter der Lampe durch jemanden verlocken wollte, das Geschriebene mir wegzunehmen, es anzuschauen und mich zu bewundern.*

Aus diesem Gefühl, zu Großem berufen zu sein, wurde er aufgeschreckt, als ein Onkel nach dem beschriebenen Blatt griff, es las und dann bemerkte: ›*Das gewöhnliche Zeug*‹.

Der stolze kleine Autor, der für sich schreibt und doch nach Aufmerksamkeit verlangt, fühlte sich in diesem Augenblick aus der Gesellschaft verstoßen und bekam, wie es im Tagebuch einigermaßen pathetisch heißt, *einen Einblick in den kalten Raum unserer Welt, den ich mit einem Feuer erwärmen mußte, das ich erst suchen wollte.*

Schreiben also heißt: in die Nähe eines Feuers, einer Inspiration zu kommen. Während der Schulzeit war es vor allem ein Mitschüler, Oskar Pollak, dessen Nähe Kafka suchte, um das Feuer zu bewahren.

Die Erinnerung an diese Freundschaft gab der Schulzeit rückblickend ein wenig Glanz, den sie sonst für ihn überhaupt nicht hatte. Kafka war zwar immer ein guter Schüler gewesen, doch hatte er, jedenfalls in der Erinnerung, sich stets als Versager gefühlt und mit Schrecken dem Augenblick entgegengesehen, da endlich offenbar würde, *wie es mir, dem Unfähigsten und jedenfalls Unwissendsten gelungen war, mich bis hinauf in diese Klasse zu schleichen.* So geschah es natürlich nicht, er zählte bei den Abschlussprüfungen immer zu den Besten.

Oskar Pollak war in der Schulzeit und auch noch während der ersten Jahre des Studiums Kafkas literarischer Vertrauter. Ihm überließ Kafka seine literarischen Versuche zur Begutachtung. Er schrieb an ihn: *Einsiedelei ist widerlich, man lege seine Eier ehrlich vor alle Welt, die Sonne wird sie ausbrüten; man beiße lieber ins Leben statt in seine Zunge; man ehre den Maulwurf und seine Art, aber man mache ihn nicht zu seinem Heiligen.* Die Verurteilung der *Einsiedelei* und die Distanzierung vom *Maulwurf* sind wohl im Sinne von Pollak, dem es offenbar mit spielerischer Leichtigkeit gelang, sich auch in geselligen Formen zur Geltung zu bringen, ohne an Niveau einzubüßen. Ihm gegenüber betont Kafka denn auch die eigenen diesbezüglichen Fortschritte: *ich bin stärker geworden, ich war viel unter Menschen, ich kann mit Frauen reden.* Der nach innen gekehrte Kafka glaubte von seinem Freund Pollak einiges lernen zu können. *Du warst, neben vielem andern, auch etwas wie ein Fenster für mich, durch das ich auf die Gassen sehen konnte. Allein konnte ich das nicht, denn trotz meiner Länge reiche ich doch nicht bis zum Fensterbrett.*

Oskar Pollak, sein Fenster zur Welt, war zum Glück auch literarisch vertrauenswürdig, und darum konnte Kafka ihn auch in seine literarischen Versuche einweihen. Es sei ihm gelungen, schreibt er dem Freund, seine angesammelten Fantasien und Vorstellungen, die zum Ausdruck drängten, endlich *in einem Zug zu heben.* Erhalten hat sich von diesen frühen Texten nur, was Kafka in seinen Briefen an

Pollak eher beiläufig zitiert, wie beispielsweise die Skizze über einen wunderlichen Mann, der *sich auf nichts verstand, kein vernünftiges Wort herausbrachte, nicht tanzen konnte, nicht lachen konnte, aber immer krampfhaft mit beiden Händen eine verschlossene Schachtel trug.* Was sie enthält, möchte er keinem verraten, und so huscht er, ängstlich die Schachtel hütend, durch sein Leben. Nach seinem Tod findet man in der Schachtel – zwei Milchzähne. Eine Parabel also über ein Geheimnis, das enttäuscht, wenn es gelüftet wird.

Erstaunlich ist Kafkas Bereitschaft, diese Versuche mitzuteilen, obwohl er selbst offenbar noch nicht so recht davon überzeugt ist. Er hofft, *daß zwei fremde Augen alles wärmen und es regsamer machen werden.* Es kommt eben doch auf den freundschaftlichen Zusammenhang an. Dafür findet er ein eindringliches Bild: *Nur dadurch, daß die Menschen alle Kräfte spannen und einander liebend helfen, erhalten sie sich in einer leidlichen Höhe über einer höllischen Tiefe, nach der sie wollen. Untereinander sind sie durch Seile verbunden, ... und gräßlich ist es, wenn die Seile um einen reißen.* Es war auch Oskar Pollak, dem Kafka das Geständnis machte: *Gott will nicht, daß ich schreibe, ich aber, ich muß.*

Oskar Pollak hatte Kafka mit der von Nietzsche mitbegründeten Zeitschrift »Der Kunstwart« bekannt gemacht. Der erlesene Ästhetizismus dieser Zeitschrift war für Pollak und dann auch für Kafka eine Weile lang verbindlich. Durch den »Kunstwart« lernte Kafka die damals moderne zeitgenössische Literatur kennen und schätzen, Hofmannsthal, Stefan George, Arno Holz. Der »Kunstwart« hielt auf Strenge, Reinheit, war gegen Schwulst und das bloß Dekorative. Auch das Pompöse und ideologisch Hochgerüstete lehnte er ab. Wenn es in einem Brief Kafkas aus dieser Zeit heißt: *Die Kunst hat das Handwerk nötiger als das Handwerk die Kunst,* so ist das eine Bemerkung ganz im Sinne des »Kunstwarts«.

Vom »Kunstwart« wurde Kafka auch zur Lektüre Nietzsches angeregt. Auf einer Sommerwiese unter einer Eiche las er einem Mädchen, die nichts davon verstand, aus dem »Zarathustra« vor. Solche Szenen allerdings waren zu jener Zeit nicht so ungewöhnlich. Wer von den Gymnasiasten etwas auf sich hielt, musste von Nietzsche begeistert sein. »Ich will der Dichter meines Lebens sein«, hatte Nietzsche verkündet, und das hörten diese jungen Leute gerne, die gegen die Welt ihrer Väter rebellierten, von herkömmlicher Religion kaum mehr berührt waren und sich selbst ihren Glauben suchten. Und wer den Glauben gar noch im »Dichterischen«, im Schreiben also suchte wie der junge Kafka, für den konnte Nietzsche wahrlich eine große Ermunterung sein.

Nietzsche war eine Angelegenheit unter Freunden, die Lehrer brauchten davon nichts zu merken, ebenso wenig wie von der zweiten geistigen Leidenschaft, welche die beiden Freunde miteinander teilten: die Darwin'sche Entwicklungslehre. Pollak wollte darüber in der Schule einen Vortrag halten. Man untersagte es ihm. Und Kafka versuchte, mit dieser Lehre im Rücken, in langen Streitgesprächen seinen anderen Schulfreund, Hugo Bergmann, in seinem Glauben zu beirren. Man habe, so erinnert sich Kafka später, in einer *entweder innerlich vorgefundenen oder nachgeahmten talmudischen Weise* über die Schöpfungsgeschichte und die Existenz Gottes disputiert. Hugo Bergmann, später Rektor der Universität von Jerusalem, erinnert sich ein wenig anders und spricht ganz unumwunden von der »atheistischen oder pantheistischen Periode« des Freundes, der ihn von seinem »jüdischen Glauben unbedingt abspenstig machen« wollte.

Nicht in der Religion, nur im Schreiben fand der junge Kafka geistige Kraft. Doch er weiß, dass er noch viel zu lernen hat. Er bemerkt, wie viel *Schwulst* und *Wortschwall* in seinen Texten ist und wo ihm die *Zucht des Handwerks* noch fehlt. Der Weg bis zu einem Buch ist noch weit. Ein Buch – das ist schon fast etwas Heiliges. Nicht nur für den, der schreibt, auch schon für den, der es liest. Ein Buch kann schön sein, aber darin erschöpft es sich nicht. Kafkas ästhetisches

Glaubensbekenntnis aus früher Zeit lautet: *Wir brauchen aber die Bücher, die auf uns wirken wie ein Unglück, das uns schmerzt, wie der Tod eines, den wir lieber hatten als uns, wie wenn wir in Wälder verstoßen würden, von allen Menschen weg, wie ein Selbstmord, ein Buch muß die Axt sein für das gefrorene Meer in uns. Das glaube ich.*

Nach der Abschlussprüfung war Kafka ratlos, mit welchem Studium er beginnen sollte. Philosophie lockte ihn, aber nicht in ihren abstrakten und systematischen Formen wie im akademischen Betrieb, sondern nur in der lebendigen Gestalt wie etwa bei Nietzsche. Ein paar Wochen hospitierte er bei der Chemie, dann bei der Germanistik, wo ihn der deutsch-nationale Chauvinismus abstieß, und schließlich blieb er bei Jura hängen, nicht weil ihn dieses Fach besonders anzog, sondern weil er glaubte, es nebenher erledigen zu können und er dadurch nicht beim Schreiben beeinträchtigt würde. Das Schreiben war es, was ihn wirklich anging, nichts anderes.

Um 1902, Kafka ist inzwischen 19 Jahre alt und hat das Gymnasium abgeschlossen, kam es zu einer Art Erweckungserlebnis. Er berichtet später davon im Tagebuch. Es war auf dem Laurenziberg, einem Hügelkamm in der Nähe von Prag mit schöner Aussicht auf die ganze Stadt: *Ich saß einmal vor vielen Jahren, gewiss traurig genug, auf der Lehne des Laurenziberges. Ich prüfte die Wünsche, die ich für das Leben hatte. Als wichtigster oder als reizvollster ergab sich der Wunsch, eine Ansicht des Lebens zu gewinnen (und – das war allerdings notwendig verbunden – schriftlich die andern von ihr überzeugen zu können) in der das Leben zwar sein natürliches schweres Fallen und Steigen bewahre aber gleichzeitig mit nicht minderer Deutlichkeit als ein Nichts, als ein Traum, als ein Schweben erkannt werde.*

Die sonst bedrängende Wirklichkeit gerät ins Schweben, weil in ihr ein *Nichts* zu spüren ist, und es geht davon sogar ein *Hauch von Munterkeit* aus. In diesem Schwebezustand spürt er für einen Augenblick nicht mehr das lastende Gewicht der Welt. Zwar bleibt das schwere *Fallen und Steigen* des Lebens erhalten und erscheint doch eigentümlich leicht. Das alles gilt es irgendwie festzuhalten und mitzuteilen. Es ist eine Art taoistisches Weltgefühl, das ihn zum Schreiben ermuntert.

Seit etwa 1906 schreibt Kafka an einer Erzählung mit dem Titel »Beschreibung eines Kampfes« und etwa gleichzeitig an einem Romanentwurf, dem der Herausgeber Max Brod später den Titel »Hochzeitvorbereitung auf dem Lande« geben wird. An beiden Texten arbeitete er bis etwa 1909/10.

Die beiden Texte, die in diesen Jahren entstanden, blieben Fragment und zu Lebzeiten unveröffentlicht, mit Ausnahme einiger Textstücke aus »Beschreibung eines Kampfes«, die Kafka zuerst dem Magazin »Hyperion« überließ und danach, 1912, in seine erste Veröffentlichung »Betrachtung« übernahm.

Der Laurenziberg, der Ort des literarischen Initiationserlebnisses, ist auch ein Schauplatz in der »Beschreibung eines Kampfes«. Der Erzähler unternimmt mit einem Begleiter einen nächtlichen Spaziergang durch die Stadt und dann hinauf zum Laurenziberg. *Ich hoffe*, sagt der Erzähler zu seinem Begleiter, von *ihnen zu erfahren, wie es sich mit den Dingen eigentlich verhält, die um mich wie ein Schneefall versinken, während vor anderen schon ein kleines Schnapsglas auf dem Tisch fest wie ein Denkmal steht.* Der Boden des Wirklichen schwankt. *Seekrankheit auf festem Lande* wird diese Erfahrung genannt. Sie grundiert die ganze Erzählung. Es ist so, als hätte man den *wahrhaftigen Namen der Dinge vergessen* und findet sich nun in der verstörenden Situation, die schwankende Welt wie in Panik mit *zufälligen Namen* überschütten zu müssen, um endlich zur Ruhe zu kommen. Die beiden begegnen einem *Dicken*, welcher auf einer Sänfte durch ein Schilfgebüsch getragen wird. Eine Figur, die an einen Buddha denken lässt. Dieser *Dicke* ergeht sich in *einer Lobpreisung* der Natur, so wie sie ist. *Ja, Berg Du bist schön und die Wälder*

auf Deinem westlichen Abhang freuen mich. – Auch mit Dir, Blume,
bin ich zufrieden und Dein Rosa macht meine Seele fröhlich. Hier ist
jenes *Schweben* zu bemerken, von dem beim Laurenziberg-Erlebnis
die Rede war.

Der *Dicke* seinerseits berichtet von seiner Begegnung mit einem
Beter, offenbar der Gegentypus zu solcher Gelassenheit. Der Beter
ist getrieben vom Verlangen, *angeschaut zu werden*, auch das Intime
soll öffentlich werden. Sein Problem ist, dass er nicht in sich selbst
gründet. Mittelpunktlos hat er seinen Schwerpunkt dort draußen bei
den anderen, bei ihren Blicken und Urteilen. Er wirkt deshalb wie aus
Seidenpapier herausgeschnitten und *knittert* und *biegt* sich in jedem
Luftzug.

»Beschreibung eines Kampfes« lautet der Titel, den Kafka diesen Erzählsequenzen gegeben hat. Wer kämpft? Wer ist der Gegner?
Welcher Kampf?

Erwartet man einen Kampf im Sinne eines dramatischen Geschehens, so wird man enttäuscht. Gewiss, es gibt Spannungen, Gegen-
sätze zwischen den Figuren. Vom Erzähler her gesehen verkörpern
sie alle einen Widerstand. Doch zu einem richtigen Kampf kommt es
nicht. Der Erzähler gleitet zu ihnen hinüber. Die Personen und Dinge stoßen sich nicht hart im Raum, sie sind nicht scharf genug voneinander geschieden. Für die ganze Erzählung gilt, dass offenbar *alle*
Dinge ihre schöne Begrenzung verloren haben. Immer wieder fließen
sie ineinander. Es fehlen auch scharf umrissene Handlungen, innere Notwendigkeit, Ereignisse. Der Erzähler bleibt eingesponnen in
seinen Einbildungen. Es geht eine Bewegung durch die Geschichte,
und doch kommt sie nicht von der Stelle. Wie in einem Traum geht
nichts vorwärts. Als müsse nun endlich etwas Dramatisches her-
beigezwungen werden, wendet sich der Erzähler an seinen Begleiter
mit der Aufforderung: *Sie werden sich morden müssen,* darauf der
Begleiter: *Sie töten sich nicht. Niemand liebt Sie. Sie erreichen nichts.*
Die jähe Aufwallung verebbt.

Bezieht man die ganze Erzählung auf die Laurenziberg-Erfahrung, so könnte man sagen, dass in ihr das Leben zwar *als ein Nichts, als ein Traum, als ein Schweben* dargestellt wird, doch es fehlt sein *natürliches schweres Fallen und Steigen.* Das Schreiben erreicht noch nicht die Härte des Wirklichen, es spielt auf dem vorgelagerten Feld des Verhältnisses von Sprache und Wirklichkeit.

Die Aufmerksamkeit richtet sich auf die wirklichkeitschaffende Macht der Sprache. *Wir kamen mit guter Schnelligkeit immer weiter in das Innere einer großen, aber noch unfertigen Gegend, in der es Abend war.* Die Gegend ist unfertig, weil sie vom Erzähler erst noch fertig gemacht werden muss. *Die Landstraße, auf der ich ritt, war steinig und stieg bedeutend, aber gerade das gefiel mir und ich ließ sie noch steiniger und steiler werden.* Der Leser wird Zeuge der allmählichen Verfertigung einer Landschaft. *»Jetzt aber – ich bitte Euch – Berg Blume Gras, Buschwerk und Fluß, gebt mir ein wenig Raum, damit ich athmen kann.« Da entstand ein eilfertiges Verschieben in den umliegenden Bergen, die sich hinter hängende Nebel stießen ...* Hier wird, anders als später bei Kafka, der experimentelle Charakter dieser Prosa eigens ausgestellt, bewusst gemacht, wie die Sprache die Wirklichkeit modelliert und mobilisiert.

Die wirklichkeitschaffende Macht der Sprache ist das eine, das andere ist die Trennung von Sprache und Wirklichkeit: die Worte erreichen nicht die Dinge, die sinnliche Erfahrung wird nie angemessen von der Sprache eingefangen werden können. Wir haben, heißt es in Kafkas Text, *den wahrhaftigen Namen der Dinge vergessen.* Die benannte Welt deckt sich nicht mit der Welt der Erfahrung.

Diese Sprachskepsis war seit der Jahrhundertwende unter den Schriftstellern und Philosophen weit verbreitet. Kafka hatte mit Zustimmung Hofmannsthals dessen »Chandos«-Brief gelesen, der den unüberbrückbaren Abgrund zwischen Sprache und Wirklichkeit reflektiert, und er hatte bei Franz Brentano – dem einzigen Philosophen, den er gründlich studiert hatte – den Gedanken gefunden, dass die Wirklichkeit aus Einzelheiten besteht, dass aber die Worte immer einen Hof allgemeiner Bedeutungen um sich haben, weshalb die beiden Sphären – die Einzelheiten des Wirklichen und die Allgemeinheit der Worte – nicht zur Deckung kommen können.

In Kafkas »Beschreibung eines Kampfes« gehört diese Nichtübereinstimmung zwischen Sprache und Wirklichkeit offenbar zu den Ursachen der ominösen *Seekrankheit auf festem Lande*. Womöglich ist das auch der eigentliche *Kampf*, der hier stattfindet, der Kampf nämlich um den Zugang zur Wirklichkeit. Der Versuch, einen Halt zu finden. Schreiben gegen die *Seekrankheit* und ihre Schwindelgefühle.

Kafka ließ die »Beschreibung eines Kampfes«, an dem er über mehrere Jahre geschrieben hatte, unfertig liegen. Der Text war, wie er selbst einmal sagte, für ihn etwas geworden, das zwar geschrieben werden musste, aber nicht gelesen zu werden brauchte.

Die »Hochzeitsvorbereitungen auf dem Lande« entstanden ungefähr zur selben Zeit wie die »Beschreibung eines Kampfes«. Auch die Arbeit an diesem Text – von ihm selbst »Roman« genannt – wurde um 1908 abgebrochen. Deutlicher als in der »Beschreibung eines Kampfes« kündigt sich hier die Kunst des späteren Kafka an.

Der Protagonist der Erzählung, Eduard Raban, bricht zu einem zweiwöchigen Landurlaub auf, um seine Braut Betty zu treffen. Geschildert wird die Reise, beginnend mit dem städtischen Weg zum Bahnhof, die Bahnfahrt und schließlich die Ankunft im Gasthaus. Auch hier gibt es eigentlich keine Handlung, keine Verwicklungen, sondern nur Schilderungen von Straßenszenen, Bahn- und Kutschfahrten und zufällige Begegnungen, Gespräche. Die Erzählung bricht vor der Begegnung mit Betty, der Braut, ab mit dem vagen Verdacht, Betty könnte von *lüsternen Männern* einiges zu leiden gehabt haben.

Am Ende also ein Verdacht. Begonnen hat die Erzählung mit der Schilderung einer Welt, die vielleicht noch nicht verdächtig, aber schon befremdlich ist. Beziehungslos gehen die Passanten durch den Regen, der *eingezwängt in diese enge Gasse verworren fiel*. Ein Mädchen hält ein Hündchen im Arm, eine Dame mit ausladendem Hut zieht vorbei, zwei Männer gestikulieren, andere rauchen und tragen eine *aufrechte längliche Wolke vor sich her*. Es sind stummfilmartige, ein wenig surrealistische Sequenzen. Hier wird keiner *mit Liebe behandelt* und alle sind *allen gänzlich fremd*. Geschildert wird das Ganze aus der Ich-Perspektive Rabans, der sich zunächst durch angestrengte Gleichgültigkeit schützt, bis ihn plötzlich Entsetzen packt und er sich *förmlich durchbohrt* fühlt, nicht von einem besonders schrecklichen Ereignis, sondern von der gewöhnlichen Wirklichkeit. Es quält ihn auch der Verdacht, es könnte alles zu spät sein, ein Gefühl, dem wir im Werk Kafkas noch oft begegnen werden. Raban beeilt sich, die Passanten werden hinderlich, stehen im Wege. Warum die Eile, dort anzukommen, wohin er eigentlich gar nicht will? Am besten wäre es, denkt er, *ich schicke diesen angekleideten Körper. Wankt er zur Thür meines Zimmers hinaus, so zeigt das Wanken nicht Furcht sondern seine Nichtigkeit. Es ist auch nicht Aufregung, wenn er über die Treppen stolpert, wenn er schluchzend aufs Land fährt und weinend dort sein Nachtmahl ißt. Denn ich, ich liege inzwischen in meinem Bett, glatt zugedeckt mit gelbbrauner Decke, ausgesetzt der Luft, die durch das wenig geöffnete Fenster weht. Ich habe wie ich im Bett liege die Gestalt eines großen Käfers, eines Hirschkäfers oder eines Maikäfers glaube ich.*

Das ist Kafkas Junggesellenlogik: Besser als Käfer im Bett zu bleiben als einer Braut allzu nahe zu kommen. In den »Hochzeitsvorbereitungen« ist dieses Motiv angedeutet, in der »Verwandlung« wird es im November 1912 entfaltet, zu einer Zeit, da die Briefbeziehung zu Felice Bauer auf eine Verlobung zusteuert. In der »Verwandlung« wacht Gregor Samsa eines Morgens wirklich in einen Käfer verwandelt auf. Raban aber stellt es sich nur vor. Hier zu bleiben, wenn auch als *Hirschkäfer*, erscheint ihm verlockender als der

Weg zur Braut. Und was die Braut selbst betrifft, so kennt er sie doch eigentlich gar nicht, er weiß nicht, was sie über ihn denkt, was sie für ihn empfindet. Eigentlich zieht ihn nichts zu ihr. Er überlegt sogar, absichtlich in einen falschen Zug einzusteigen: Vermeidungsphantasien.

Er weicht zurück, macht Umwege, sucht Hindernisse und Abstände. Während der Eisenbahnfahrt stört ihn die Unerbittlichkeit, mit der die Bahn ihr Ziel ansteuert. Die letzte Wegstrecke legt er im Pferdefuhrwerk zurück. Er kommt im Gasthaus an, wo das Treffen mit Betty verabredet ist. Er fühlt sich fehl am Platze und sehnt sich zurück in die Stadt. Wo er auch ist, er stellt sich immer ein Anderswo vor, um nicht ganz hier zu sein. Er könnte vor *Heimweh* sterben, sagt er sich. In der Stadt würde ein ordentliches Essen auf dem Tisch stehen, hinter dem Teller die Zeitung, darüber eine helle Lampe; hier aber, im Dorfgasthaus, wird es wohl eine *unheimlich fette Speise geben*, eine fremde Zeitung und ein schlechtes Licht, das vielleicht zum Kartenspiel reicht, doch nicht *zum Zeitungslesen*. Sein Unbehagen darf er den Wirt nicht spüren lassen, denn der wird vom Bräutigam auf die Braut schließen, und diese würde dann auch bei ihm im Ansehen sinken, und dafür möchte er nicht verantwortlich sein. Vor der eigentlichen Begegnung mit der Braut bricht die Erzählung ab.

Ein Bräutigam, der zu den Vorbereitungen einer Hochzeit anreist, die ihn schreckt, der sich das aber nicht eingesteht und stattdessen alle möglichen Ungelegenheiten sucht und sich ausdenkt, der sich in dieses Gespinst von Möglichkeiten verstrickt und die Wirklichkeit scheut – ein solcher Bräutigam muss unweigerlich komisch wirken, ein Held der erotischen Handlungshemmung. Er lässt sich auf die Menschen und Dinge ein, insofern sie ihm Aufschub gewähren. Eine solche Welt des Aufschubs ist eine andere als jene Welt, die man eilig durchquert, um ans Ziel zu gelangen. Sie kann den Charakter des Rätselhaften und Geheimnisvollen annehmen. Die Aufmerksamkeit richtet sich auf das, was vom Ziel ablenkt, und sie findet dort vieles zu entdecken. Wichtig wird, was am Wege liegt oder sich in den Weg stellt. Abzweigungen verlocken, das Ziel zu vermeiden. So wird die Wirklichkeit labyrinthisch. Im »Schloss«-Roman findet diese Wucherung von Möglichkeiten, die an kein Ziel führen, ihre ästhetisch vollkommene Gestalt.

Die »Hochzeitsvorbereitungen auf dem Lande« erzählen also von einem Bräutigam, der am liebsten ein Junggeselle bleiben würde. Die bei Kafka notorische Junggesellenproblematik wird hier zum ersten Mal thematisiert.

In den Jahren, als Kafka an den »Hochzeitsvorbereitungen« schrieb, war für ihn noch keine Braut in Sicht. Es gab eine Reihe von kleineren Liebesgeschichten, Affären. Einmal, um 1907, hatte er Umgang mit einer Kellnerin, die gelegentlich wohl auch der Prostitution nachging. Wie überhaupt Bordellbesuche auch für ihn etwas Selbstverständliches waren. Das Sexuelle lockte ihn nicht, es bedrängte ihn. Er hatte einen Abscheu davor, auch und gerade weil es periodisch so große Gewalt über ihn besaß. Er empfand es als entwürdigend, etwas Fremdes, das ihm geschah und eigentlich nicht zu ihm gehörte.

Es gab bei ihm starke Liebesgefühle mit Scheu vor dem Sexuellen, und es gab bei ihm sexuelles Begehren ganz ohne Verliebtheit. Eine Begegnung, womöglich die erste, schildert er in einem Brief an Milena, um ihr seine *Angst* vor der Sexualität anzudeuten. Was er ihr schildert, hat sich wohl kurz vor der ersten Staatsprüfung 1904 abgespielt.

Um sich von den Prüfungsvorbereitungen abzulenken, beobachtet er vom Fenster aus das Ladenmädchen eines gegenüber gelegenen Konfektionsgeschäftes. Er gibt ihr ein Zeichen, man verabredet ein Treffen nach Dienstschluss. Doch zum verabredeten Zeitpunkt tritt ein anderer Mann auf, bei dem sich das Mädchen einhängt, doch über die Schulter hinweg gibt sie ihm Zeichen. Nach einer Weile verabschiedet sie sich von dem anderen Mann, und Kafka geht mit dem

Ladenmädchen in ein Stundenhotel. *Und als wir dann gegen Morgen, es war noch immer heiß und schön, über die Karlsbrücke nachhause giengen, war ich allerdings glücklich, aber dieses Glück bestand nur darin, daß ich endlich Ruhe hatte vor dem ewig jammernden Körper, vor allem aber bestand das Glück darin, daß das Ganze nicht noch abscheulicher, nicht noch schmutziger gewesen war.*

An solche Szenen konnte Kafka nur mit Schrecken und Schuldgefühlen denken. Dabei war er durchaus ein erotischer Mensch. In einem Brief an Felice blickt er mit einem stolzen Unterton auf eine Zeit zurück, da er mit Mädchen zusammen war, *in die ich mich leicht verliebte, mit denen ich lustig war und die ich noch leichter verließ oder von denen ich ohne die geringsten Schmerzen mich verlassen sah.*

Es gab bei ihm also die zahlreichen kürzeren und längeren Liebesgeschichten, doch es gab auch den Wunsch, der allerdings unerfüllt blieb, eine ganz normale Ehe einzugehen mit Kindern, Familie und allem, was dazugehört. Mit immer neuen Formulierungen hat er behauptet, erst ein solches Leben bedeute, in der Wahrheit zu leben. Er bezog sich dabei sowohl auf die jüdische Tradition wie auch auf sein großes Vorbild Flaubert, der, erotisch und sexuell hochaktiv, Junggeselle blieb und doch mit Ehrfurcht auf die eheliche Normalität blickte und sie als die eigentlich wahre Existenzform bezeichnete.

Später wird Kafka in seinem nie abgeschickten »Brief an den Vater« die Theorie entwickeln, dass der Vater das Terrain von Ehe und Familiengründung besetzt gehalten hätte, weshalb es für ihn tabu gewesen sei. So habe er nie ein Leben führen können, wie er es sich eigentlich gewünscht hätte, nämlich: *heiraten, eine Familie gründen, alle Kinder, welche kommen wollen, hinnehmen, in dieser unsichern Welt erhalten und gar noch ein wenig führen ist meiner Überzeugung nach das Äußerste, das einem Menschen überhaupt gelingen kann.* Weil ihm dieses Gebiet also versperrt war durch die schiere Existenz des machtvollen Vaters, habe er ausweichen müssen in die Welt des Schreibens.

Doch ist es wirklich so? Ist das Schreiben nur ein Ersatz, eine Not-lösung? Oder ist nicht vielmehr der Wille zum Schreiben bei ihm so stark, dass Ehe und Familienleben demgegenüber ernsthaft nicht in Betracht kommen? Jedenfalls waren für ihn die angeblichen Wonnen des Familienlebens nur in der Rolle des Zaungastes auszuhalten.

ZWEITES KAPITEL

Erste Buchveröffentlichung: »Betrachtung«.
Euphorie des Schreibens. Das Doppelleben. Schreiben und
Brotberuf. Im Büro. Bei den Eltern wohnen.
Der Vater. Max Brod. Judentum

Das Junggesellentum ist aus der Perspektive des Schreibens womöglich eine notwendige Lebensform, von der bürgerlichen Normalität und von der religiösen Tradition her gesehen aber erscheint sie als Unglück und wird mit Schuldgefühlen belastet.

Unter die kurzen Texte, die Kafka in seine erste Buchveröffentlichung »Betrachtung« von 1912 aufnahm, gehört auch »Das Unglück des Junggesellen«, eine ziemlich unverschlüsselte Beschreibung der düster erscheinenden Aussichten einer Junggesellenexistenz: *Es scheint so arg, Junggeselle zu bleiben, als alter Mann unter schwerer Wahrung der Würde um Aufnahme zu bitten, wenn man einen Abend mit Menschen verbringen will, krank zu sein und aus dem Winkel seines Bettes wochenlang das leere Zimmer anzusehn, immer vor dem Haustor Abschied zu nehmen, niemals neben seiner Frau sich die Treppe hinaufzudrängen, in seinem Zimmer nur Seitentüren zu haben, die in fremde Wohnungen führen, sein Nachtmahl in einer Hand nach Hause zu tragen, fremde Kinder anstaunen zu müssen und nicht immerfort wiederholen zu dürfen: ›Ich habe keine‹, sich im Aussehn und Benehmen nach ein oder zwei Junggesellen der Jugenderinnerungen auszubilden.*

So wird es sein, nur daß man auch in Wirklichkeit heute und später selbst dastehen wird, mit einem Körper und einem wirklichen Kopf, also auch einer Stirn, um mit der Hand an sie zu schlagen.

Die Textsammlung »Betrachtung« war mit den beiden Verlegern Ernst Rowohlt und Kurt Wolff, die zu diesem Zeitpunkt noch zusammenarbeiteten, bei einem Besuch in Leipzig im Juni 1912 verabredet worden. Vor allem der in Verlagsgeschäften versierte Max Brod drängte seinen Freund dazu und leistete wichtige Vermittlungsdienste.

Kafka hatte gemischte Gefühle: er genoss es zwar, in Person eines namhaften Verlegers von der literarischen Öffentlichkeit anerkannt zu werden; diese öffentliche Sichtbarkeit erfüllte ihn schon auch mit einigem Stolz, aber er tat sich auch schwer, geeignete Texte aus seinem in den letzten Jahren angewachsenen Vorrat auszuwählen. Er war ja ein überaus strenger Beurteiler seiner eigenen Sachen. Einmal schrieb er dem Freund: *willst du mir wirklich raten … bei hellem Bewußtsein etwas Schlechtes drucken zu lassen, das mich dann anwidern würde … ist denn das Nichtgedrucktwerden und noch Ärgeres nicht viel weniger schlimm als dieses verdammte Sichzwingen?*

Schließlich ließ sich Kafka doch darauf ein, sparte aber nicht mit Bemerkungen, welche wie gewöhnlich die eigene Arbeit herabsetzen sollten, zum Beispiel kommentiert er Felice gegenüber die von den Verlegern gewählte Schrifttype so: *Sie* (die Schrifttype) *ist zweifellos ein wenig übertrieben schön und würde besser für die Gesetzestafeln Moses passen als für meine kleinen Winkelzüge.*

Manche dieser *Winkelzüge* deuten auf Späteres hin, etwa der Text »Entlarvung eines Bauernfängers«. Es handelt sich dabei um ein frühes Gegenstück zur berühmten Parabel »Vor dem Gesetz«. Dort lässt ein Mann vom Lande sich den Einlass ins Gesetz vom Türhüter versperren, obwohl der Eingang doch für ihn bestimmt ist. In der »Bauernfänger«-Geschichte versucht ein Türhüter den Protagonisten davon abzuhalten, in eine Gesellschaft zu gehen, zu der er eingeladen ist. Solche *Bauernfänger,* heißt es in dieser Geschichte, umgeben sich anlockend und bedrohlich mit einer Aura der Macht, die aber doch nur eine Anmaßung sei, nur ein täuschender *Anblick einer Un-*

nachgiebigkeit. Der einschüchternde Bann muss gebrochen werden. *Erkannt! Sagte ich und klopfte ihm* (dem Bauernfänger) *noch leicht auf die Schulter. Dann eilte ich die Treppe hinauf … Aufatmend und langgestreckt betrat ich den Saal.* Offenbar ein vorweggenommener, impliziter Kommentar zur späteren Parabel »Vor dem Gesetz«, der dazu ermuntert, sich nicht einschüchtern zu lassen von den Reden der verbietenden, hindernden Macht. Vielleicht sind sie doch nur – Bauernfängerei.

In die Sammlung der »Betrachtung« rettete Kafka einige Entwürfe und Skizzen, die in den Zusammenhang der Arbeit an der »Beschreibung eines Kampfes« gehören. Der Kampf um die Wirklichkeit hinter der Sprache, schon in der »Beschreibung eines Kampfes« ein wichtiges Motiv, zieht sich auch hier als roter Faden durch die Texte. Eine Skizze, »Der Nachhauseweg« überschrieben, beginnt mit dem Satz: *Man sehe die Überzeugungskraft der Luft nach dem Gewitter!* Auf die Überzeugungskraft der Luft setzt man, wenn einem Zweifel am Gewicht der Worte kommen. Ein anderer Text, »Der Fahrgast«, beginnt so: *Ich stehe auf der Plattform des elektrischen Wagens und bin vollständig unsicher in Rücksicht meiner Stellung in dieser Welt, in dieser Stadt, in meiner Familie.* Diese Unsicherheit besteht darin, dass dieses Ich, gefragt nach seiner Stellung in der Welt, nicht recht antworten kann. Es hapert bei den Wörtern. *Ich kann es gar nicht verteidigen, dass ich auf dieser Plattform stehe.* Das Unheil beginnt, wenn man zu seiner Verteidigung nichts vorzubringen, nichts zu sagen hat, und das in einer Situation, wo es auf eine Rechtfertigung im Medium der Sprache ankommt.

»Abweisung« variiert und verknüpft die Motive der »Beschreibung eines Kampfes« und der »Hochzeitsvorbereitungen auf dem Lande«, also das Problem der Sprache einerseits und die hinausgeschobene oder vereitelte Begegnung andererseits. Ein Ich begegnet einem Mädchen, das stumm vorbeigeht. Nun stellt sich dieses Ich vor, was man hätte reden können, wie viel Welt man zwischen sich hätte sprachlich aufblühen lassen können, und würde doch am Ende zu demselben Ergebnis gekommen sein, nämlich dass man auseinandergeht. *Ja, wir haben beide recht und, um uns dessen nicht unwiderleglich bewußt zu werden, wollen wir, nicht wahr, lieber jeder allein nach Hause gehen.*

Diese erste Buchveröffentlichung fällt in eine Lebensperiode, für die sich deutliche Spuren eines gesteigerten literarischen Selbstwertgefühls finden lassen.

Am 19. Februar 1911 notierte Kafka im Tagebuch: *zweifellos bin ich jetzt im Geistigen der Mittelpunkt von Prag.* Er strich diese Passage durch, ließ aber die nicht weniger selbstbewusste Fortsetzung dieses Satzes stehen: *Wenn ich wahllos einen Satz hinschreibe z. B. ›er schaute aus dem Fenster‹ so ist er schon vollkommen.* In diesem Jahr – 1911 – häuften sich die Augenblicke der Euphorie beim Schreiben oder auch nur bei der Aussicht auf das Schreiben. Was würde er nicht alles aus sich herausholen können! *Das Bewußtsein meiner dichterischen Fähigkeiten ist am Abend und am Morgen unüberblickbar. Ich fühle mich gelockert bis auf den Boden meines Wesens und kann aus mir heben was ich nur will.*

Am 28. März 1911 besuchte Kafka einen Vortrag Rudolf Steiners. Er hatte zuvor um ein Gespräch gebeten und sich im Tagebuch dafür einige Notizen gemacht. *Mein Glück, meine Fähigkeiten und jede Möglichkeit irgendwie zu nützen liegen seit jeher im Litterarischen. Und hier habe ich allerdings Zustände erlebt (nicht viele) die meiner Meinung nach den von Ihnen Herr Doktor beschriebenen hellseherischen Zuständen sehr nahestehen, in welchen ich ganz und gar in jedem Einfall wohnte, aber jeden Einfall auch erfüllte und in welchen ich mich nicht nur an meinen Grenzen fühlte, sondern an den Grenzen des Menschlichen überhaupt.*

Es sei schwer zu ertragen, fährt er fort, zu Zeiten hellseherisch an den *Grenzen des Menschlichen* sich aufzuhalten und zu anderen

Zeiten im Büro. Diese *zwei Berufe* können einander kaum vertragen. Steiner wusste offenbar keinen Rat, wie mit dieser Doppelexistenz – an den *Grenzen des Menschlichen* und im Büro – umzugehen sei. Ob Kafka einen solchen Rat wirklich erwartet hatte, sei dahingestellt.

Sogar beim Diktieren von amtlichen Texten im Büro, wenn ihm nach längerem Nachdenken ein treffender Ausdruck einfällt, überkommt ihn die Einsicht, *daß zu einer dichterischen Arbeit alles in mir bereit ist und eine solche Arbeit eine himmlische Auflösung und ein wirkliches Lebendigwerden für mich wäre.* Und auch wenn das Schreiben stockt, zweifelt er nicht daran, dass er mit seinem ganzen Wesen ein Schriftsteller ist. Denn es ist ihm bewusst, dass er die Wirklichkeit im Medium der Sprache und des Schreibens erfährt, auch wenn er gerade nicht schreibt. Er ist eben stets angespannt und auf dem Sprung, sie in Worte zu fassen. Im Horizont des Schreibens erst kommt für ihn das, was er erfährt, zu seiner Wahrheit. Bereits die Antizipation des Schreibens – und nicht erst das Schreiben selbst – bestimmt sein Verhältnis zur Wirklichkeit und bedingt seine Erfahrung.

Das hat aber auch einen bedrohlichen Aspekt, denn *ein nicht schreibender Schriftsteller ist allerdings ein den Irrsinn herausforderndes Unding.* Warum? Der Schriftsteller ist für Kafka mit einer Wirklichkeit konfrontiert, die voller *Gespenster* ist, die er von sich ablenkt, indem er schreibt. Wenn er nicht schreibt, greifen diese *Gespenster* ihn an – bis zum *Irrsinn.* Das mag nicht für jeden Schriftsteller gelten, für ihn aber gilt es.

Kafka muss schreiben. Doch ein Schriftsteller im professionellen Sinne möchte er nicht werden. In einem Briefentwurf an Felices Vater, bei Gelegenheit der Verlobung, nennt Kafka die Literatur zwar sein *einziges Verlangen* und auch seinen *einzigen Beruf,* doch um kein Missverständnis aufkommen zu lassen, betont er, *dass er nicht die Kraft dazu habe,* mit der Literatur seinen Lebensunterhalt zu bestreiten. Er will für die Literatur leben, aber nicht von ihr. Und so bleibt er auf den Posten bei der »Arbeiter-Unfall-Versicherungs-Anstalt« angewiesen, auch wenn er dort Zeit verliert, die ihm dann beim Schreiben fehlt. Deshalb klagt er so häufig über das *schreckliche Doppelleben, aus dem es wahrscheinlich nur den Irrsinn als Ausweg gibt.* Doch bisweilen sieht er alles ganz anders. Dann gesteht er sich ein, wie erleichternd es für ihn ist, nicht seine *ganze Zeit* für das Schreiben zur Verfügung zu haben. Womöglich gewährt die Berufsarbeit auch Schutz vor der verschlingenden, alles in sich hineinziehenden Macht des Schreibens, vielleicht ist es gerade das Büro, das ihn vor dem *Irrsinn* bewahrt.

Kafkas Berufsleben hatte im Sommer 1906 begonnen. Nach dem Rigorosum im Sommer absolvierte er zuerst ein Praktikumsjahr bei Gericht und in einer Advokatur, dann arbeitete er ein Jahr bei der »Assicurazioni Generali«, einer international agierenden Versicherungsgesellschaft, von der er sich erhofft hatte, später vielleicht nach Südamerika geschickt zu werden. Das war sein Traum, hinaus in die Ferne, diesem unheimlichen Prag *mit seinen Krallen* entkommen! Doch daraus wurde nichts. Bei der »Assicurazioni« herrschte ein strenges Arbeitsregime, an sechs Tagen bis abends 18 Uhr Bürozeit und oft darüber hinaus. Zum Schreiben, *dieser entsetzlichen Beschäftigung, die jetzt entbehren zu müssen mein ganzes Unglück ist,* blieb also keine Zeit und keine Kraft. Es reichte nur für Besuche in Nachtlokalen und Kabaretts, die er nun häufig frequentierte, meist zusammen mit Max Brod. Da seine Schuldgefühle immer hellwach waren, fühlte er sich schon fast als verkommenes Subjekt.

Als sich die Aussicht auf eine Stelle bei der »Arbeiter-Unfall-Versicherungs-Anstalt« (AUVA) eröffnete, kündigte er bei der »Assicurazioni« mit der Begründung, dass ihm das allgegenwärtige *Schimpfen* im Büroalltag inzwischen unerträglich geworden sei.

Am 10. Juli 1908 trat Kafka seine Stelle bei der halbstaatlichen AUVA an und konnte nun also auf eine Beamtenexistenz rechnen.

Sicherlich war die Fürsprache seines ehemaligen Mitschülers und Freundes Felix Pribram, dessen Vater der Präsident der Anstalt war, hilfreich gewesen. Kafka hatte sich wegen der günstigen Dienstzeit hier beworben, von 8 bis 14 Uhr. Sie würde ihm, hoffte er, genügend Zeit lassen für das Schreiben, um das herum er seinen Tagesablauf einrichtete. Morgens Büro, nach dem Essen ein Mittagsschlaf. Dann Spaziergänge, Besuche; abends Schreiben bis tief in die Nacht, manchmal sogar bis in den frühen Morgen. Obwohl er oftmals übermüdet an seinem Arbeitsplatz erschien, machte er schnell Karriere. Vom Aushilfsbeamten schaffte er es in recht kurzer Zeit bis zu einer leitenden Stellung als Obersekretär in seiner Abteilung, die sich herumzuschlagen hatte mit Einsprüchen und Forderungen von Unternehmen, bei denen es zu Arbeitsunfällen gekommen war. Später spezialisierte sich Kafka auf die Verbesserung des Arbeitsschutzes. Er wurde zu den einschlägigen Kongressen geschickt, und man vertraute ihm die Abfassung wichtiger Schriftsätze an. Weil man ihn unbedingt halten wollte, wurde seinen Bitten um Gehaltserhöhung fast immer entsprochen, und schon vor Ausbruch der Tuberkulose Ende 1917 wurden ihm alle Kuren gewährt, die er beantragte. Als er dann schwer erkrankte, kam man ihm in jeder Hinsicht entgegen. Das inzwischen beträchtliche Gehalt wurde stets weitergezahlt, obwohl er immer seltener seiner Arbeit nachkommen konnte. Er war allseits beliebt und wurde von den Vorgesetzten seiner fachlichen Kompetenz wegen hoch geschätzt. Bewundert wurde die stilistische Brillanz seiner Schriftsätze. Dieser freundliche, bescheidene, hoch aufgeschossene, sehr schlanke, jungenhaft wirkende Mann war ein Gesprächsthema unter den Kollegen. Noch lange erinnerte man sich an jene Szene, als Kafka bei der feierlichen Ernennung zum »Koncipisten«, am 27. April 1910, einen Lachanfall bekam, der gar nicht aufhören wollte. Brod notierte in seinem Tagebuch: »Kafka zu mir, trostlos, hat dem Präsidenten ins Gesicht gelacht, als er sich für die Ernennung bedankte – wir trösten einander«. Als zwei Jahre später

Felice ihn einmal fragte, ob er denn nicht auch lachen könne, antwortet er *Aber wie!* und schildert ihr dann ausführlich dieses ominöse Ereignis: *Dabei schlotterten mir natürlich vor Angst die Knie, während ich lachte ... Mit der rechten Hand meine Brust schlagend, zum Teil im Bewußtsein meiner Sünde (in Erinnerung an den Versöhnungstag) zum Teil um das viele verhaltene Lachen aus der Brust herauszutreiben, brachte ich vielerlei Entschuldigungen für mein Lachen vor, die vielleicht alle sehr überzeugend waren, aber infolge neuen immer dazwischenfahrenden Lachens gänzlich unverstanden blieben. Nun war natürlich selbst der Präsident beirrt und ... fand ... irgend eine Phrase, die meinem Heulen irgend eine menschliche Erklärung gab ... Dann entließ er uns eilig. Unbesiegt, mit großem Lachen, aber totunglücklich stolperte ich als erster aus dem Saal.*

Kafka war, wie gesagt, mit der verantwortungsvollen Aufgabe der Entwicklung und Kontrolle von Maßnahmen des Unfallschutzes betraut und hatte sich auf diesem Gebiet sehr bald beträchtliche, auch technische Kompetenzen angeeignet. Mit einiger Strenge machte er auf die *dolorosen Hinterziehungen* der Versicherungsbeiträge durch Unternehmer aufmerksam. Man schickte ihn als Fachkundigen gerne auf Inspektionsreisen. Einmal, im Winter 1911, verschlug es ihn ins böhmische Friedland, in das Dorf, das vom gleichnamigen Schloss überragt wurde. Hier versank er tief im Schnee. Daran wird er sich einige Jahre später wohl erinnert haben, als er seinen Landvermesser K. im verschneiten Dorf zu Füßen des Schlosses ankommen lässt. Der Direktor Marschner war dem jungen Beamten gegenüber sehr entgegenkommend und suchte ihn zu fördern. Kafka schätzte ihn sehr und war deshalb ein wenig enttäuscht, weil Marschner gar keine Notiz nahm von seinem Schreiben.

Anfangs sind die Eintragungen im Tagebuch über die Büroarbeit noch recht freundlich. Doch allmählich werden sie düster, bis zur Verzweiflung, besonders wenn er einen schöpferischen Schub erlebt und am liebsten ganze Tage und Nächte durchgeschrieben hätte.

Doch er wagt es nicht, diese Arbeit aufzugeben. Er braucht sie, um finanziell nicht vom Schreiben oder von den Eltern abhängig zu werden.

Es ist überhaupt erstaunlich, dass Kafka, obwohl er inzwischen ganz gut verdiente, keine Anstrengungen unternahm, von zu Hause auszuziehen. Er macht sich das zum Vorwurf und träumt von Ausbrüchen. In die Sammlung »Betrachtung« nimmt er das folgende »Der plötzliche Spaziergang« überschriebene Stück auf: *Wenn man sich am Abend endgültig entschlossen zu haben scheint, zu Hause zu bleiben, den Hausrock angezogen hat, nach dem Nachtmahl beim beleuchteten Tische sitzt …, wenn draußen ein unfreundliches Wetter ist, welches das Zuhausebleiben selbstverständlich macht …, wenn nun schon auch das Treppenhaus dunkel und das Haustor gesperrt ist, und wenn man trotz alledem in einem plötzlichen Unbehagen aufsteht, den Rock wechselt, sofort straßenmäßig angezogen erscheint, weggehen zu müssen erklärt, es nach kurzem Abschied auch tut …, wenn man sich auf der Gasse widerfindet, mit Gliedern, die diese schon unerwartete Freiheit, die man ihnen verschafft hat, mit besonderer Beweglichkeit beantworten, wenn man durch diesen einen Entschluß alle Entschlußfähigkeit in sich gesammelt fühlt, wenn man mit größerer als der gewöhnlichen Bedeutung erkennt, daß man ja mehr Kraft als Bedürfnis hat, die schnellste Veränderung leicht zu bewirken und zu ertragen, und wenn man so die langen Gassen hinläuft, – dann ist man für diesen Abend gänzlich aus seiner Familie ausgetreten, die ins Wesenlose abschwenkt, während man selbst, ganz fest, schwarz vor Umrissenheit, hinter die Schenkel schlagend, sich zu seiner wahren Gestalt erhebt.*

Zeitweilig schlief und schrieb er in einem Durchgangszimmer der elterlichen Wohnung. Auf der einen Seite das Wohn- und Esszimmer, von wo die dröhnende Stimme des Vaters zu hören war, besonders laut, wenn abends dort Karten gespielt wurde. Auf der anderen Seite das Schlafzimmer der Eltern. Ruhe fand Kafka in diesem Durchgangszimmer natürlich erst, wenn alle anderen schliefen.

Sonst aber war es für den extrem Lärmempfindlichen dort schwer auszuhalten. Darüber verfasste er 1912 für das Oktoberheft der »Herderblätter« einen kurzen Text unter dem Titel »Großer Lärm«: *Ich sitze in meinem Zimmer im Hauptquartier des Lärms der ganzen Wohnung. Alle Türen höre ich schlagen, durch ihren Lärm bleiben mir nur die Schritte der zwischen ihnen Laufenden erspart, noch das Zuklappen der Herdtüre in der Küche höre ich. Der Vater durchbricht die Türen meines Zimmers und zieht im nachschleppenden Schlafrock durch, aus dem Ofen im Nebenzimmer wird die Asche gekratzt, Valli fragt, durch das Vorzimmer Wort für Wort rufend, ob des Vaters Hut schon geputzt ist ... Der Vater ist weg, jetzt beginnt der zartere, zerstreutere, hoffnungslosere Lärm, von den Stimmen der zwei Kanarienvögel angeführt. Schon früher dachte ich daran, bei den Kanarienvögeln fällt es mir von neuem ein, ob ich nicht die Tür bis zu einer kleinen Spalte öffnen, schlangengleich ins Nebenzimmer kriechen und so auf dem Boden meine Schwestern und ihr Fräulein um Ruhe bitten sollte.*

Erwogen wird, die Schwestern um Ruhe zu bitten, nicht den Vater, der den meisten Lärm verursacht. Da ist wieder das Autoritätsproblem mit dem Vater.

Hermann Kafka, der Vater, war als Sohn eines jüdischen Fleischhauers in ärmlichen Verhältnissen in Böhmen aufgewachsen, in den siebziger Jahren nach Prag gekommen, wo er die aus einer finanziell gutgestellten rabbinischen Familie stammende Julie Löwy heiratete. Julie war einigermaßen gebildet, kunstsinnig und pflegte ihre jüdische Frömmigkeit. Für den Vater spielte die Religion nur insoweit eine Rolle, als sie den familiären Zusammenhalt förderte, sonst war er eher misstrauisch und in Geschäftsdingen kühl berechnend. Charakteristisch für ihn war der robuste Realismus, von dem er sich Erfolge im Lebenskampf und beim sozialen Aufstieg versprach. Er hatte diesen Erfolg. Sein Handel mit Zwirn, Baumwolle und Textilien gedieh so gut, dass er am Altstädter Ring, einer prominenten Adresse, ein Galanteriewarengeschäft begründen konnte. Von seinem Sohn erwartete er die Fortsetzung des sozialen Aufstiegs, für dessen literarische Leidenschaften hatte er überhaupt kein Verständnis. Für ihn waren das ablenkende Spielereien, Zeichen von mangelhafter *Lebenstüchtigkeit*.

Mit diesem Vorwurf musste Franz Kafka leben. So schwach und unterlegen er sich auch dem Vater gegenüber fühlte, bei seiner Leidenschaft für das Schreiben, die ihm das Wichtigste war, gab er kein Deut nach. Das war sein Allerheiligstes. Daran durfte niemand rühren, nicht einmal sein Vater. *Gott will nicht, daß ich schreibe, ich aber ich muß*, dies hatte er seinem Freund Pollok geschrieben, und in dem »Brief an den Vater« heißt es später: *Trotzdem ist es meine Pflicht oder vielmehr es besteht mein Leben darin, über ihnen* (die literarischen Versuche) *zu wachen, keine Gefahr, die ich abwehren kann, ja keine Möglichkeit einer solchen Gefahr an sie herankommen zu lassen.*

Kafka stellt es in dem langen, nicht abgesendeten »Brief an den Vater« so dar, als sei das Schreiben eine Reaktion auf die Machtansprüche des Vaters. Die selbstbewusste Verteidigung seines Schreibens jedoch lässt keine Zweifel zu, dass Kafkas literarische Leidenschaft mehr ist als nur eine trotzige Reaktion auf den Vater. Das Schreiben ist für Kafka nicht nur Asyl, sondern auch gelobtes Land. Es öffnet nicht nur einen Rückzugsraum, es ist auch beschwingt vom Geist der Überbietung. Er fühlt sich bisweilen durchaus dem Vater überlegen *durch die allgemeinen großen Hoffnungen die ich auf mich setzte.*

Die Familie bot ihm keine Anregungen. Die Eltern waren tagsüber ans Geschäft gebunden, abends wurde nach dem gemeinsamen Essen oft Karten gespielt, wovon Kafka sich fernhielt. Manchen familiären Verpflichtungen konnte er sich nicht entziehen, obwohl sie ihm zuwider waren. Als der Vater seinem Schwiegersohn dabei half, eine kleine Asbestfabrik zu begründen, wurde Kafka 1912 als stiller Teilhaber hinzugezogen, und man erwartete, dass er sich auch um den Betrieb kümmern würde. Kafka sah die knapp bemessene Zeit für sein Schreiben noch weiter eingeschränkt und verweigerte sich, so gut es ging. Max Brod griff schlichtend ein und erreichte, dass Kafka in Bezug auf die Fabrik entlastet wurde. Dem Vater aber konnte er daraufhin aus schlechtem Gewissen eine Weile lang nicht in die Augen schauen.

Max Brod war inzwischen der vertrauteste Freund geworden. In der »Lese- und Redehalle«, einer Bildungseinrichtung der deutschjüdischen Studentenschaft, hatten sich die beiden im Oktober 1902 kennengelernt. Max Brod, ein Jahr jünger als Kafka, hatte dort als 18-jähriger frischgebackener Student einen Vortrag über Schopenhauer gehalten und ihn gegen Nietzsche, den er einen »Schwindler« nannte, ausgespielt. Diese Herabsetzung seines Lieblingsphilosophen konnte Kafka, der unter den Zuhörern war, nicht unwidersprochen lassen. Auf dem Heimweg zog er Max Brod in ein Gespräch, und die beiden gingen dann noch fast die halbe Nacht durch die Prager Gassen, kreuz und quer, über Nietzsche und Schopenhauer leidenschaftlich, aber höflich streitend, ohne sich zu einigen. Das gelang ihnen auch nicht, als das Gespräch auf andere Lieblingsautoren kam. Brod bevorzugte die fantastisch-gespenstische Literatur von der Art Meyrinks, Kafka erschien Derartiges zu »weit hergeholt und allzu aufdringlich«, er bevorzugte eher die »leise redende Stimme der Natur«. Nach dieser ersten Begegnung dauerte es noch einige Jahre, bis aus dieser Bekanntschaft eine wirkliche, dann aber lebenslange Freundschaft wurde. Brod, aus wohlhabendem und gebildetem jüdischen Hause stammend, studierte ebenfalls Jura und hatte, wie Kafka, bereits in der Schulzeit mit dem literarischen Schreiben angefangen. Dem umtriebigen und gesellschaftlich gewandten Brod gelang es schon sehr früh, seine Texte zu veröffentlichen. Als die beiden 1908 Freundschaft schlossen, war Brod ein in Prag und darüber hinaus bereits bekannter Schriftsteller. Brod hat sehr früh das Genie Kafkas erkannt und sich von der ersten Veröffentlichung an, die er maßgeblich mit auf den Weg gebracht hatte, für das Werk des

Freundes eingesetzt. So sehr bisweilen, dass es dem zurückhaltenden Kafka manchmal fast zu viel wurde. Aber Kafka wusste auch, was er an diesem Freund hatte, und blieb ihm dankbar und treu. Walter Benjamins Bemerkung, es handle sich hier um eine Freundschaft, »die nicht zu den kleinsten Rätseln in Kafkas Leben gehören dürfte«, ist deshalb in Bezug auf Brod, der damit zu einem Unbedarften herabgestuft wird, von nicht geringer Bosheit.

Dass Max Brod, der sich später zu einem sehr religiösen Menschen entwickelte, das Werk seines Freundes religiös interpretierte, ist offensichtlich. Er hat aber als Herausgeber nie in diesem Sinne verfälschend ins Werk eingegriffen; ein Werk, das in großen Teilen überhaupt nur durch ihn vor der Vernichtung bewahrt wurde, wobei er allerding im Widerspruch zur testamentarischen Verfügung des Freundes handelte.

Kafka, der häufig über seine Einsamkeit klagte, pflegte über Max Brod und die bereits genannten Oskar Pollok und Hugo Bergmann hinaus zahlreiche, auch intensive Freundschaften, etwa mit Oskar Baum, Franz Werfel und Ewald Pribram. Er fand Halt und Verständnis bei diesen literaturbegeisterten jungen Leuten eines jüdisch-deutschen Milieus, das in einem Spannungsverhältnis stand zu der deutsch-nationalen und tschechischen Umgebung. Franz Werfel hat im Rückblick diese Neigung, unter sich zu bleiben, so gedeutet: »Unser ganzes Judentum lag darin, daß wir im Verkehr mit geistig und sozial gleichgearteten Juden uns wohler, behaglicher fühlten als im Verkehr mit ebensolchen Ariern, deren Wesensart für uns die Ahnung einer verborgenen Gefahr barg.«

Diese Gefahr war tatsächlich allgegenwärtig. Als Heranwachsender hatte Kafka 1897 den sogenannten »Dezembersturm« erlebt, als ein tschechisch-nationalistischer Mob über mehrere Tage plündernd und brandschatzend durch die jüdischen Wohnquartiere zog. Solche Meuten hatte es immer wieder gegeben, und täglich musste man sich auf Pöbeleien auf der Straße gefasst machen, von Seiten der Tschechen ebenso wie von Seiten der Deutschen. Deutsche und Tschechen, untereinander oft zerstritten, machten in der Regel gemeinsame Sache, wenn es gegen Juden ging. Die blieben lieber unter sich, dafür gab es im alten Prag genügend Orte und Einrichtungen.

Kafka wuchs im Milieu des assimilierten Judentums auf. Statt zur Bar-Mizwa, der Feier der religiösen Mündigkeit, lud der Vater zur »Konfirmation« seines Sohnes in die Synagoge ein. Das Ergebnis dieser jüdischen Prägung ohne jüdische Religion ist, so erscheint es ihm später, *der Mangel des Bodens, der Luft, des Gebots*. Er habe noch nicht einmal *den letzten Zipfel des davonfliegenden Gebetsmantels* zu fassen bekommen. Im »Brief an den Vater« von 1919 beschreibt Kafka den Traditionsbruch, der sich in der Familie und im Verhalten des Vaters vollzog. Der Vater habe aus der ghettoartigen Dorfgemeinschaft noch *etwas Judentum* mitgebracht, das sich in der Stadt und beim Militär verlor, bis auf die pflichtschuldige Einhaltung der hohen jüdischen Feiertage, an denen man zur Synagoge ging. Zunächst hatte Kafka das Judentum des Vaters als bloße Heuchelei, als gesellschaftliche Anpassung ans Milieu betrachtet. Später habe er begriffen, dass beim Vater doch Pietät im Spiel war, allerdings wohl nur aus sentimentaler Anhänglichkeit. Damit sei aber einem Heranwachsenden wie ihm, schreibt Kafka, nicht begreiflich zu machen gewesen, *daß die paar Nichtigkeiten, die Du im Namen des Judentums mit einer ihrer Nichtigkeit entsprechenden Gleichgültigkeit ausführtest, einen höheren Sinn haben konnten.*

Die Suche nach einem *höheren Sinn* stieß beim Vater auf Abwehr. Religion durfte nicht mehr sein als eine entleerte Lebensgewohnheit, die sich mit der Assimilation gut verträgt. Was darüber hinausging, war störend. Es erinnerte einen womöglich an das, was man verloren oder gar preisgegeben hatte. Als Kafka Ende 1911, nach der Begegnung mit einer ostjüdischen Schauspieltruppe, sich mit jüdischer Geschichte und Religion intensiv zu beschäftigen begann und der

Vater einige einschlägige Bücher herumliegen sah, *ekelten* sie ihn an. Er wollte offenbar nicht tiefer ins Jüdische hineingezogen werden. Mit Ekel reagierte er auch, als Kafka ihm Jizchak Löwy von der ostjüdischen Schauspieltruppe vorstellte. Der Vater wollte solche Menschen nicht im Haus haben, *wer sich mit Hunden zu Bett legt, steht mit Wanzen auf,* erklärte er.

Kafka aber fühlte sich von der ostjüdischen Gruppe stark angezogen. Zunächst war es wohl eine mitfühlende Neugier auf Menschen, die von den anderen, auch von den assimilierten Juden, auf Abstand gehalten wurden. Die Assimilierten schämten sich ihretwegen, denn sie waren arm, sogar verlumpt. Und doch waren sie auch stolz, selbstbewusst. Sie bildeten eine Gemeinschaft, in der es zwar auch Zank und Eifersüchteleien gab, die aber doch zusammenhielt. Etwas Unverdorbenes glaubte Kafka in ihnen zu spüren. Sie hatten diese von Kafka idealisierte Gemeinsamkeit *des Bodens, der Luft, des Gebots.* Sie gehörten nicht nur zusammen, sondern sie verkörperten eine gemeinsame Geschichte, mit Bruchstücken der biblischen Tradition, die sie in einer Mischung aus Feierlichkeit und Klamotte in ihren Stücken vergegenwärtigten.

Zuerst wehrte sich Kafka innerlich gegen diese Welt, die ihm als Kolportage erschien. Dann aber wurde er von der zugleich fremden und anziehenden Welt des Jiddischen mehr und mehr in Bann gezogen. Wenn bei den Gesangseinlagen das Publikum mitsang, sang auch Kafka mit; er genoss es dazuzugehören. *Bei manchen Liedern … manchem Anblick dieser Frau, die auf dem Podium, weil sie Jüdin ist uns Zuhörer weil wir Juden sind an sich zieht, ohne Verlangen oder Neugier nach Christen, gieng mir ein Zittern über die Wangen.*

Es faszinieren ihn diese Leute, die so gar nicht an sich halten, die sich ausgeben, ihre schwankenden Stimmungen ausleben, lachen, weinen, zärtlich und grob sind, ordinär und feinsinnig, alles nacheinander oder auch gleichzeitig, die ihre Religion leben mit Inbrunst, doch *ohne Mühe,* dabei das Erhabene mit dem Komischen mischend.

So etwas hatte Kafka noch nicht erlebt. *Bei den ersten Stücken konn-te ich denken, an ein Judentum geraten zu sein, in dem die Anfänge des meinigen ruhen und die sich zu mir hin entwickeln und dadurch in mei-nem schwerfälligen Judentum mich aufklären und weiter bringen wer-den.* Er beobachtet sich dabei, wie er idealisiert und wie fremd ihm das Ganze dann doch wieder ist. Diese Menschen, denen er sich soeben noch sehr nahe fühlte, plötzlich *entfernen sie sich, je mehr ich höre, von mir weg.* Er rekapituliert im Tagebuch den Handlungsverlauf der Stü-cke und beschreibt genau die Art ihrer Darbietung, er will begreifen, was ihn ergreift, doch er kommt sich selbst nicht so recht auf die Spur. Nüchtern und ohne Ergriffenheit betrachtet, erscheint ihm manches doch ziemlich trivial und ärmlich. In eine der Schauspielerinnen, Ma-nia Tschissik, verliebt er sich ein wenig. Vom Lebensbericht Jizchak Löwys ist er tief beeindruckt: Sohn eines strenggläubigen Vaters, als Autodidakt zum Schauspieler geworden, gehungert und gebettelt, den Talmud studiert, Fabrikarbeiter in Paris, als Schauspieler mit einer wandernden Truppe aufgetreten in Berlin, Wien, Zürich. Ein Leben, wie es sonst nur im Buche steht. Wenn Löwy erzählt, kommt es Kafka so vor, als habe er selbst noch gar nicht gelebt.

Es entwickelt sich eine Freundschaft. Zwei Jahre später schreibt Löwy, der wieder einmal in Not ist, an Kafka:»Sie waren doch der Einziger was war so gutt zu mir … der einzige was hat zu meiner Seele gesprochen, der einzige was hat mich halbe Wegs verstanden. Und Ihnen mußte ich leider auch verlieren … Ich bitte halten Sie mich nicht für ›Wahnsinnig‹, ich bin normal kalt wie der Todt.«

Max Brod war überzeugt, dass der *verloren im weiten Russland* sein elendes Leben fristende Freund Georg Bendemanns im»Urteil« Züge Löwys trägt, dass wohl auch Kafkas Schuldgefühle, Löwy nicht genügend unterstützt zu haben, in die Erzählung eingegangen sind.

Kurz vor der Abreise der ostjüdischen Schauspieltruppe organi-siert Kafka am 18. Februar 1912 einen Rezitationsabend mit Löwy im Festsaal des Jüdischen Rathauses. Er leitete die Veranstaltung ein mit einem kurzen Vortrag über das Jiddische, das er »Jargon« nennt. Er knüpft an die Abwehr der assimilierten Juden gegenüber den Ostjuden an und spricht über die *Angst vor dem Jargon*, die sich als bloßes Nichtverstehen ausgibt. Kafka versucht nun deutlich zu machen, dass man nicht wahrhaben will, dass man den *Jargon* eigentlich ganz gut versteht, doch will man sich ihn vom Leibe halten. Doch wer ihn nicht verstehen will, versteht auch sich selbst nicht. *Ganz nahe kommen Sie schon an den Jargon, wenn Sie bedenken, daß in Ihnen … Kräfte tätig sind und Anknüpfungen von Kräften, welche Sie befähigen, Jargon fühlend zu verstehen … Wenn Sie aber einmal Jargon ergriffen hat – und Jargon ist alles, Wort, chassidische Melodie und das Wesen dieses ostjüdischen Schauspielers selbst – dann werden Sie Ihre frühere Ruhe nicht mehr wiedererkennen. Dann werden Sie die wahre Einheit des Jargon zu spüren bekommen, so stark, daß Sie sich fürchten werden, aber nicht mehr vor dem Jargon, sondern vor sich. Sie würden nicht imstande sein, diese Furcht allein zu ertragen, wenn nicht gleich auch aus dem Jargon das Selbstvertrauen über Sie käme, das dieser Furcht standhält und noch stärker ist.*

Ob das die Zuhörer an diesem Abend wirklich so erlebten, mag bezweifelt werden. Bei Kafka selbst war es so, der *Jargon* hat ihn sich selbst nähergebracht.

Zu dieser Zeit begann er auch am Zionismus Anteil zu nehmen. Er beschäftigte sich mit den Ideen Theodor Herzls, der die Juden von überall auf einem eigenen Territorium versammeln wollte, um endlich die Leidensgeschichte der Diaspora und die aus seiner Sicht entwürdigenden und zumeist vergeblichen Versuche der Assimilation zu beenden. Zunächst war Uganda als mögliches Siedlungsgebiet im Gespräch, dann aber, wie sollte es auch anders sein, Palästina. Flüchtlingsströme aus dem Osten, wo immer wieder Pogrome wüteten, setzten sich bereits dorthin in Bewegung.

In der jüdischen Szene Prags fand der Zionismus beträchtlichen Anklang, wobei hier weniger eine neu zu schaffende staatlich-nationale Realität eine Rolle spielte als das Verlangen nach einer religiösen Renaissance des Judentums. Das hing vielleicht auch mit den begeisternden Auftritten des jungen Martin Buber in Prag zusammen, der für eine Art chassidischen Zionismus warb. Später wird Kafka an Brod schreiben, die chassidischen Geschichten seien das *einzige Jüdische, in welchem ich mich ... gleich und immer zuhause fühle, in alles andere werde ich nur hineingeweht.*

Max Brod hatte vom Zionismus zuerst leidenschaftlich Feuer gefangen und versuchte dann, den Freund mitzuziehen, der jedoch zunächst zögerte und skeptisch blieb. Doch nach der Begegnung mit der ostjüdischen Schauspieltruppe öffnete sich Kafka auch für die neue Welt des Zionismus, ohne freilich, wie Brod, zum entschiedenen Aktivisten zu werden.

So kam es, dass am Abend des 13. August 1912 bereits bei der ersten Begegnung mit Felice Bauer in der Wohnung Brods davon die Rede war, gemeinsam nach Palästina zu fahren. Auch ein gemeinsames, vorerst noch distanziertes Interesse am Zionismus hatte Kafka und Felice an diesem ersten Abend einander nahegebracht.

DRITTES KAPITEL

Mädchen mit der Schrift binden. Erste Begegnung
mit Felice Bauer. Der schöpferische Durchbruch.
»Das Urteil«: Von sich selbst überrascht werden.
Die Wahrheit des Schreibens

Im Sommer 1912, vom 28. Juni bis zum 6. Juli, unternahm Kafka mit Max Brod eine Ferienreise über Leipzig nach Weimar. Nach der Verabredung der Veröffentlichung der »Betrachtung« in Leipzig fuhren die Freunde einigermaßen beschwingt nach Weimar, wo Kafka sich ein wenig in die Tochter des Kastellans des Goethe-Hauses verliebte. Er schrieb Margarethe Kirchner später vom Sanatorium Jungborn im Harz einen Brief, den sie pflichtschuldig mit einer Ansichtskarte beantwortete. Davon berichtet Kafka seinem Freund fast triumphierend: *Aber warum schreibt sie dann so, wie ich es wünsche? Wenn es wahr wäre, daß man Mädchen mit der Schrift binden kann?*

Die Geschichte mit Margarethe Kirchner war bald zu Ende. Eine Frau *mit der Schrift* für eine längere Geschichte zu binden gelang erst einen Monat später bei Felice Bauer.

Kafka lernte sie am 13. August 1912 in der Wohnung der Familie Brod kennen, mit der die noch unverheiratete 25-Jährige entfernt verwandt war. Felice war zu Besuch aus Berlin gekommen, wo sie als Stenotypistin in einer Diktiergeräte-Firma arbeitete.

Zwei Tage später die erste Eintragung im Tagebuch: *Viel an – was für eine Verlegenheit vor dem Aufschreiben von Namen – Felice Bauer gedacht.* Eine Woche später eine ausführlichere Notiz: *Frl. Felice Bauer. Als ich am 13. VIII zu Brod kam, saß sie bei Tisch und kam mir doch wie ein Dienstmädchen vor. Ich war auch gar nicht neugierig darauf, wer sie war, sondern fand mich sofort mit ihr ab. Knochiges leeres Gesicht, das seine Leere offen trug. Freier Hals. Überworfene Bluse. Sah ganz häuslich angezogen aus ... Fast zerbrochene Nase. Blondes, etwas steifes reizloses Haar, starkes Kinn. Während ich mich setzte, sah ich sie zum erstenmal genauer an, als ich saß, hatte ich schon ein unerschütterliches Urteil.*

Vier Wochen nach dieser ersten Begegnung beginnt Kafka, dieses *leere Gesicht* mit seinen Schriftzügen zu bedecken. Das Projekt, eine Frau *mit der Schrift zu binden,* nimmt seinen Anfang.

Der Anknüpfungspunkt ist, wie bereits erwähnt, die Vereinbarung über eine gemeinsame Palästina-Reise im nächsten Jahr. Man hatte sich wohlwollend über den Zionismus ausgetauscht und das gemeinsame Reisevorhaben mit Handschlag bekräftigt. Diese Hand, schreibt er, die *jetzt die Tasten schlägt* – dieser erste Brief ist mit Schreibmaschine geschrieben –, habe ihre Hand gehalten zur Bekräftigung der Vereinbarung. Die Sache müsse gut vorbereitet werden. Es müsse überprüft werden, ob er sich als Reisebegleiter überhaupt eigne und nicht doch nur, was zu befürchten sei, ein *Reiseballast* sei oder gar ein Reisetyrann. Deshalb täten sie gut daran, sich brieflich etwas besser kennenzulernen. Das ist der Beginn einer langen Geschichte, und es ist der Augenblick eines schöpferischen Durchbruchs, wie ihn Kafka bisher noch nicht erlebt hatte.

Zwei Tage nach dem ersten Brief an Felice vom 20. September 1912 schreibt er in einer Nacht jene berühmte Erzählung, der er den Titel gibt: »Das Urteil«. Anderntags notiert er im Tagebuch: *Diese Geschichte »das Urteil« habe ich in der Nacht vom 22 zum 23 (September) von 10 Uhr abends bis 6 Uhr früh in einem Zug geschrieben. Die vom Sitzen steif gewordenen Beine konnte ich kaum unter dem Schreibtisch hervorziehn. Die fürchterliche Anstrengung und Freude, wie sich die Geschichte vor mir entwickelte und wie ich in einem Gewässer vorwärtskam. Mehrmals in dieser Nacht trug ich mein Ge-*

wicht auf dem Rücken. Wie alles gewagt werden kann, wie für alle, die fremdesten Einfälle ein großes Feuer bereitet ist, in dem sie vergehn und auferstehn. Wie es vor dem Fenster blau wurde. Ein Wagen fuhr. Zwei Männer über die Brücke giengen. Um 2 Uhr schaute ich zum letzten Mal auf die Uhr. Wie das Dienstmädchen zum ersten Mal durchs Vorzimmer gieng, schrieb ich den letzten Satz nieder. Auslöschen der Lampe und Tageshelle. Die leichten Herzschmerzen. Die in der Mitte der Nacht vergehende Müdigkeit. Das zitternde Eintreten ins Zimmer der Schwestern. Vorlesung. Vorher das Sichstrecken vor dem Dienstmädchen und Sagen: ›Ich habe bis jetzt geschrieben‹. Das Aussehen des unberührten Bettes, als sei es jetzt hereingetragen worden. Die bestätigte Überzeugung, daß ich mich mit meinem Romanschreiben in schändlichen Niederungen des Schreibens befinde. Nur so kann geschrieben werden, nur in einem solchen Zusammenhang, mit solcher vollständigen Öffnung des Leibes und der Seele.

Eine selten genaue Beschreibung eines schöpferischen Augenblicks. Das völlige Vergessen des Körpers. Die Beine sind steif geworden, ohne dass er es bemerkte. Das Schreiben ist ein Geschehen, kein Machen. Es ist, als bahnte sich die Erzählung selbst ihren Weg, von innerer Notwendigkeit bestimmt: *wie sich die Geschichte vor mir entwickelte.* Da ist ein *großes Feuer.* Die Rückstände des Tages, das Normalbewusstsein verbrennt, und was im Feuer sich erhält und überhaupt erst freigelegt wird, ist die eigentliche Gestalt. So inwendig dieser ganze Vorgang ist, so ist es doch auch eine Lust, ihn von außen zu sehen und von anderen angesehen zu werden. Deshalb das stolze *Sichstrecken* vor dem hereinkommenden Dienstmädchen, deshalb sogleich das *Vorlesen.* Und dann das gnadenlose Gericht über die früheren Schreibversuche vom Gipfel des Gelingens herab: *schändliche Niederungen des Schreibens.*

Bei der Korrektur der Druckvorlage, ein paar Wochen später, wird Kafka Felice mitteilen, dass er diese Erzählung ihr widmen werde, obwohl die Geschichte nicht den *geringsten Zusammenhang* mit ihr habe. Er wünsche sich nur, dieser Text möge wenigstens *von ferne* ihrer wert sein.

Keine Zusammenhänge mit Felice? Da kokettiert Kafka. Er deutet sie ja selbst im Tagebuch an, wenigstens in Hinsicht auf die Namen der Protagonisten. *Georg* habe so viele Buchstaben wie Franz und *Frieda* so viele wie Felice. Und bei *Friedas* Nachnamen *Brandenfeld* habe vielleicht sogar der *Gedanke* an Felices Berlin und die Mark Brandenburg eine Rolle gespielt.

Auch inhaltlich gibt es einen bemerkenswerten Zusammenhang. Der Georg Bendemann der Erzählung ist, wie der Autor, im Begriff, das Stadium seines Junggesellentums zu verlassen. Doch anders als der Autor Kafka hat Georg sich bereits entschieden, denn die Verlobung mit einer Frau aus wohlhabender Familie, Frieda Brandenfeld, ist bereits erfolgt. Das ist der Ausgangspunkt der Erzählung. Der eine ist schon verlobt, der andere unternimmt die ersten Schritte.

An einem stillen, friedlichen Sonntagvormittag hat Georg einen lange hinausgezögerten Brief an einen Freund im fernen Russland geschrieben, um ihm diese Verlobung und die baldige Hochzeit mitzuteilen. Georg bleibt noch eine Weile am Schreibtisch sitzen und sinnt über die Geschichte dieses fernen Freundes nach, die er vor dem inneren Auge vorbeiziehen lässt: Der Freund war, unzufrieden mit dem mangelhaften Fortkommen in seiner Heimat, nach Russland *förmlich geflüchtet*. Er hatte ein Handelsgeschäft in Sankt Petersburg gegründet, das aber schon seit einiger Zeit zu stocken scheint. Bei seinen immer selteneren Besuchen hatte der Freund darüber geklagt. Zuletzt hatte Georg den Freund kaum wiedererkannt, denn das aus Kinderjahren wohlbekannte Gesicht war inzwischen bedeckt von einem *fremdartigen Vollbart*, und die gelbe Hautfarbe deutete auf Krankheit hin. Der Freund schien keine Verbindung zur Kolonie seiner Landsleute zu unterhalten, und auch sonst hatte er sich offenbar aus dem gesellschaftlichen Verkehr zurückgezogen *und richtete sich so für ein endgültiges Junggesellentum ein.*

Hier Georg, der Bräutigam, heimatlich geborgen, und dort in der Ferne der einsame Freund, der notorische Junggeselle, verlassen und verloren. Georg und der Freund – die beiden widersprüchlichen Aspekte von Kafkas Existenzentwurf. Das Verhältnis der beiden spiegelt Kafkas innere Spannung.

Georg hatte gezögert, dem Freund zu schreiben, und sinnt nun über die Gründe dafür nach. Es wird spürbar, dass Georg ein schlechtes Gewissen hat, ohne es sich ausdrücklich einzugestehen. Georg ist nicht mit sich im Reinen und findet deshalb auch nicht die richtigen Worte für den Freund.

Er versucht, sich vor sich selbst zu rechtfertigen, was auf Schuldgefühle schließen lässt. Was hätte man dem Freund auch schreiben können, fragt er sich. Sollte man dem Freund, *der sich offenbar verrannt hatte,* empfehlen, zurückzukommen und die alten freundschaftlichen Beziehungen wieder aufzunehmen und sich hier eine neue Existenz aufzubauen? Dann würde man ihn allerdings wie einen Gescheiterten behandeln. Gekränkt würde er schon allein deshalb wohl eher in der Fremde bleiben. Würde er aber doch zurückkehren, so könnte es sein, dass ihm der Neuanfang auch nicht gelingt. Dann wäre er doppelt gescheitert, einmal in der Ferne und dann auch hier. Besser also, er bliebe dort. Deshalb konnte man dem Freund guten Gewissens nichts raten und ihm deshalb *keine eigentliche Mitteilung machen.* Womit denn Georgs briefliches Schweigen bestens erklärt wäre.

Der Briefverkehr mit dem Freund war zwar nicht völlig abgerissen, doch die wichtigen Themen waren eben gemieden worden. Beispielsweise hatte Georg seine wirtschaftlichen Erfolge nach dem Tod der Mutter und nach dem Rückzug des Vaters aus dem Geschäft verschwiegen. Er wollte nicht prahlerisch erscheinen und Anlass zum Neid geben, so legt er sich das zurecht. Auch die eigene Verlobung hatte er dem Freund verschwiegen, weil er den Junggesellen im fernen Russland nicht kränken wollte. Seiner Braut gegenüber hatte er das so begründet: *Ich will ihn nicht stören ... er würde wahrscheinlich kommen ... aber er würde sich gezwungen und geschädigt fühlen, vielleicht mich beneiden und sicher unzufrieden und unfähig, diese Unzufriedenheit jemals zu beseitigen, allein wieder zurückfahren. Allein – weißt du, was das ist?*

Georgs allzu taktisches Verhalten gegenüber dem Freund hatte die Braut misstrauisch gemacht: *Wenn du solche Freunde hast, Georg, hättest du dich überhaupt nicht verloben sollen.*

Dieses aufkeimende Misstrauen der Braut hatte nun wiederum Georg bewogen, noch entschiedener den Heiratsplan voranzutreiben.

Dies alles war Georg an diesem Sonntagvormittag durch den Kopf gegangen, er hatte es sich vergegenwärtigt mit der Absicht einer Selbstrechtfertigung. Die war ihm doch nicht so ganz gelungen. Eine Unstimmigkeit war geblieben, aus der er sich befreien wollte. Deshalb hatte er sich einen Ruck gegeben und dem Freund endlich doch seine Verheiratung angekündigt.

Warum eigentlich jetzt erst und nicht schon vorher? Sind denn die Gründe, die ihn haben zögern lassen, inzwischen entfallen? Nein, sie sind nicht entfallen, sie waren nur vorgeschoben, das ist ihm plötzlich klar geworden. Er hat dem Freund gegenüber einfach nicht den Mut zur Aufrichtigkeit gehabt: *So bin ich und so hat er mich hinzunehmen ... ich kann nicht aus mir einen Menschen herausschneiden, der vielleicht für die Freundschaft mit ihm geeigneter wäre, als ich es bin.*

Georg will sich zeigen, wie er ist, ohne scheinbar rücksichtsvolle Bemäntelung. Diesen Ruck gibt er sich. Doch er kann offenbar nicht aufhören, unaufrichtig zu sein. Hatte er zuvor das Verlöbnis verschwiegen, so übertreibt er nun und stellt es so dar, als mache er dem Freund damit ein Geschenk.

Es würde, schreibt er, am freundschaftlichen Verhältnis nur insofern etwas geändert, als *Du jetzt in mir statt eines ganz gewöhn-*

lichen Freundes einen glücklichen Freund haben wirst, außerdem würde der Freund in seiner Braut eine *aufrichtige Freundin* gewinnen. Das ist gelogen, denn die Braut hatte über den Freund eher skeptisch geurteilt.

Georg hatte sich einen Ruck gegeben und dem Freund gegenüber zu einer neuen Offenheit finden wollen, war dabei aber unaufrichtig geblieben, ohne es selbst zu bemerken. Dem Leser aber teilt es sich mit.

Das gilt auch für einen zweiten Ruck, den Georg sich gibt: Er sucht nämlich, mit dem Brief in der Hand, den Vater im hinteren Teil der Wohnung auf, was sonst nur selten geschieht. Warum jetzt und bei dieser Gelegenheit? Auch die Motive dafür bleiben ihm undeutlich. Es treibt ihn etwas.

Vorher war Georg in sich versunken am Fenster gesessen und hatte über den soeben geschriebenen Brief an den Freund nachgesinnt, jetzt, indem er aufsteht und ins Zimmer des Vaters hinübergeht, gerät er in eine fremde Welt, in eine von ihm nicht mehr zu kontrollierende Sphäre. Hatte er sich bisher als jemand gezeigt, der mit sich selbst nicht genügend bekannt ist, so verirrt er sich nun in eine Wirklichkeit, die ihm noch viel weniger bekannt ist. Es ist die Welt des Vaters, die er in seiner anfänglichen Selbstsicherheit glaubte beherrschen zu können, die sich ihm nun in ihrer Abgründigkeit zeigt.

Georg war schon lange nicht mehr im Zimmer des Vaters gewesen und staunt, wie dunkel es hier ist, auch kommt ihm der Vater verwahrlost vor, unter dem Schlafrock zeigt sich schmutzige Unterwäsche. Doch immer noch wirkt er wie ein Riese, ein machtvoller Mensch, *wie er hier breit sitzt und die Arme über der Brust kreuzt.*

Der Vater tut zunächst so, als wisse er nichts von einem Freund in Russland. Georg ist beunruhigt, vermutet Altersschwäche. Fürsorgliche Gefühle erwachen in ihm, begleitet von dem stillen Selbstvorwurf, den Vater vernachlässigt zu haben. Er versucht beim Vater

Erinnerungen an den Freund zu wecken, an die aufwühlenden Geschichten, die jener erzählt hatte, zum Beispiel die von dem Geistlichen, der bei den russischen Revolutionswirren auf dem Balkon sich ein Blutkreuz in die flache Hand geschnitten und der erregten Menge entgegengehalten hatte. Indem Georg auf seinen begriffsstutzigen Vater einredet, scheint dieser zu schrumpfen. Georg trägt ihn, im Gefühl der Überlegenheit, ins Bett hinüber. Der Vater, einem Kinde gleich, spielt an der Uhrkette des Sohnes. Ein *schreckliches Gefühl* für Georg.

Dann die Wende. Georg will den Vater zudecken, da springt dieser auf, wirft die Decke von sich und steht nun riesengroß aufrecht im Bett. *Du wolltest mich zudecken, das weiß ich, mein Früchtchen, aber zugedeckt bin ich noch nicht. Und ist es auch die letzte Kraft, genug für dich, zuviel für dich!*

Eine plötzliche Umkehrung der Kräfteverhältnisse. Es zeigt sich: der Vater steht im Bunde mit dem fernen Freund. Sehr wohl kenne er den Freund, ruft der Vater, das sei ein Sohn nach seinem Herzen! Georg aber habe *der Mutter Andenken geschändet, den Freund verraten und ... den Vater ins Bett gesteckt.* Und das alles, weil eine Frau *die Röcke gehoben hat.*

Georg *durchzischen* Todeswünsche gegen den Vater, dessen Macht unaufhörlich zu wachsen scheint und nun alles umgreift, auch den fernen einsamen Freund. *Mit deinem Freund habe ich mich herrlich verbunden,* erklärt der Vater triumphierend und schleudert dann sein ultimatives Urteil gegen den Sohn: *Ich verurteile dich jetzt zum Tod des Ertrinkens!*

Georg stürmt aus der Wohnung, hört aber im letzten Moment noch, wie der Vater mit Getöse zusammenbricht. Dann eilt er aus der Wohnung, auf die Straße hinunter und zum Fluss, in den er sich fallen lässt.

Auf den ersten Blick sind die Verhältnisse einigermaßen deutlich: Es ist der Vater, der dem Sohn den Weg in die bürgerliche Normalität von Ehe und Familie abschneidet. Es scheint sich also um den Mythos vom alles verhindernden Vater zu handeln, so wie Kafka seine eigene Unfähigkeit oder seinen eigenen Unwillen, eine Familie zu gründen, auf die Wirkung der Macht seines Vaters zurückführte, etwa wenn er in dem »Brief an den Vater« von 1919 schreibt: *So wie wir aber sind, ist mir das Heiraten dadurch verschlossen, daß es gerade Dein eigenstes Gebiet ist.*

Die Verurteilung Georgs durch den Vater wäre demnach die Strafe dafür, dass der Sohn mit seinem Heiratsplan sich angemaßt hat, ins *eigenste Gebiet* des Vaters vorzudringen.

Welche Rolle spielt in dieser Konstellation der ferne Freund? Er ist nicht wohlsituiert, etwas Fremdes, Abenteuerliches haftet ihm an, er ist auch der einsam Gescheiterte, vor allem aber ist er der Typus des Junggesellen.

Kafka selbst fühlte sich von dieser Sphäre angezogen. Deshalb auch seine Zuneigung zu dem genialisch-verwahrlosten Jizchak Löwy, den der Vater nicht im Hause dulden wollte. Einige Züge dieses Jizchak, der sich aus prekären Verhältnissen gerade noch hatte retten können, hat Kafka wohl auf den fernen Freund übertragen. *Ergriffen,* so heißt es in der Erzählung, *sieht* Georg diesen Freund vor sich, *verloren im weiten Russland … An der Tür des leeren, ausgeraubten Geschäftes sah er ihn. Zwischen den Trümmern der Regale, …* Das ist auch die Welt der Pogrome, die Jizchak Löwy erlebt und von der er Kafka erzählt hat.

Es ist dies aber auch eine Welt der Unruhe und der gefährlichen Tiefe des Schreibens, von der Kafka in einem späten Brief an Max Brod sagt, man habe es dort mit *dunklen Mächten,* mit der Entfesselung *ungebundener Geister* zu tun, mit *fragwürdigen Umarmungen und was alles noch unten vor sich gehen mag, von dem man oben nichts mehr weiß …*

Der unbehauste Freund in der Ferne ist metaphorisch mit dieser Sphäre des Schreibens verbunden und gehört somit zur Gegenwelt des Vaters. Wie aber lässt sich dann das eigentümliche Bündnis zwischen dem Vater und dem fernen Freund verstehen?

Aus dem biografischen Hintergrund ließe sich das so erläutern: Für Kafka war das Schreiben eine Lebensmacht, gegen die Macht der Vaterwelt gerichtet. Schreiben bot ihm Asyl vor der Übermacht des Vaters. Doch es war ihm auch bewusst, dass man an seinen Gegensatz gebunden ist und dass deshalb der Vater im Schreiben anwesend bleibt. Im »Brief an den Vater« nennt Kafka sein Schreiben *ein absichtlich in die Länge gezogener Abschied von dir*.

So gesehen ist es ganz richtig, wenn sich der Vater in der Erzählung zum *Vertreter* des fernen Freundes erklärt, denn alles ist, so heißt es in Kafkas eigener Interpretation der Erzählung, *um den Vater aufgetürmt*. Auch die Welt des fernen Freundes und sogar die des Schreibens.

Georg steht nun dem Vater allein gegenüber. Doch warum hat die Verurteilung eine solche überwältigende Macht, warum eilt Georg, das Urteil am eigenen Leibe zu vollstrecken?

Auch hier zeigt sich, wie schon zuvor, wie wenig Georg mit sich selbst bekannt ist. Unter der bewussten Beziehung zum Vater rumort noch eine andere, unbewusste, jedenfalls von ihm nicht eingestandene Beziehung. Dasselbe gilt auch für die anderen Beziehungen, beispielsweise für die zu seinem Freund in der Ferne. Der ist offenbar auch ein ganz anderer, als es Georg wahrhaben möchte, weshalb es im Verhältnis zu ihm auch diese Doppelbödigkeit gibt. Und das irritierende Verhalten der Braut lässt Georg ahnen, dass er sich selbst über seine Gefühle für sie nicht im Klaren ist.

Die Wirklichkeit, in der Georg lebt, ist also unterminiert, sie ist doppelbödig und deshalb für jede Überraschung gut; bei Kafka sind das meistens böse Überraschungen. Das müsste aber nicht so sein. Strukturell kann aus solcher Ambivalenz auch Erlösendes, Befreiendes hervorbrechen; die große Verwandlung muss nicht ins Unheil, sie kann auch zur Rettung führen. Der katastrophische und der epiphanische Moment liegen dicht beieinander.

Im »Urteil« ist es zunächst die Katastrophe, die in Georgs Leben einbricht; sie kommt indes nicht nur von außen, sondern auch von innen. Denn es ist Georg selbst, in dem die Macht des Vaters darauf lauert hervorzubrechen. Draußen der vernachlässigte Vater, drinnen die Übermacht des verinnerlichten Vaters. Georg will ihn zudecken, er aber strampelt sich frei und erhebt sich über ihn. Von ihm wird Georg zur Selbstauslöschung *gejagt*, halb von innen, halb von außen.

Doch das ist nicht alles. Georg hört noch, wie hinter ihm der Vater niederstürzt. Ein Schlag hat ihn wohl gefällt.

Georg weiß also, und das gehört zur Pointe dieser Erzählung, dass er den Vater mit in den Untergang reißt. Mit dem Unheil ist das Heil verknüpft.

Dieser doppelte Untergang ist vielleicht der Grund, weshalb Kafka diese Erzählung am Ende der Nacht mit einem geradezu ekstatischen Glücksgefühl beendet. Im Tagebuch hält er den unvergesslichen Moment der Erleichterung und Entlastung fest. Zu Max Brod soll er über die letzten Sätze der Erzählung sogar bemerkt haben: *Ich habe dabei an eine starke Ejakulation gedacht.*

Kafka, der gerade mit Felice eine Verbindung anknüpft, mag sich für einen Augenblick entlastet gefühlt haben, als er wenigstens im symbolischen Raum den Heiratswilligen in sich los war. Und auch den Vater.

Nach dieser unvergesslichen Nacht des »Urteils« übermittelt Kafka, der sich nun ins Bett gelegt hat, dem Büro die Entschuldigung für sein Fernbleiben: *Ich habe heute früh einen kleinen Ohnmachtsanfall gehabt ... Es ist aber bestimmt ohne Bedeutung.*

Kafka hatte seine früheren Texte »Betrachtung« genannt oder »Beschreibung«. Mit dem »Urteil« aber glaubt er eine neue Dimension des Schreibens erreicht zu haben. Erst mit dem »Urteil« sei es zu jener *vollständigen Öffnung des Leibes und der Seele* gekommen, durch die erst jene eigentümliche *Zweifellosigkeit der Geschichte* gelingen konnte.

Es handelt sich hier, mit anderen Worten, um den Übergang von der äußeren Betrachtung zum inneren Handeln, vom Bewusstsein zum Sein. *Haß gegenüber aktiver Selbstbeobachtung ... so leben wie man muß, nicht sich hündisch umlaufen,* heißt es in einer Tagebucheintragung ein Jahr später. Das Schreiben ist für ihn mehr und anderes als nur Selbstbeobachtung. Das Schreiben, so wie es Kafka anstrebt, ist nicht Beobachtung der Seele, sondern Seele in Aktion. *Der Beobachter der Seele,* heißt es in einer anderen Eintragung, *kann in die Seele nicht eindringen ... Sie muß also unbekannt bleiben.*

Man muss die Seite wechseln – von der Beobachtung zum inneren Handeln. Dann erst verbindet man sich mit dem Sein, das man selbst ist. Das also gelingt in den besten Augenblicken des Schreibens. Was sich dann dort vollzieht, ist *zweifellos und wunderbar.*

Das wahrhafte Schreiben ist für Kafka gesteigertes, intensives Leben und nicht nur Lebens-Betrachtung. Solches Schreiben hat etwas Unwillkürliches. Es geschieht, es wird nicht bloß gemacht. Beim »Urteil« staunt er darüber, wie sich die Geschichte vor ihm entwickelte. Ein untrügliches Anzeichen dafür ist, wenn in einem Zug geschrieben wird. Das ist für Kafka der gelungene Schreibakt. Korrigiert wird nur sofort, im unmittelbaren Schreibfluss. Spätere Korrekturarbeiten an den Manuskripten finden sich bei Kafka kaum. Die Romane brechen ab, wenn der Schreibfluss nicht mehr weiterträgt. Der Schreibfluss bahnt sich seinen eigenen Weg. Es gibt bei Kafka kein Konzept, keine Gliederung, kein Exposé. Den Schreibvorgang beim »Urteil« schildert er so: *Als ich mich zum Schreiben niedersetzte, wollte ich nach einem zum Schreien unglücklichen Sonntag ...*

einen Krieg beschreiben, ein junger Mann sollte aus seinem Fenster eine
Menschenmenge über die Brücke herankommen sehn, dann aber drehte
sich alles unter den Händen …

Kafka fühlt sich am lebendigsten, wenn er sich dem unvorherseh-
baren und auch unkontrollierbaren Schreibprozess überlassen kann,
wenn er sich also treiben lassen kann in die labyrinthischen Welten
der Kanzleien und Dachstuben im »Process« oder in die ausufern-
den Geschichten, Abzweigungen und Umleitungen bei der unendlichen Annäherung ans »Schloss«. Eine Ankunft, eine Lösung, eine
Erlösung ist nicht vorgesehen.

Was lebt, ist etwas anderes, als was beobachtet und reflektiert.
Das zeigt sich, um noch einmal auf das »Urteil« zu kommen, auch bei
Georg selbst, der als Beobachter in einer Unaufrichtigkeit befangen
bleibt und sich selbst nicht nahekommt. In dem Augenblick aber, da
er sich jenen ominösen Ruck gibt, beginnt er zu handeln, und dann
erst offenbart sich die Wirklichkeit mit dem gefährlichen Stachel
und dem Schicksalhaften. Georg wird dargestellt als ein Mensch,
der von sich selbst überrascht wird. Er wird überrascht davon, dass
er nun doch einen Brief an den Freund schreibt und ihm seine ge-
plante Heirat mitteilt. Und zu seiner Überraschung begibt er sich in
den hinteren Teil der Wohnung, wo der von ihm vernachlässigte Vater haust. Diese Überraschungen, die mit Handeln und insofern mit
einem Aus-sich-Herausgehen verbunden sind, konfrontieren ihn jäh
mit einer Wirklichkeit, die bisher verdeckt geblieben ist. Ein verwan-
delndes Geschehen, das überfallartig bewusst werden lässt, dass ein
Leben noch gar nicht richtig gelebt worden ist. Was hier geschieht,
ist eine Überwältigung durch das Ungelebte.

Von sich selbst überrascht werden – das widerfährt nicht nur Georg,
sondern Kafka selbst. Mit der Erzählung »Das Urteil«, in einer Nacht
und in einem Zug niedergeschrieben, hat Kafka sich selbst überrascht. Er war den unmittelbaren Impulsen seines Lebens so nahe

gekommen wie noch nie. Und da das Leben selbst immer *zweifel-los* ist, kann Kafka auch von der *Zweifellosigkeit* dieser Erzählung sprechen. Wahrheit gibt es eben nur im Sein, nicht im Bewusstsein. *Wahrheit ist unteilbar, kann sich also selbst nicht erkennen; wer sie erkennen will, muss Lüge sein.* Für den literarischen Text bedeutet das: Er muss die Autorität eines Urtextes haben, um den herum sich Meinungen bilden können, die aber nie an dessen *Zweifellosigkeit* herankommen können.

Die Wahrheit, die Franz Kafka aus dem »Urteil« entgegentritt, ist die: Er hat den Heiratswilligen und den Vater in sich zum Untergang verurteilt. Das ist die innere Handlung, die sich in dieser Erzählung mit *vollkommener Notwendigkeit* vollzieht, ohne doch im äußeren Leben schon stattgefunden zu haben. Das Schreiben kann dem Leben einige Schritte voraus sein.

Ängstlich verhüllt Kafka Felice gegenüber, was in der Erzählung so offen zu Tage liegt: *Findest Du im ›Urteil‹ irgendeinen Sinn, ich meine irgendeinen geraden, zusammenhängenden, verfolgbaren Sinn? Ich finde ihn nicht und kann auch nichts darin erklären.*

Gewiss hat er ihn gefunden, doch er fürchtet sich vor dem, was ihm da aus der Erzählung entgegentritt: der gegen den Vater gerichtete Todeswunsch und dieser sich selbst untergrabende Heiratswille.

Deshalb auch fühlt Kafka sich Felice gegenüber bereits schuldig, noch ehe er um ihre Hand anhält.

VIERTES KAPITEL

Briefe an Felice. Dazwischen »Die Verwandlung«.
Der Käfer und das nicht gelebte Leben. Familienbande.
Das fürchterliche und das wollüstige Geschäft.
Auch zum Lachen

Zwei Tage vor der Nacht des »Urteils«, am 20. September 1912, hatte Kafka seinen ersten Brief an Felice geschrieben. Der war noch vorsichtig, tastend. Doch bereits im zweiten Brief, eine Woche später, bittet er Felice um Auskünfte über Angelegenheiten wie diese: wann sie gefrühstückt habe, wann sie im Büro eingetroffen sei, welche Aussicht sie von ihrem Zimmer dort habe, womit sie sich nach Dienstschluss beschäftige, welche Leute sie treffe, wie das Wetter gewesen sei, wie sie geschlafen habe. Auffällig ist: Kafka, der bereits nach dem dritten Brief sein Seelenleben vor Felice ausbreitet, zeigt zunächst wenig Interesse an deren Gedanken und Gefühlen. Was ihn selbst betrifft, so beteuert er, dass seine äußere Wirklichkeit nichts über seine Person besage. Umgekehrt jedoch erbittet er von Felice ein penibles Protokoll genau dieser äußeren Wirklichkeit.

Felices Briefe sind nicht erhalten. Sicherlich hat sie, als der Briefverkehr Fahrt aufnahm, auch über ihr inneres Leben geschrieben, aber Kafka nimmt darauf zunächst so wenig Bezug, dass man aus seinen Briefen nur ein schemenhaftes Bild dieser Frau gewinnt. Eine selbstbewusste, stabile, entschlussfreudige, im Beruf tüchtige und emporstrebende Person, so sieht er sie – oder so möchte er sie sehen.

Felice mag zunächst erschrocken gewesen sein über die Briefflut, die alsbald über sie hereinbricht. Ein wenig kokettierend hatte sie wohl die Bemerkung gemacht, Kafka habe von ihr an jenem Abend doch kaum Notiz genommen. Darauf antwortet Kafka mit einem Riesenbrief, worin er diesen ersten gemeinsamen Abend detailliert schildert, wie sie gekleidet war, wie sie an ihrer Frisur zupfte, worüber sie sprach und sich dabei durch das Essen nicht ablenken ließ, wie sie die Fotos seiner Weimar-Reise aufmerksam betrachtete und die Aufnahmen vom Goethe-Haus ehrfurchtsvoll kommentierte, wie sie aus dem Zimmer *huschte* und wenig später zurückkehrte, fertig zum Aufbruch, wie er sie dann noch begleitet hatte, stumm und verlegen, wie sie ihrerseits versuchte, ein Gespräch in Gang zu bringen, wie er beim Abschied nochmals die Palästina-Reise erwähnte, *die wahrscheinlich keiner ernst nahm außer ich.*

Diesem langen Brief schickt er sogleich einen kurzen hinterher, zur Entschuldigung: *Sie dürfen also nicht glauben, daß ich durch einen endlosen Brief wie den vorgestrigen, wegen dessen ich mir schon genug Vorwürfe gemacht habe, außer der Zeit des Lesens Ihnen auch noch die Zeit des Ausruhens nehmen und Sie zu großen und pünktlichen Antworten verpflichten will.* Genau das tut er. Sie soll, fordert er, seine Briefe möglichst bald beantworten, und zwar ausführlich. Es dauert nicht lange, dann wird er sie tadeln, wenn Briefe ausbleiben oder zu kurz sind. Er schickt Telegramme, um eigene Briefe anzukündigen oder Antworten anzumahnen. Ausführlich schildert er seine Seelenzustände beim Warten auf ihre Briefe. Da man noch wenig gemeinsam erlebt hat, nimmt das Schreiben über das Briefschreiben und über das Warten auf Briefe einen breiten Raum ein.

Er beginnt, sie mit Ratschlägen zu überhäufen. Sie wird von Kopfschmerzen geplagt? *Weg mit dem Pyramidon und allen solchen Dingen!*, antwortet er, *auf die Gründe der Kopfschmerzen losgehn, statt in die Apotheke.* Sie dürfe nicht vergessen, dass Heilung nur möglich sei *von Mensch zu Mensch.* Er selbst allerdings finde Heilung nur im Schreiben. *Mein Leben besteht und bestand von jeher aus Versuchen zu Schreiben meist aus mißlungenen. Schrieb ich aber nicht, dann lag ich auch schon auf dem Boden, wert hinausgekehrt zu werden.*

Nicht lange danach, am 17. November, beginnt er die Erzählung »Die Verwandlung«, wo der zum Käfer verwandelte Gregor Samsa nach seinem Verenden aus der Familienwohnung nun tatsächlich *hinausgekehrt* wird. Da war eine Metapher aus dem Brief in diese Erzählung hinübergewandert.

Nach Fertigstellung der Erzählung schreibt er Felice, er hätte sie in einem Zuge, in zweimal zehn Stunden, niederschreiben sollen. Die Unterbrechungen – er arbeitete drei Wochen daran – hätten dem Text geschadet. Er erläutert ihr, wie es ihm beim Schreiben ergeht. Nur wenn er sich mit wenigen Unterbrechungen ganz einer Geschichte überlässt, liefert er sich ihrer Unberechenbarkeit aus, und genau dies ermöglicht die schöpferische Lust. Wenn er im Sog und Zug des Schreibens ist, treibt es ihn voran. Das Ende mag unbestimmt sein, der Anfang aber muss stark sein.

In der Erzählung »Die Verwandlung« hat Kafka einen besonders starken Anfang gefunden. Der Junggeselle Gregor Samsa wacht eines Morgens auf und findet sich zu einem *ungeheuren Ungeziefer* verwandelt. Äußerlich ein riesiger Käfer, innerlich aber immer noch Gregor, im Schoße der Familie.

Die Erzählung lässt sich lesen als eine Art Experimentalanordnung: Wie verändert sich eine Familie, wenn ein solch ungeheures Ereignis über sie hereinbricht? Zeigt sich in dieser Situation vielleicht die Wahrheit Gregors und die seiner Familie, zur Kenntlichkeit verzerrt?

Wieder also, wie im »Urteil«, das Problem der Familie, das sich für Kafka in den letzten Wochen zugespitzt hatte. Über die Lärmhölle in der elterlichen Wohnung hatte er ja sogar in einem veröffentlichten Text geklagt.

Schlimmer noch war, wie bereits dargestellt, die Situation, in die Kafka geriet, seit der Vater mit dem Schwiegersohn Ende 1911 eine

Asbestfabrik gegründet hatte und man von Kafka, dem stillen Teilhaber, erwartete, dass er sich auch dort engagiere. Bei der AUVA hatte er eher die Interessen der Arbeiter zu vertreten, in der eigenen Fabrik aber die des Unternehmers. Dieser Rollenwechsel war schwierig, aber wirklich unerträglich war, dass er kostbare Zeit fürs Schreiben verlor. Unter diesem Konflikt litt Kafka so stark, dass er sich mit Selbstmordabsichten trug und dann doch davon Abstand nahm, weil, wie er mit sardonischer Ironie schrieb, das *am Lebenbleiben mein Schreiben ... weniger unterbricht, als der Tod.*

Als Kafka Mitte November 1912 mit der Niederschrift der »Verwandlung« begann, waren die familiären Probleme noch längst nicht gelöst. *Als Gregor Samsa eines Morgens aus unruhigen Träumen erwachte, fand er sich in seinem Bett zu einem ungeheuren Ungeziefer verwandelt.* So beginnt die Erzählung. Es gibt eine Ähnlichkeit zum »Process«-Anfang. Dort findet sich Josef K. morgens beim Aufwachen als jemand vor, der verhaftet ist. Weder Gregor noch Josef K. weiß, warum ihm solches geschieht. Es beginnt mit einem unerklärlichen Faktum, das zwar die Frage nach dem Warum, nach der Schuld provoziert, aber nicht beantwortet.

Doch Gregor, anders als Josef K., grübelt nicht über seine mögliche Schuld. Das werden erst die Interpreten dieser ungeheuren Geschichte tun. Gregor ist zunächst damit beschäftigt zu realisieren, was da geschehen ist und in welchem Leib er sich befindet. Da ist der panzerartig *harte Rücken*, der hochgewölbte Bauch, von dem die Bettdecke herabzugleiten droht, da sind die zahlreichen dünnen Beinchen, die vor seinen Augen *flimmern*, als könne er sie gar nicht absichtsvoll bewegen. Er wäre froh, wenn alles nur ein Traum wäre. Es ist aber kein Traum. Denn das Zimmer, in dem er sich vorfindet, ist ohne Zweifel sein Zimmer, alles darin ist ihm bekannt und befindet sich am rechten Platz, auch das ihm liebe Bild an der Wand, das eine Dame im Pelz zeigt und das der Junggeselle aus einer Illustrierten ausgeschnitten hat.

Da um ihn herum offenbar alles unverändert geblieben ist, vergisst er für einen Moment seine körperliche Verwandlung. Wenn sich dort draußen nichts verändert hat, warum sollte dann etwas an ihm selbst verändert sein? Das Gewöhnliche überlagert eine Weile lang das Ungewöhnliche. Es dauert, bis die Katastrophe wirklich im Bewusstsein angekommen ist. Die Erzählung macht daraus eine virtuos verlängerte Schrecksekunde. *Wie wäre es*, denkt Gregor, *wenn ich noch ein wenig weiterschliefe und alle Narrheit vergäße*, um sogleich zu bemerken, dass es ihm unmöglich ist, sich auf die rechte Seite, seine Schlafseite, zu drehen. Der verwandelte Körper bringt sich dabei schmerzhaft in Erinnerung.

Auch die gewohnten Rituale schieben die Ankunft des Schreckens hinaus. Die Uhr zeigt ihm an, dass er die übliche Zeit des Aufstehens verpasst hat. Er muss sich beeilen, um wenigstens den späteren Zug zu erreichen, denn heute ist sein Reisetag. Gregor ist Handelsvertreter. Der Chef wird Ärger machen, er muss sich, so gut es geht, verteidigen. Er denkt an seinen Aufstieg in der Firma und die Mühen und Demütigungen, die damit verbunden waren. Nur aus Rücksicht auf die Eltern, die sich nach dem Ruin ihres Geschäftes bei seinem Chef verschuldet hatten, war er gewissermaßen als lebendes Pfand bei der Firma geblieben.

Als hätte er sein neues Käfersein nicht bemerkt oder schon wieder vergessen, sinnt er über die Probleme seines gewohnten Lebens nach, gesteht sich ein, dass ihn die Arbeit trotz äußerer Erfolge schon seit einiger Zeit anödet, diese *Plage des Reisens* mit der fortwährenden *Sorge um die Zuganschlüsse*, das *schlechte Essen* unterwegs und ein *immer wechselnder, nie andauernder, nie herzlich werdender menschlicher Verkehr. Der Teufel soll das alles holen.* Noch begreift er nicht, dass der Teufel, oder wer auch immer, *das alles*, nämlich sein bisheriges Leben, tatsächlich geholt hat. Für einen Riesenkäfer ist es mit der Reisevertreter-Existenz nun wirklich vorbei.

Er versteht auch vieles andere nicht. Warum diese Verwandlung?

Warum ausgerechnet in einen Käfer? Auch der Erzähler, der die personale Perspektive Gregors einnimmt, stellt diese Frage nicht, jedenfalls nicht ausdrücklich. Als Leser auf der Suche nach Bedeutung ahnt man, dass die Verwandlung, die Gregor aus dem gewohnten Berufs- und Familienleben herauswirft, etwas damit zu tun haben könnte, dass Gregor mit ebendiesem gewohnten Leben unzufrieden war, dass in ihm sich viel Nichtgelebtes angesammelt hat. Wäre es möglich, dass dieses nicht verwirklichte und deshalb abgestandene Leben ihn in entstellter Gestalt, eben als ein *Ungeziefer*, heimsucht, ihn zum Käfer verwandelt? Er hatte versäumt, den ungeliebten Beruf aufzugeben, und wird nun als das Ungeziefer, das er jetzt ist, aus dem Beruf hinausgeworfen. Gregor wäre demnach infolge der Verschleppung und Verhinderung seines eigentlichen Lebens zum Ungeziefer geworden. Er hätte sich in jenes Ungeziefer verwandelt, als das er sich schon geraume Zeit, seitdem er sein Leben verfehlte, empfunden hat.

Das Ungeheuerliche wäre dann, dass dieses Inwendige, das nicht gelebte Leben also, äußerlich sichtbar und zu einem Körper wird, zu einem abstoßenden Ungeziefer. Eine Metapher – das *Ungeziefer* als Bild für das Abstoßende – wird zur Wirklichkeit. Statt dass Gregor sich nur wie ein Käfer fühlt, ist er einer. Ein Riesenkäfer also, für alle sichtbar.

Nun muss Gregor nicht nur die eigene Verwandlung verstehen, sondern auch das veränderte Verhalten der Familie ihm gegenüber. Vor dem abstoßenden Riesenkäfer weichen alle zurück. Und doch ist auch für die Familie noch eine Weile lang im Riesenkäfer der ihnen bekannte Sohn und Bruder gegenwärtig, mit abnehmender Intensität allerdings.

Es klopfen nacheinander die Mutter, der Vater und die Schwester an die Tür, zuerst mahnend, dann alarmiert. Gregor versucht durch die Tür hindurch zu beschwichtigen, bemerkt dabei die Veränderung seiner Stimme, deutet das aber als Vorbote einer Verkühlung, bekanntlich eine *Berufskrankheit der Reisenden*. Immer noch ist Gregor nicht auf der Höhe der Situation, er denkt noch ans Frühstück und an einen wenn auch verspäteten Aufbruch. Meisterhaft ist dieses allmähliche Bewusstwerden des ungeheuerlichen Faktums der Verwandlung dargestellt, bei Gregor selbst und bei den anderen.

Als der Prokurist der Firma an die Tür pocht, ruft Gregor, *ich komme gleich*, weigert sich jedoch, die Tür zu öffnen. Stattdessen hält er eine ausführliche Rede zu seiner Verteidigung, bis er es dann doch wagt, die Tür zu öffnen: *er war begierig zu erfahren, was die anderen, die jetzt so nach ihm verlangten, bei seinem Anblick sagen würden. Würden sie erschrecken, dann hatte Gregor keine Verantwortung mehr und konnte ruhig sein. Würden sie aber alles ruhig hinnehmen, dann hatte er auch keinen Grund, sich aufzuregen, und konnte, wenn er sich beeilte, um acht Uhr tatsächlich auf dem Bahnhof sein.*

An der Reaktion der anderen kann Gregor nun erkennen, ob er wirklich ein Riesenkäfer mit menschlichem Inneren ist oder sich das alles nur eingebildet hat. Er zeigt sich also der Familie und dem Prokuristen. Die Mutter sinkt vor Entsetzen dem Vater in die Arme. Der Prokurist erstarrt mit weit aufgerissenen Augen und stürmt dann, als habe er sich *soeben die Sohle verbrannt*, aus der Wohnung. Die Schwester weint, nur der Vater bleibt einigermaßen gefasst und versucht, mit dem in der Panik vom Prokuristen zurückgelassenen Stock und Überzieher den Riesenkäfer in die Stube zurückzuscheuchen. Der Vater ist also der Erste, der Gregor so behandelt, wie man gewöhnlich mit einem Ungeziefer umgeht. In der Außenwelt weiß man eben nicht mehr genau, wie viel Gregor in dem Riesenkäfer noch steckt. Irgendwann wird dann Gregor, von außen gesehen, ganz im Käfer verschwunden sein.

Dann setzt auf beiden Seiten eine gewisse Gewöhnung ein. Gregor überlegt, *wie er sein Leben jetzt neu ordnen sollte*, stimmt sich auf seinen neuen Körper ein, kriecht über Decken und Wände, findet Gefallen am Unrat, verbirgt sich unterm Kanapee, um den Eltern und der Schwester seinen Anblick zu ersparen.

Allmählich gewöhnt er sich an die befremdende Situation. Neue Rituale bilden sich heraus, die Schwester stellt Futter aus Resten und Abfall ins Zimmer, das sie auch gelegentlich reinigt. Abends bleibt die Tür angelehnt, im Halbdunkel lauscht Gregor den Gesprächen im Nebenzimmer; dort redet man unbefangen, weil man glaubt, der Käfer würde nichts mehr verstehen. So erfährt Gregor, dass der Vater noch einiges Ersparte besitzt und die Familie zuvor doch nicht so sehr von seinen Wohltaten abhängig war. Er hätte also das ungeliebte Geldverdienen der Familie wegen gar nicht so emsig betreiben müssen. Er hatte das Geld ja gerne abgeliefert, doch man hat es nicht mit *besonderer Wärme* entgegengenommen. Nur zur Schwester Grete war das Verhältnis herzlicher gewesen. Davon scheint jetzt kaum mehr etwas übrig geblieben zu sein.

Das zeigt sich, als die Familie überlegt, ob man Gregors Zimmer ausräumen soll, damit der Käfer besser überall herumkriechen kann, oder alles belassen sollte, damit Gregor im vertrauten Lebensraum bleibt. Es geht also um die entscheidende Frage, ob man Gregor als Käfer behandelt, der er jetzt zu sein scheint, oder als Gregor, der er einmal war. Zu Gregors Enttäuschung möchte die Schwester geradezu aggressiv das Zimmer ausräumen, weil sie in Gregor nur noch den Käfer sieht, während die Mutter *diesem gänzlichen Vergessen seiner menschlichen Vergangenheit* vorerst noch Einhalt zu gebieten versucht.

Bei der Schwester ist dieses *Vergessen* der menschlichen Vergangenheit Gregors sehr weit fortgeschritten. Energisch macht sie sich daran, das Zimmer auszuräumen. Als sie auch noch das Bild mit der Dame im Pelz von der Wand nehmen will, versucht Gregor es mit seinem ganzen Käferleib zu schützen. Wutentbrannt droht die Schwester ihm; es sind ihre ersten direkt an ihn gerichteten Worte, wie Gregor bitter bemerkt. Die Szene endet damit, dass der Vater mit Äpfeln nach Gregor wirft. Einer bleibt im Rückenpanzer stecken und beginnt dort zu faulen. Gregor wird daran sterben.

Gregor erinnert sich an das besonders innige Verhältnis zur Schwester. Er hatte ihr eine Ausbildung als Violinistin am Konservatorium finanzieren wollen, so sehr schätzte er ihr Spiel. Jetzt aber ist ihm ihr Spiel noch bedeutsamer: *war er ein Tier, da ihn Musik so ergriff? Ihm war, als zeige sich ihm der Weg zu der ersehnten unbekannten Nahrung.*

Als die Schwester abends wieder einmal spielt, was die inzwischen einquartierten Zimmerherren wie eine Dienstleistung einfordern, kriecht Gregor, um besser zu hören, weit ins Nebenzimmer vor. Das führt zur Katastrophe, weil die Zimmerherren zum ersten Mal ihn, den Käfer, bemerken, von dem sie zwar wissen, den sie aber bis dahin noch nicht gesehen haben. Sie kündigen sofort, die Familie ist verzweifelt. *So geht es nicht weiter,* erklärt die Schwester den Eltern, *wenn ihr das vielleicht nicht einsehet, ich sehe es ein. Ich will vor diesem Untier nicht den Namen meines Bruders aussprechen, und sage daher bloß: wir müssen versuchen, es loszuwerden. Wir haben das Menschenmögliche versucht, es zu pflegen und zu dulden, ich glaube es kann uns niemand den geringsten Vorwurf machen.*

Es ist die einstmalige Vertraute, die Schwester, für die Gregor nun vollkommen im Käfer verschwunden ist. Gregor gibt es für sie nicht mehr. Seine Verwandlung erlebt sie als Verrat. Damit zerreißt Gregors Verbindung zu seinem früheren Leben. In dieser Nacht verendet er. Am anderen Morgen kehrt das Dienstmädchen *das Zeug* aus der Stube.

Die Situation entspannt sich. Alles atmet auf. Man feiert die Befreiung mit einem Ausflug. Nach dem Schrecken über die Verwandlung Gregors bemerken die Eltern mit einigem Wohlgefallen die Verwandlung der Schwester: sie ist inzwischen *zu einem schönen und üppigen Mädchen aufgeblüht.*

Auf der einen Seite werden Gregors Reste weggekehrt, auf der anderen Seite erblüht die Schwester und dehnt *ihren jungen Körper*, mit diesen Worten endet die Erzählung.

Zwei physiologische Verläufe, der eine zum ekelhaften Verfall, der andere zum schönen blühenden Leben. Es ist, als hätte Gregor zugrunde gehen müssen, um das Erblühen der Schwester zu ermöglichen. Das Lebensunwerte macht der vitalen Kraft Platz. Die Schwester erscheint am Ende so verführerisch, dass abzusehen ist, wie sie wohl sehr bald den passenden Mann finden und sich in die Kette der Geschlechter einfügen wird. Gregors Schicksal aber ist es, die Junggesellenexistenz zu besiegeln als Untier, das hinausgekehrt wird. Sein Ausweg ist sein Untergang. Der Punkt, an dem sich die beiden Verläufe, nach oben und unten, kreuzen, ist der Kampf um das ominöse Bild der Dame im Pelz. Eine letzte Eifersucht flackert in Grete auf, deshalb will sie das Bild entfernen, während Gregor es mit seinem Käferleib schützt. Es lebt in ihm noch ein Verlangen, allerdings ohne einen dafür brauchbaren Körper.

Den gegenläufigen Lebenslinien entspricht die Umkehrung der Machtverhältnisse. Zuerst ist die Familie abhängig von Gregor, ihrem Ernährer. Er ist stolz, *daß er seinen Eltern und seiner Schwester ein solches Leben in einer so schönen Wohnung hatte verschaffen können*. Solange Gregor stark war, schwächelte der Vater. Doch mit Gregors Verwandlung in den Käfer herrscht im Wohnzimmer wieder der erstarkte Vater. Es ist das Nullsummenspiel der Macht, auf der einen Seite geht ebenso viel verloren, wie auf der anderen Seite gewonnen wird. Am Ende triumphiert die Familie, die Reste des Ungeziefers werden hinausgekehrt. Das große Aufatmen, am Ende ein gemeinsamer Ausflug *mit der Elektrischen ins Freie vor die Stadt*.

Der Triumph der Familie nach dem Tode Gregors kann natürlich nicht mehr aus der Perspektive Gregors, auf die der Erzähler sich bisher beschränkt hat, erzählt werden. Ein Perspektivwechsel ist erforderlich, vom personalen zum auktorialen Stil. Kafka empfand das allerdings als unvermeidlichen Bruch, wenn er an der Darstellung des Familientriumphs festhalten wollte. Doch zufrieden ist er damit nicht. *Liebste, also höre,* schreibt er am 6./7. Dezember 1912 an Felice,

meine kleine Geschichte ist beendet, nur macht mich der heutige Schluß
gar nicht froh, er hätte schon besser sein dürfen.

Am Abend davor hatte er Gregor verenden lassen und dies Felice
mit den Worten mitgeteilt: *Weine, Liebste, weine, jetzt ist die Zeit des*
Weinens da! Der Held meiner kleinen Geschichte ist vor einer Weile
gestorben. Wenn es Dich tröstet, so erfahre, daß er genug friedlich und
mit allen ausgesöhnt gestorben ist.

Mit solchem Trost aber wollte er die Geschichte nicht abschlie-
ßen. Der sterbende Gregor *ausgesöhnt*? Etwa mit seiner Familie? In
Kafka schwelte der Hass gegen die eigene Familie zu sehr – *ich hasse*
sie alle der Reihe nach, schrieb er an Brod –, als dass er dem Ganzen
einen versöhnlichen Ausklang hätte geben können. Deshalb musste,
auch wenn es erzählerisch ein Bruch war, die abschließende Fami-
lienaufstellung in einem boshaften Sinn realisiert werden, nämlich
als fataler Triumph der Überlebenden.

Das Ungeziefer ist man los, doch auf die Sieger soll kein gutes
Licht fallen. Deshalb wünschte Kafka, dass auf dem Umschlag kei-
nesfalls das *Insekt* abgebildet werden, sondern nur die Familie und
im Hintergrund eine offene Tür ins *finstere Nebenzimmer*.

So wird zwar angedeutet, dass Gregors Geschick wohl im Schoße
der Familie ausgebrütet ward. Doch sollte sich der anklägerische
Gestus nicht aufdrängen. Der unterschwellige *Hass* gegen die am
Ende triumphierende Familie sollte spürbar bleiben, doch eingeschränkt von Kafkas Grundsatz *Im Kampf zwischen Dir und der Welt*
sekundiere der Welt. Was in diesem Falle bedeutet, die Familie nicht
zu offensichtlich ins Unrecht zu setzen.

Die Geschichte ist ein wenig fürchterlich, schreibt er warnend an
Felice und am nächsten Tag: es sei eine *ekelhafte Geschichte*, sie komme *aus dem gleichen Herzen, in dem Du wohnst und das Du als Woh-*
nung duldest. Sie soll aber darüber nicht allzu traurig sein, denn *je*
mehr ich schreibe und je mehr ich mich befreie, desto reiner und wür-
diger werde ich vielleicht für Dich, aber sicher ist noch vieles aus mir

hinauszuwerfen und die Nächte können nicht lang genug sein für dieses übrigens wollüstige Geschäft. Es ist also ein zugleich *fürchterliches* wie auch *wollüstiges* Geschäft, sich die Verwandlung in einen Käfer vorzustellen. Da gibt es geradezu ein Verlangen, sich in diese Vorstellung *auszugießen* wie auch sich durch sie zu *reinigen.* Auch seinem Gefallen daran, sich klein und verächtlich zu machen, lässt Kafka in dieser Erzählung freien Lauf und geht dabei so sehr an die Grenze, dass es am Ende schon wieder zum Lachen ist. Von einer Lesung dieser Erzählung bei Max Brod in der Wohnung berichtet er: *Ich las mich an meiner Geschichte in Raserei. Wir haben es uns dann wohl sein lassen und viel gelacht.*

Als Kafka ein Jahr später um Felices Freundin Grete Bloch wirbt, empfiehlt er ihr die Erzählung. Ob sie sich darauf freuen könne, wolle er nicht versprechen, *jedenfalls die Geschichte freut sich auf Sie, daran ist kein Zweifel.*

FÜNFTES KAPITEL

Die Sehnsucht nach Weite und Ferne.
»Der Verschollene«. Neue Welten.
Familien von der schlimmen Sorte. Angekommen?
Verschollen im Land
der unbegrenzten Möglichkeiten

Am 26. September 1912 beginnt Kafka, zwischen dem »Urteil« und der »Verwandlung«, mit der Niederschrift des Amerika-Romans »Der Verschollene«. Er schreibt wie im Rausch. *Kafka in unglaublicher Ekstase* notiert Brod in seinem Tagebuch. Bis zur ersten größeren Unterbrechung Mitte November sind bereits sechs Kapitel (mehr als 200 Druckseiten) geschrieben.

Der Amerika-Roman bildet das imaginäre Gegengewicht zu den Fantasien über Selbstvernichtung und Verwandlung in der Familienhölle. Doch es gibt noch andere Auswege aus der Misere, nämlich die – ganz einfach wegzugehen. Imaginär ausprobiert hatte das Kafka in dem bereits zitierten kurzen Textstück »Der plötzliche Spaziergang« vom Anfang des Jahres 1912. Dort wird geschildert, wie es sich anfühlt, wenn man *gänzlich aus seiner Familie ausgetreten* ist, wenn die häusliche Welt sich ins *Wesenlose* verliert, *während man selbst, ganz fest, schwarz vor Unwissenheit ... sich zu seiner wahren Gestalt erhebt.*

Diese Vision der Befreiung zehrt von demselben Impuls wie jener Text aus dem Umkreis der Amerika-Obsession mit dem Titel: »Wunsch, Indianer zu werden«. Es besteht nur aus einem einzigen Satz: *Wenn man doch ein Indianer wäre, gleich bereit, und auf dem*

*rennenden Pferde, schief in der Luft, immer wieder kurz erzitterte über
dem zitternden Boden, bis man die Sporen ließ, denn es gab keine Sporen, bis man die Zügel wegwarf, denn es gab keine Zügel, und kaum
das Land vor sich als glatt gemähte Heide sah, schon ohne Pferdehals
und Pferdekopf.*

Womöglich gehört dieser Text sogar in die erste Fassung des
Amerika-Romans, von der sonst nichts erhalten geblieben ist. Geschrieben hatte Kafka daran von Anfang des Jahres 1912 bis in den
Sommer. Die Arbeit hatte ihm Halt gegeben bei den familiären Kon-
flikten um die neu gegründete Asbestfabrik. *Wie ich mich gegen alle
Unruhe an meinem Roman festhalte, ganz wie eine Denkmalfigur, die
in die Ferne schaut und sich am Block festhält.*

Der Roman ist bei Kafka mit Vorstellung von Weite und Ferne
verbunden: *Der Roman ist so groß,* schreibt er an Max Brod, *wie über
den ganzen Himmel hin entworfen.* Einstweilen geht es noch ganz gut
immer *geradeaus,* doch er sieht schon den Augenblick kommen, da er
bei dieser Reise ins Unabsehbare den *Kopf verlieren* wird.

Kafka las in dieser Zeit alles, was ihm über Amerika in die Hände
fiel, auch die einschlägigen Berichte in der Tagespresse. *Fast jeden
zweiten Tag* finde *ich in der Zeitung eine derartige, förmlich für mich
allein bestimmte Nachricht.* Die wichtigste Quelle war Arthur Holitschers 1912 erschienenes Buch »Amerika heute und morgen«. Kafka
fühlte sich bald so vertraut mit der Materie, dass er seinem Verleger
Kurt Wolff später selbstbewusst schreiben konnte, er habe *das allermodernste New York* dargestellt.

Selbstverständlich war es ein Amerika, das sich Kafka zusam-
mengelesen hatte. Doch es gab auch familiäre Berührungen. Ein äl-
terer Vetter, Otto Kafka, war 1906 in die USA ausgewandert, wo er es
zu beträchtlichem Reichtum brachte und 1909 den jüngeren Bruder
nachzog. Ein anderer Vetter, Emil Kafka, war 1906 ausgewandert und
hatte bald eine führende Position in einem großen Kaufhaus in Chi-
cago inne. Auswanderung nach Amerika war also der Familie ver-

traut. Auch Kafka hatte mit diesbezüglichen Plänen geliebäugelt. Er rechnete dabei mit Unterstützung durch den weltläufigen Madrider Onkel Alfred Löwy. Die Stelle bei der international tätigen Versicherungsgesellschaft »Assicurazioni generali« hatte er ja auch deshalb angenommen, weil er dort eine Chance sah, irgendwann einmal ins fernere Ausland geschickt zu werden. Daraus wurde nichts, und deshalb schickt Kafka im Jahre 1912 stellvertretend den Protagonisten seines Romans nach Amerika.

Der erste Entwurf war ihm nicht gelungen. Nach der Schaffenseuphorie beim »Urteil« war sein literarisches Selbstbewusstsein stark genug, um einen neuen Anlauf zu wagen. Und diesmal hält der Schreibfluss an, zunächst bis Mitte November 1912. *Es ist die erste grössere Arbeit,* schreibt er an Felice, *in der ich mich nach 15jähriger bis auf Augenblicke trostloser Plage seit 1 ½ Monaten geborgen fühle.* So lange wie möglich werde er an einer Arbeit festhalten, bei der er das Gefühl habe, auf dem *richtigen Weg* zu sein.

Das gilt insbesondere für das erste Kapitel, »Der Heizer«, geschrieben in wenigen Tagen in einem Zug. Dieser Text erschien ihm so gelungen, dass er bereit war, ihn gesondert zu veröffentlichen.

Als der siebzehnjährige Karl Roßmann, der von seinen armen Eltern nach Amerika geschickt worden war, weil ihn ein Dienstmädchen verführt und ein Kind von ihm bekommen hatte, in dem schon langsam gewordenen Schiff in den Hafen von Newyork einfuhr, erblickte er die schon längst beobachtete Statue der Freiheitsgöttin wie in einem plötzlich stärker gewordenen Sonnenlicht. Ihr Arm mit dem Schwert ragte wie neuerdings empor, und um ihre Gestalt wehten die freien Lüfte.

Es ist keine freiwillige Auswanderung. Karl Roßmann wird von seinen Eltern verstoßen. Später in der Kajüte des Kapitäns erinnert er sich an jene Szene, da ihn einst das Dienstmädchen in sein Bett zog. Selten hat Kafka Sexuelles so explizit geschildert wie hier: *Dann legte sie sich auch zu ihm und wollte irgendwelche Geheimnisse von ihm*

erfahren, aber er konnte ihr keine sagen und sie ärgerte sich im Scherz
oder Ernst, schüttelte ihn, horchte sein Herz ab, bot ihre Brust zum glei-
chen Abhorchen hin, wozu sie Karl aber nicht bringen konnte, drückte
ihren nackten Bauch an seinen Leib, suchte mit der Hand, so widerlich,
daß Karl Kopf und Hals aus den Kissen heraus schüttelte, zwischen
seinen Beinen, stieß dann den Bauch einige Male gegen ihn, ihm war
als sei sie ein Teil seiner selbst und vielleicht aus diesem Grunde hatte
ihn eine entsetzliche Hilfsbedürftigkeit ergriffen.

So viel wird aus dieser Szene deutlich: Karl ist wirklich ohne
Schuld verstoßen worden.

Nun also kommt er in Amerika an, gleitet mit dem Schiff in den
Hafen von New York, *freie Lüfte* wehen, doch mit der Freiheitsgöttin
auf der Statue stimmt etwas nicht. Es ist keine Fackel, die sie hoch-
streckt, sondern ein Schwert. Eine nicht unbedeutende Veränderung,
statt des Symbols der Freiheit das Symbol der strafenden Gerechtigkeit. Eher eine Drohung als eine Verheißung. Karl, im Strom der
Menge, die zu den Ausgängen strebt, hält inne. Er hat seinen Regenschirm vergessen. Er bittet einen Fremden, seinen Koffer zu bewachen, und kehrt um. Gegen den Strom, wie bei einem der von Kafka geschätzten Slapsticks, versucht er wieder ins Zwischendeck zu
gelangen. Er verirrt sich im Labyrinth der Gänge, Treppen, Räume.

Der erste Aufbruch ins Freie endet also bereits nach kurzer Zeit in
vollkommener Desorientierung. Verzweifelt klopft er an irgendeine
Tür, ein riesenhafter Mensch erscheint, der sich als Heizer zu erkennen gibt und ihn zunächst herrisch und grob, dann aber zunehmend
freundlich behandelt. Er zieht ihn in die winzige Kabine, aufs Bett. *Er*
hatte fast das Gefühl davon verloren, daß er auf dem unsicheren Boden
eines Schiffes an der Küste eines unbekannten Erdteils war, so heimisch
war ihm hier auf dem Bett des Heizers. Der Regenschirm und der Koffer oben auf Deck sind schon längst vergessen, so versunken horcht
Karl auf die Reden des Heizers; es sind schlimme Geschichten von
schwerer Arbeit und von den üblen Schikanen durch Schubal, einen

Vorgesetzten. Karl rät dem Heizer, sich beim Kapitän zu beschweren. Im Handumdrehen wird Karl zum Kämpfer für Gerechtigkeit. Die Hierarchie zwischen dem Jungen und dem großen, starken Mann ändert sich. Es ist jetzt der Junge, der mit dem ihm eigentlich Überlegenen fürsorglich umgeht. Selbstverständlich überfordert er sich damit, und nur weil später ein noch Mächtigerer eingreift, wird der Junge auch innerlich wieder zurechtgestutzt. Es lauern eben überall die Machtkämpfe.

Die beiden, der Heizer und sein frischgebackener jugendlicher Patron, machen sich auf den Weg ins Kapitänsbüro. Dort treffen sie auf mehrere Herren, die wie zum Bilde erstarrt vor den hohen Fenstern stehen, durch die man auf das Getriebe des Hafens blickt. Ein Diener versucht, die beiden Eindringlinge, Karl und den Heizer, wegzuscheuchen. Bewegung kommt unter den Herren auf, als Karl vortritt und die Beschwerden des Heizers vorträgt, der wie gelähmt wirkt und es nicht versteht, seine Sache wirkungsvoll zu verfechten. Er verhaspelt sich, wird weitschweifig, undeutlich und sogar grob. Dies alles, so Karl entschuldigend, *aus seinem grenzenlos empörten Inneren heraus*. Zwar ist auch Karl empört, kann aber trotzdem die Sache des Heizers gut vertreten. Einer der Herren, der besonders achtungsgebietende, hat die ganze Zeit über Karl fixiert und fragt nun, über das Gestammel des Heizers hinweg, nach Karls Namen und gibt sich nach einigem Hin und Her als dessen Onkel zu erkennen. Sofort ändert sich die ganze Szene. Karl rückt in den Mittelpunkt, als Neffe eines Senators und als unbeirrter Verteidiger von Recht und Gerechtigkeit. Sein Selbstbewusstsein wächst. *Wenn ihn doch seine Eltern sehen könnten*, denkt er, *wie er im fremden Land vor angesehenen Persönlichkeiten das Gute verfocht … Würden sie Ihre Meinung über ihn revidieren? Ihn zwischen sich niedersetzen und loben? Ihm einmal in die ihnen so ergebenen Augen sehn?*

Karl, der von den Eltern Verstoßene, bewahrt ihnen seine Anhänglichkeit. Doch dankbar müsste er eigentlich dem Dienstmäd-

chen sein, denn sie war es, die hinter dem Rücken der Eltern die Ankunft Karls in einem Brief dem Onkel angekündigt hatte, der nun zur
Stelle ist, um Karl bei sich aufzunehmen. So wird Karls selbstloses
Eintreten für den Heizer auf überraschende Weise belohnt. Wie im
Märchen wird er ganz unverhofft erhöht. Und der Heizer? Ihn hat
man inzwischen schon fast vergessen, nur nicht Karl, der weiterhin
Gerechtigkeit für ihn fordert und vom Onkel darüber belehrt wird,
dass es hier nicht auf Gerechtigkeit, sondern auf *Disziplin* ankomme und dafür sei nun einmal der Kapitän zuständig. Karls Eintreten
für den Heizer deutet der Onkel so: *Du hast Dich verlassen gefühlt,*
da hast Du den Heizer gefunden und bist ihm jetzt dankbar, das ist ja
ganz löblich. Treibe das aber, schon mir zulieb, nicht zu weit und lerne
Deine Stellung begreifen.

Karl fügt sich so bereitwillig, dass es schon fast wie Verrat und
Treulosigkeit aussieht. Er glaubt, den Onkel nicht enttäuschen zu
dürfen, und geht mit ihm engverbunden von Bord, und die beiden
steigen in das Boot, das sie an Land bringt. Doch es kommen ihm
Zweifel, *ob dieser Mann ihm jemals den Heizer werde ersetzen können.*

Schuldbewusst also überlässt Karl den Heizer seinem Schicksal.
Er glaubt, ihn im Stich gelassen zu haben. Er betritt die Neue Welt
als jemand, der von sich selbst enttäuscht ist, gleichwohl mit großen
Erwartungen und mit dem Gefühl, etwas wiedergutmachen zu können. Als hätte er, der Verstoßene, ein moralisches Mandat für die
neuen Verhältnisse, in die er nun geraten ist.

In der Stadtvilla des schwerreichen Onkels lernt Karl nun wirklich
das *allermodernste New York* kennen.

Kafka, darin sind sich seine Interpreten einig, zeigt sich hier als
Kritiker des modernen Industriekapitalismus in seiner fortgeschrittenen amerikanischen Variante, die er allerdings nur aus Büchern
kannte; das gilt etwa für die Beschreibung der allgemeinen Beschleu-
nigung, jene *Bewegung ohne Ende, eine Unruhe, übertragen von dem*
unruhigen Element auf die hilflosen Menschen und ihre Werke; oder

für die Beschreibung des mechanisierten und durchrationalisierten Arbeitsprozesses, beispielsweise in der Telefonzentrale der riesigen Fabrik des Onkels. Die Vorgänge hier werden besonders ausführlich geschildert, weil sie den industriell grundlegend veränderten Zusammenhang von Hören, Sprechen und Schreiben betreffen, ein Thema, das Kafka, den obsessiv Schreibenden, natürlich besonders interessierte. Man sah, heißt es in der Schilderung der Telefonzentrale, *im sprühenden elektrischen Licht einen Angestellten gleichgültig gegen jedes Geräusch der Türe, den Kopf eingespannt in ein Stahlband, das ihm die Hörmuschel an die Ohren drückte. Der rechte Arm lag auf einem Tischchen, als wäre er besonders schwer und nur die Finger, welche den Bleistift hielten, zuckten unmenschlich gleichmäßig und rasch. In den Worten, die er in den Sprechtrichter sagte, war er sehr sparsam und oft sah man sogar, daß er vielleicht gegen den Sprecher etwas einzuwenden hatte, ihn etwas genauer fragen wollte, aber gewisse Worte, die er hörte zwangen ihn, ehe er seine Absicht ausführen konnte, die Augen zu senken und zu schreiben.*

Beim Anblick dieser Vorgänge überkommt Karl Entsetzen, aber auch Ehrfurcht. Zu seinem Onkel, dem Herrscher über diese Verhältnisse, sagt er: *Du hast es wirklich weit gebracht.*

Der Betrieb des Onkels, auch das ein Zeichen der Modernität, ist nicht eigentlich eine Produktionsstätte, sondern eine Vermittlungsagentur, welche *Käufe, Lagerungen, Transporte und Verkäufe riesenhaften Umfangs umfaßte und ganz genaue unaufhörliche telephonische und telegraphische Verbindungen mit den Klienten unterhalten mußte.* Hier also findet sich das moderne industriell-kommunikative Urbild der später im »Process« und im »Schloss« dargestellten unübersehbaren Behördenlabyrinthe, die dort allerdings eine rätselhafte, mitunter auch metaphysische Bedeutung annehmen.

In der Stadtvilla des Onkels blickt Karl von hoch oben in die Straßenschluchten hinunter auf den *immer drängenden Verkehr,* auf das Menschengewühl, wo alle gleichgültig aneinander vorbeihasten.

Auf Mitleid durfte man hier nicht hoffen, sogar das *Grüßen* ist abgeschafft.

Der Onkel warnt ihn davor, untätig vom Balkon herab dem Getriebe lediglich bloß zuzuschauen, es komme darauf an, zu lernen, wirkungsvoll mitzumachen. Er sei doch kein *verlorenes Schaf,* das Leben biete ihm doch viele Möglichkeiten, es komme darauf an, sie kühn zu ergreifen. Karl soll sich anstrengen und möglichst schnell alles Nötige, aber auch nur das, lernen: die Sprache, das Geschäft, die gesellschaftlichen Umgangsformen, das Reiten. Es steht allerdings auch ein Klavier zur Verfügung. Karl rafft sich auf, lernt fleißig, doch besonders zieht ihn das Klavier an. *Karl erhoffte in der ersten Zeit viel von seinem Klavierspiel und schämte sich nicht wenigstens vor dem Einschlafen an die Möglichkeit einer unmittelbaren Beeinflussung der amerikanischen Verhältnisse durch dieses Klavierspiel zu denken.* Karl ist sich seiner privilegierten Situation durchaus bewusst und möchte deshalb dem Land, das ihn in der Person des Onkels so gut aufgenommen hat, irgendetwas zurückgeben, und sei es durch sein Klavierspiel. Ein sehr verträumter Gedanke, denn keiner nimmt Notiz von seinem Spiel.

Der fördernde und fordernde Onkel bringt Karl mit Geschäftsfreunden zusammen, zwei großen dicken Herren, Green und Pollunder, auch sie typische Industriekapitäne und Geldleute der Neuen Welt. Pollunder lädt Karl in sein Landhaus ein. Der Onkel sieht das nicht gerne, solche Vergnügungen, erklärt er, sollte man sich erst in einem *geregelten Berufsleben* erlauben. Doch gerade der Widerstand des Onkels reizt Karl, und er nimmt die Einladung an.

Das neu gebaute Landhaus außerhalb der Stadt hat riesenhafte Ausmaße, ein Labyrinth von Zimmern, Hallen, Treppen. Alles ist dunkel, denn die Elektrizität ist noch nicht verlegt. Eine Dienerschar geistert mit Kerzen durch die Flure. Klara, Pollunders Tochter, bedrängt Karl. Es kommt zu grotesken Szenen. Sie zieht ihn aufs Bett, er wehrt sich, sie ohrfeigt ihn und sagt: *Vielleicht bist Du ein Ehren-*

mann – ich möchte es fast glauben – und wirst mit den Ohrfeigen nicht
weiterleben wollen und Dich aus der Welt schaffen. In diesem Moment kommt es Karl so vor, als redete es aus ihm selbst.

Dies ist, nach der Geschichte mit dem Dienstmädchen, die zweite Verführung des unschuldigen Karl, wieder mit verhängnisvollen Folgen. Um Mitternacht erhält Karl einen Brief des Onkels, worin es heißt: *Du hast Dich gegen meinen Willen dafür entschieden, heute Abend von mir fortzugehen, dann bleibe aber auch bei diesem Entschluß Dein Leben lang, nur dann war es ein männlicher Entschluß.*

Karl hatte den Onkel nicht verlassen wollen, er hatte pflichtschuldig die Absicht, vor Mitternacht zurückzukehren, ist aber daran gehindert worden, auch durch die übergriffige Klara. Also fühlt er sich wieder schuldlos verstoßen. Zuerst die Erhöhung durch den Onkel, dann die Zurückweisung, und nun setzt sich, er ahnt es dunkel, der Weg nach unten fort.

Man händigt ihm den alten Koffer und den Regenschirm aus, seine Habseligkeiten von zu Hause, und er findet sich wieder auf der Straße, wo auch nachts ein unaufhörlicher Verkehr fließt. Jetzt erst fühlt sich Karl wirklich in Amerika angekommen, frei, doch schutzlos.

In einer Absteige schließt er Bekanntschaft mit zwei Landstreichern, Robinson und Delamarche, die ihn bestehlen und drangsalieren und von denen er nicht loskommen wird. Die beiden werden ihm zum Verhängnis. Nach einigen Tagesmärschen findet Karl im »Occidental«, einem Hotel von riesenhaften Ausmaßen, eine Anstellung als Liftboy. Die beiden Kumpane ist er einstweilen los. Wieder hat Karl das Glück, in der Verlassenheit jemanden zu finden, der ihn unter seine Fittiche nimmt. Zuerst war es der Onkel, nun ist es eine Oberköchin, die sich um ihn kümmert. Das geht eine Weile lang gut, bis einer der Landstreicher, Robinson, schwer betrunken wieder auftaucht. Karl umsorgt ihn und vernachlässigt für wenige Augenblicke seinen Dienst. Und wieder kommt es, wie zuvor auf dem Schiff, zu einem Tribunal. Diesmal aber kann Karl nicht mit dem Eintreten für einen anderen glänzen, sondern er muss sich selbst verteidigen, was ihm nicht richtig gelingt. Die Oberköchin, die bisher ihre schützende Hand über Karl gehalten hat, rückt von ihm ab. *Gerechte Dinge,* erklärt sie, *haben auch ein besonderes Aussehn und das hat, ich muß es gestehn, Deine Sache nicht.* Karl wird entlassen.

Er wird also zum dritten Mal schuldlos verstoßen, zuerst von den Eltern, dann vom Onkel und nun von der Oberköchin.

Bis zu dieser Stelle, Ende des sechsten Kapitels, war Kafka vorgerückt, als er Mitte November 1912 die Arbeit am Roman für drei Wochen unterbrach, um die »Verwandlung« zu schreiben.

Das Motiv der Verstoßung wandert aus dem Roman nun auch in diese Erzählung hinüber. Denn der in einen Käfer verwandelte Gregor wird am Ende von der Familie auch verstoßen, er wird als Unrat hinausgekehrt. So weit ist es mit Karl noch nicht. Seine Geschichte des Abstiegs ist noch nicht am Ende.

Wir befinden uns mit Karl wieder auf der Straße, und wieder gerät er an die beiden Landstreicher. Robinson lockt ihn zur fetten Sängerin Brunelda, mit der sich Delamarche inzwischen zusammengetan hat. Es erwartet ihn ein Familienleben von der schlimmsten Sorte. Karl muss die schmutzstarrende Wohnung reinigen, aus Speiseresten Mahlzeiten zubereiten und die infolge ihrer Fettleibigkeit unbewegliche Brunelda bedienen. Hier schreibt sich Kafka seinen ganzen Ekel vor der Familie von der Seele.

Um aus dieser dumpfen Hölle wenigstens für Augenblicke herauszukommen, tritt Karl auf den Balkon. Von dort oben kann er dann das lebhafte Treiben in der Straßenschlucht verfolgen; dort unten findet sogar ein Wahlkampf statt, Kandidaten werden auf den Schultern riesengroßer Männern herumgetragen, es gibt Freibier, eine Blasmusik ertönt, Marschkolonnen rücken an, es kommt zu Schlägereien: das pralle amerikanische Leben, wie es Kafka sich vorstellt. Plötzlich wird es dunkel und stickig um Karl, denn Brunelda hat ihn ergriffen und zwischen ihre Brüste geklemmt, sodass ihm Hören und Sehen vergeht.

In diese abstoßende Welt ist Kafka versunken, als er an Felice am 16. Dezember schreibt: *ich habe mich zu lange und doch zu kurz bei meinem Roman aufgehalten und habe überdies fast Bedenken jetzt zu Dir zurückzukehren, denn ich habe förmlich die Finger noch schmutzig von einer widerlichen mit besonderer (für die Gestaltung leider übergroßen) Natürlichkeit aus mir fließenden Szene.*

Wenige Wochen später ist der Roman bis zu jener Szene gediehen, wo Brunelda sich kämmen lässt, im Lehnstuhl sitzend mit verrutschtem Kleid, die Beine weit gespreizt, während sie *mit der dicken roten Zunge zwischen den Lippen hin und her* fährt. Hier bricht der Text ab. Am 26. Januar 1913 schreibt Kafka an Felice: *Mein Roman! Ich erklärte mich vorgestern abend vollständig von ihm besiegt. Er läuft mir auseinander, ich kann ihn nicht mehr umfassen.*

Kafka war mit Karl inzwischen ganz unten angekommen. Er zweifelte, ob es ihm noch gelingen würde, *dieses Zeug aus dem Dreck zu ziehen.* Die Anziehungskraft des Abgrunds, in den Karl zu stürzen droht, spürt Kafka auch an sich selbst. Wie sein Romanheld fühlt auch er sich nach unten gezogen. Er teilt mit ihm die Lust, sich fallen zu lassen. Noch im Absturz bleibt er innerlich mit ihm verbunden. Max Brod gegenüber spricht er sogar davon, dass er Karl, diesen unschuldigen Menschen, geliebt habe.

Später notiert Kafka im Tagebuch, er habe wohl, ohne es zu bemerken, die Absicht gehabt, *einen Dickens-Roman zu schreiben,* mit einem unschuldigen, liebenswerten Menschen im Mittelpunkt, der in Schmutz, Elend und in der allgemeinen Herzlosigkeit zu verkommen droht und den es zu retten gilt.

Ende Januar 1913, die Arbeit am Roman ruht einstweilen wieder, schreibt er Felice, dass er nachts plötzlich aufgestanden sei, um einiges für den Roman zu notieren. Es könnte sich dabei, wie der

Herausgeber des Romans vermutet, um die folgende Notiz handeln: *Es gibt irgendwelche Beziehungen, die ich deutlich fühle, die ich aber zu erkennen nicht imstande bin. Es würde genügen, ein kleines Stück tiefer unterzutauchen, aber gerade hier wird der Auftrieb so stark, daß ich glauben könnte auf dem Grunde des Wassers zu sein, fühlte ich nicht die Strömungen unter mir ziehn. Jedenfalls wende ich mich der Höhe zu, von wo mich der tausendfach gebrochene Schein des Lichtes trifft.* So tief wie möglich hinunter und dann zum *Schein des Lichtes* wieder hinauf, denkt er und fügt hinzu: *trotzdem ich alles Obere hasse.*

Tatsächlich geht es im Roman zuerst einmal noch weiter hinunter. Ganz unten angekommen, zeigt sich Karl in einem Textstück vom August 1914, also geschrieben zu einer Zeit, da Kafka bereits am »Process« arbeitete. »Ausreise Bruneldas« ist dieses Textstück überschrieben.

In den frühen Morgenstunden, damit es möglichst unbemerkt bleibt, wird Brunelda mit vereinten Kräften die Treppen hinuntergeschafft und auf einen Wagen verfrachtet. Das Fleischgebirge wird mit einem grauen Tuch zugedeckt. Karl zieht den Wagen, der jeden Augenblick unter der Last zusammenzubrechen droht. Robinson und Delamarche sind verschwunden, Karl ist mit seiner verhüllten Last allein unterwegs. Die Leute, die ihm begegnen, vermuten einen Transport von Gerümpel oder Kartoffeln. Die Gegend wird schäbiger, dunkler, je näher man dem Ziel kommt, *das Unternehmen Nr. 25*, wahrscheinlich ein Bordell. Karl ist hier Laufbursche, Zuhälter, Vertrauter, was auch immer. Die Örtlichkeit dieses *Unternehmens Nr. 25* wird so beschrieben: *alles fettig und abstoßend, es war, als wäre von allem ein schlechter Gebrauch gemacht worden und als wäre keine Reinlichkeit imstande, das wieder gut zu machen.*

Hier bricht Kafka ab, am Tiefpunkt der Unreinlichkeit.

Doch ein paar Wochen später, Anfang Oktober 1914, setzt Kafka noch einmal neu an mit einem Kapitel, dem Brod bei der ersten Herausgabe des Romans die Überschrift gegeben hat: »Das Naturtheater von Oklahoma«.

Über die Bedeutung dieses Kapitels ist viel gestritten worden. Man hat es als Utopie der Erlösung gedeutet oder als ihre Parodie. Als Fortschreibung des desillusionierenden Weges nach unten oder als die große Wende, als Ausweg.

Max Brod berichtet: *Aus Gesprächen weiß ich, daß das vorliegende unvollendete Kapitel über das ›Naturtheater in Oklahoma‹, ein Kapitel, dessen Einleitung Kafka besonders liebte und herzergreifend schön vorlas, das Schlußkapitel sein und versöhnlich ausklingen sollte. Mit rätselhaften Worten deutete Kafka lächelnd an, daß sein junger Held in diesem ›fast grenzenlosen‹ Theater Beruf, Freiheit, Rückhalt, ja sogar die Heimat und die Eltern wie durch paradiesischen Zauber wiederfinden werde.*

Im Widerspruch dazu scheint eine Tagebucheintragung vom 29. September 1915 zu stehen: *Rossmann und K., der Schuldlose und der Schuldige. Schließlich beide unterschiedslos strafweise umgebracht, der Schuldlose mit leichterer Hand, mehr zur Seite geschoben als niedergeschlagen.*

Wenn Rossmann umgebracht werden sollte, dann, so haben manche gefolgert, müsste das Naturtheater eigentlich als Spiel im Totenreich zu verstehen sein.

Doch wenig spricht dafür, denn wir bleiben im realistischen Erzähl-Raum der früheren Kapitel mit den gleitenden Übergängen ins Traumartige. Zwar gibt es einen Bruch, doch nicht im Stil, sondern nur auf der Handlungsebene. Der Zusammenhang zur Brunelda-Episode ist abgerissen.

Wir begegnen Karl, wie er an einer Straßenecke ein Plakat studiert mit der marktschreierischen Aufschrift: *Auf dem Rennplatz in Clayton wird heute von sechs Uhr früh bis Mitternacht Personal für das Teater in Oklahama aufgenommen! Das große Teater von Oklahama ruft Euch! Es ruft nur heute, nur einmal! Wer jetzt die Gelegenheit*

versäumt, versäumt sie für immer! Wer an seine Zukunft denkt, gehört
zu uns! Jeder ist willkommen! Wer Künstler werden will melde sich!
Wir sind das Teater, das jeden brauchen kann, jeden an seinem Ort!
Wer sich für uns entschieden hat, den beglückwünschen wir gleich hier!
Aber beeilt Euch, damit Ihr bis Mitternacht vorgelassen werdet! Um
zwölf wird alles geschlossen und nicht mehr geöffnet! Verflucht sei wer
uns nicht glaubt! Auf nach Clayton!

Die Sätze haben etwas Gellendes, jeder Satz endet mit einem Aus-
rufungszeichen. Angepriesen wird eine einmalige Gelegenheit: Jeder
wird gebraucht, wer jetzt nicht zugreift, verpasst die Chance seines
Lebens. Es gibt keine Voraussetzungen, die man erfüllen müsste. Es
muss einem nur die eigene Zukunft wichtig sein.

Der Aufruf wirbt in fast religiösem Ton, als gehe es um Bekehrung,
um Wiedergeburt, um das Seelenheil. Eine Werbung, eine Mahnung
und sogar eine Drohung. *Verflucht sei wer uns nicht glaubt!*

Karl ist inzwischen lange genug in Amerika, um sich an Werbe-
plakate gewöhnt zu haben. Er glaubt ihnen nicht mehr. Doch dieses
Plakat *war noch unwahrscheinlicher als Plakate sonst zu sein pflegen.*
Gerade deshalb liest es sich wie eine Botschaft aus einer anderen
Welt. Ein Heilsversprechen, ein Evangelium, unwahrscheinlich zwar,
doch an die Glaubensbereitschaft appellierend. Dazu passt, dass von
Bezahlung nicht die Rede ist. Das fällt Karl sofort auf, so realitäts-
tüchtig ist er immerhin. *Künstler werden wollte niemand*, denkt er,
wohl aber wollte jeder für seine Arbeit bezahlt werden.

Karls Wunsch, *endlich den Anfang einer anständigen Laufbahn
(zu) finden*, ist stärker als seine Skepsis. Und so steigt er in die
U-Bahn und fährt hinaus zur Rennbahn von Clayton.

Auf dem weiten Areal dort begrüßt ihn ein ohrenbetäubendes
Trompetenblasen. Hunderte von Frauen, als Engel verkleidet in
weißen Gewändern und mit angepappten Flügeln, auf Postamenten
stehend, blasen mit aller Kraft, nicht im Chor, sondern wild durcheinander und gegeneinander. Dieser höllische Begrüßungslärm gilt

den wenigen, die gekommen sind. Karl ist erstaunt, unter den blasenden Engeln eine alte Bekannte, Fanny, zu entdecken. Es ist wie in einem Traum, wo im Unbekannten das Bekannte jäh aufblitzt. Ihr blast schlecht, sagt Karl zu ihr, lass mich einmal blasen. Und nun bläst er so gut, dass die anderen ihm zuhören. Auf einmal steht Karl im Mittelpunkt. Die Szene fängt also für ihn gut an. Nun folgen die eigentlichen Aufnahmeprozeduren.

Jemand, der sich als Personalchef ausgibt, fragt nach den Legitimationspapieren. Karl hat keine und befürchtet, dass die Sache für ihn damit bereits zu Ende ist. Doch wie eigenartig, hier scheint es auf solche Papiere nicht anzukommen. Man schickt Karl weiter zu den Aufnahmekanzleien, es gibt für jede Berufsgruppe eine kleine Baracke. Karl meldet sich bei den Ingenieuren, weil das ja der Beruf war, den er einst angestrebt hatte. Man taxiert ihn, *zu kläglich angezogen, zu jung* für einen Ingenieur, heißt es. Und so wird Karl von einer Gruppe zur anderen weitergereicht, denn es handelt sich offenbar um ein hoch differenziertes System, in dem es für jeden etwas Passendes zu geben scheint. Karl wandert durchs System, überall versichert man ihm, dass man ihn im Prinzip brauchen kann, nur gerade in dieser Sparte nicht. Schließlich landet er bei der letzten Baracke, der Kanzlei für *gewesene europäische Mittelschüler*. Wieder steht Karl vor einem Tribunal, diesmal aber geht es freundlicher zu.

Als eine *letzte Zuflucht* kommt ihm das vor und wieder, wie im Traum, glaubt er einem Altbekannten zu begegnen, seinem ehemaligen Lehrer von der Realschule. Über das Fehlen der Legitimationspapiere geht man auch hier hinweg, doch vielleicht auch nur, denkt Karl, weil *ein europäischer Mittelschüler zu sein, sei schon etwas so schmähliches daß man jedem, der es von sich behaupte, ohne weiteres glauben könne.*

Seinen wirklichen Namen will Karl nicht nennen, denn er will ihn sich erst wieder verdienen, denkt er bei sich. Und so nennt er den Namen, den man ihm in seiner letzten Stellung, also bei Brunelda im Bordell, gegeben hatte: *Negro.* Dieser Name erscheint nun für alle sichtbar auf der Anzeigentafel: *Negro, technischer Arbeiter.*

In Holitschers Amerikabuch wird Kafka das berühmt-berüchtigte Foto aufgefallen sein, das einen erhängten Schwarzen zeigt, um den sich einige Weiße in stolzer Pose gruppieren. Dieses Bild eines Lynchmordes hatte Holitscher mit der sarkastischen Unterschrift versehen »Idyll aus Oklahama«. Es könnte sein, dass Kafka, der von Holitscher den Schreibfehler übernimmt, mit seinem *Teater von Oklahama* und dem Namen *Negro* auf diese fatale »Idylle« anspielt.

Karl ist aufgenommen, wenn auch als Letzter, und nun werden alle an einen langen Tisch zum Essen geladen. Immer traumartiger wird die Szenerie. Wie auf Abbildungen des Schlaraffenlandes werden knusprige Braten herumgereicht, in denen Gabeln stecken. Wieder taucht ein alter Bekannter auf, Giacomo, der Liftboy aus dem »Occidental«. Giacomo ist nicht *zum knochigen Amerikaner* herangereift, wie es die Oberköchin einst vorhergesagt hatte, sondern ist klein und zart geblieben. Karl und Giacomo geben sich das Versprechen, von nun an immer *beisammen bleiben* zu wollen. Danach der überstürzte Aufbruch zum Zug, der die Angeworbenen nach Oklahama bringen soll. Karl und Giacomo sind nun ein Freundespaar. *So saßen sie aneinandergedrängt und freuten sich im Grunde beide auf die Fahrt, so sorglos hatten sie in Amerika noch keine Reise gemacht.*

Ist das »Naturtheater von Oklahama« eine Utopie des Gelingens? Das bleibt ungewiss, denn noch hat sich nicht herausgestellt, was die Angeworbenen in Oklahama nun wirklich erwartet. Für einen Augenblick wirkt das Ganze wie eine Deportation. Doch Karl wird nicht misstrauisch, man hat ihn in der Kategorie *technischer Arbeiter* aufgenommen, und er ist zufrieden damit. Natürlich ist das keine Erlösung und auch nicht das Ziel aller Wünsche. Aber besser als ein Sturz von der Brücke wie bei Georg oder eine Verwandlung in einen Käfer wie bei Gregor ist ein solches Ende allemal. Auch ergeht es Karl deutlich besser als Josef K. im »Process«, an dem Kafka bereits arbeitete. Gemessen daran also ist dieser Schluss des Amerika-Romans tatsächlich, wie Kafka im Gespräch mit Max Brod erklärte, *lichter als alles was er sonst geschrieben hat.*

Mit der Anwerbung und der überstürzten Abreise in Richtung Oklahoma ist die Geschichte noch nicht ganz zu Ende. Es folgt noch eine Seite mit der Schilderung einer endlosen Bahnreise. Jetzt erst begreift Karl die *Größe Amerikas,* im Vergleich dazu erscheint ihm alles andere klein und bedeutungslos. Es überkommt ihn eine Ehrfurcht vor der Erhabenheit eines wilden und weiten Landes.

Erst hier, ganz am Ende, gibt es die erste und die einzige ausführlichere Landschaftsschilderung im ganzen Roman: *Am ersten Tag fuhren sie durch ein hohes Gebirge. Bläulichschwarze Steinmassen giengen in spitzen Keilen bis an den Zug heran, man beugte sich aus dem Fenster und suchte vergebens ihre Gipfel, dunkle schmale zerrissene Täler öffneten sich, man beschrieb mit dem Finger die Richtung, in der sie sich verloren, breite Bergströme kamen eilend als große Wellen auf dem hügeligen Untergrund und in sich tausend kleine Schaumwellen treibend, sie stürzten sich unter die Brücken über die der Zug fuhr und sie waren so nah daß der Hauch ihrer Kühle das Gesicht erschauern machte.*

Es beginnt eine Reise, der offenbar kein Ziel mehr gesetzt ist. Sie führt ins Unabsehbare, *Oklahoma* ist nur noch ein Name dafür. Und das ist der Augenblick, da wir Karl Rossmann aus den Augen verlieren. Er wird nun wirklich zum *Verschollenen.* Den eigenen Namen hatte er ja schon zuvor abgelegt.

Kafka hatte Felice von seiner Befürchtung geschrieben, der Roman könnte ihm *auseinanderlaufen.* Am Ende ist ihm dieser so sympathische junge Mann, hilfsbereit, unbekümmert, zuversichtlich, doch nicht rücksichtslos genug für den Dschungelkampf des Lebens – dieser Karl Rossmann ist ihm einfach davongelaufen.

Verschollen zwar in jenem ungeheuren Land der unbegrenzten Möglichkeit, doch zugleich auch entkommen der Misere seines

Herkommens. Vielleicht hat sich für Karl Rossmann doch noch der Wunsch erfüllt, *Indianer zu werden* und auf rennendem Pferd *schief in der Luft* über die Prärie zu jagen und den Sturmwind der Freiheit zu spüren.

SECHSTES KAPITEL

Felices Schweigen. Beengende Nähe.
Schreiben als Entfernung. Luft zum Atmen.
Verlobung. Grete Bloch. Der Gerichtshof
der Entlobung. Der Prozess beginnt

Felice Bauer hatte bei Kafka einen wahren Schreibrausch ausgelöst. In kurzer Folge entstanden »Das Urteil«, »Die Verwandlung« sowie mehrere Kapitel des Amerika-Romans. Das Schreiben der Briefe an Felice und der literarischen Texte stimulierte sich wechselseitig, weil es sich annähernd auf derselben Ebene bewegte. Felice ist kaum wirklicher als die erfundenen Figuren, deshalb bewegt sie sich in unmittelbarer Nachbarschaft seines Schreibens. *Jetzt habe ich mein Leben um das Denken an Sie erweitert ... aber selbst dieses steht mit meinem Schreiben in Zusammenhang.* Felice, immer noch Teil der literarischen Fiktion, steht aber auch schon für eine selbstständige Wirklichkeit, die entsprechende Ansprüche erhebt. Zwar wird Kafka durch die Briefe Felices in einen neuen Lebenskreis gezogen, doch bleibt auch dieser umschlossen vom Imaginationskreis des Schreibens, *nur der Wellengang des Schreibens bestimmt mich.*

Gefahr droht in dem Augenblick, da Felice schließlich des *Irrsinns der Briefe* müde wird und auf eine persönliche Begegnung drängt. Kafka ist alarmiert. Er warnt sie: *Ich bin noch knapp gesund für mich, aber nicht mehr zur Ehe und schon gar nicht zur Vaterschaft.* Er tauge eben nur zum Schreiben, erklärt er, wenn man ihn aus dem Schreiben herauslocke, bleibe nichts von ihm übrig. *Wo ich mich aber jeman-*

dem nahe bringe und mich ganz einsetzen will … dann bin ich Nichts und was will ich mit dem Nichts anfangen. Sie solle sich darauf gefasst machen, dass er sich bei jeder wirklichen Begegnung als das *Nichts* zeigen werde, das er außerhalb des Schreibens ist. Er sei für niemanden zumutbar, denn was soll man mit einem Menschen anfangen, der nur ein Schatten seiner selbst ist, wenn er nicht schreibt.

Ich bin anderswo, heißt es in einer späten Tagebuchnotiz, *nur die Anziehungskraft der Menschenwelt ist ungeheuerlich, in einem Augenblick kann sie alles vergessen machen. Aber auch die Anziehungskraft meiner Welt ist groß, diejenigen, welche mich lieben, lieben mich, weil ich ›verlassen‹ bin … weil sie fühlen, daß ich die Freiheit der Bewegung, die mir hier völlig fehlt, auf einer anderen Ebene in glücklichen Zeiten habe.*

Um diese *Freiheit der Bewegung* spüren zu können, müsste sich Felice allerdings auf Kafkas Texte einlassen. Das geschah aber nur sehr zögerlich.

Kafka hatte Felice am 11. Dezember 1912 gleich nach Erscheinen die »Betrachtung« zugeschickt, mit einer Bemerkung, die auf die erste Begegnung bei Brods anspielt. *Du, sei freundlich zu meinem armen Buch! Es sind eben jene Blätter, die Du mich an unserem Abend ordnen sahst.* Noch mehrmals kam er in den folgenden Briefen auf diese erste Buchveröffentlichung zu sprechen. Doch bis Ende Dezember hatte Felice immer noch nicht darauf reagiert. Aus Enttäuschung darüber machte er ihr eine Eifersuchtsszene. Er schreibt Abwertendes über jene Autoren, die sie ihm gegenüber gerühmt hatte, *ich bin eifersüchtig wegen des Werfel, des Sophokles, der Ricarda Huch, der Lagerlöf, des Jakobsen.* Felice hatte Eulenbergs »Schattenbilder« gelobt. Das sei doch nur *Prosa voll Atemnot und Unreinlichkeit*, schreibt er. Felice solle endlich aufhören, dieses Buch zu lesen! *Aber in Deinem Brief kommen ja noch weitere Leute vor, mit allen möchte ich zu raufen anfangen, nicht um Ihnen etwas Böses zu tun, sondern um sie von Dir wegzustoßen, um Dich von Ihnen freizubekommen, um nur*

*Briefe zu lesen in denen bloß von Dir … und natürlich! von mir die
Rede ist.*

Erst in dem Brief der darauf folgenden Nacht kommt er auf den
eigentlichen Anlass dieser Eifersuchtsszene zu sprechen: *Dir gefällt
mein Buch ebensowenig wie Dir damals mein Bild gefallen hat. Das
wäre ja nicht so arg, denn was dort steht, sind zum größten Teil alte
Sachen, aber immerhin doch noch immer ein Stück von mir und also
ein Dir fremdes Stück von mir … Aber Du sagst nichts, kündigst zwar
einmal an, etwas zu sagen, sagtest es aber nicht.*

Die Kränkung sitzt tief, und es bleibt ein Misston in den folgenden Briefen. Mit sarkastischen Bemerkungen zieht Kafka über die
zahlreichen *Bekannten und Schriftsteller* her, die in Felices Briefen
herumstehen und von ihr gerühmt werden. Über Lasker-Schüler zum
Beispiel: *Ich kann ihre Gedichte nicht leiden, ich fühle bei ihnen nichts
als Langeweile über ihre Leere und Widerwillen wegen des künstlichen
Aufwandes.* Oder über Arthur Schnitzler: *Ich liebe den Schnitzler gar
nicht und achte ihn kaum; gewiß er kann manches, aber seine großen
Stücke und seine große Prosa sind für mich angefüllt mit einer geradezu schwankenden Masse widerlichster Schreiberei. Man kann ihn gar
nicht tief genug herunterstoßen.*

Dass Felice sich nicht oder kaum zu seinen literarischen Arbeiten
äußert, kann Kafka so lange ertragen, wie die schöpferische Phase bei
ihm anhält. Wenn aber der Schreibfluss zu stocken beginnt, wächst
sein Ärger über Felice, den er wie gewöhnlich hinter Selbstvorwür-
fen versteckt: *was für ein Leid werde ich über Dich bringen müssen,*
schreibt er und: *Natürlich bin ich … überall der Schuldige.*

In dieser Phase der Verärgerung werden Liebesbeteuerungen mit
Warnungen verbunden. *Daß Du mich lieb hast, Felice, ist ja mein
Glück, aber meine Sicherheit ist es nicht, denn Du kannst Dich ja täuschen, vielleicht führe ich da im Schreiben Künste auf, die Dich täuschen, Du hast mich ja kaum gesehn, kaum mich reden gehört, kaum
unter meinem Schweigen gelitten, weißt nichts von den zufälligen und*

notwendigen Häßlichkeiten, die vielleicht meine Nähe für Dich mit sich bringt.

Er beteuert seine Liebe, besteht aber auch auf dem Haftungsausschluss. Er habe sie gewarnt, heißt das, wenn sie die *Nähe* will, muss sie auch die Folgen mittragen. Trotz solcher Warnungen scheint Felice die *Nähe* auch weiterhin angestrebt zu haben. Deshalb dringt sie auf ein Treffen in Berlin. Nach einigem Hin und Her erklärt sich Kafka bereit dazu. Am 19. März 1913 schreibt er ihr: *Ich fahre nach Berlin zu keinem anderen Zweck, als um Dir, der durch Briefe Irregeführten, zu sagen und zu zeigen, was ich eigentlich bin ... Die Gegenwart ist unwiderleglich.* Beide werden bei dieser Gelegenheit mit Schrecken bemerken, wie fremd sie sich immer noch sind, obwohl sie doch inzwischen so viele Briefe gewechselt haben.

Kafka kam am Ostersamstag, am 22. März 1913, in Berlin an. Er stieg im »Askanischen Hof« ab, wartete auf Nachricht von Felice. Erst am Sonntagnachmittag trafen sie sich und verbrachten einige für Kafka qualvoll nichtssagende Stunden mit einem Spaziergang im Grunewald. Er hatte die Nähe in den Briefen gesucht, die wirkliche Nähe lähmte ihn. Unmittelbare Gegenwart beengte ihn, es fehlt der Zwischenraum, der sich für ihn nur bilden kann in der brieflichen Vergegenwärtigung, also beim Schreiben.

Felice suchte das Zusammentreffen, das er scheute, weil er sich darin zu verlieren befürchtete. Die Einsamkeit des Schreibens, die er braucht, um sich zu gewinnen, schildert er ihr so: *Schreiben heißt ja, sich öffnen bis zum Übermaß; die äußerste Offenherzigkeit und Hingabe, in der sich ein Mensch im menschlichen Verkehr schon zu verlieren glaubt und vor der er also solange er bei Sinnen ist, immer zurückscheuen wird ... Deshalb kann man nicht genug allein sein, wenn man schreibt, deshalb kann es nicht genug still um einen sein, wenn man schreibt, die Nacht ist noch zu wenig Nacht ... Oft dachte ich schon daran, daß es die beste Lebensweise für mich wäre, mit Schreibzeug und einer Lampe im innersten Raum eines ausgedehnten abgesperr-*

ten Kellers zu sein. Das Essen brächte man mir stellte es immer weit von meinem Raum entfernt hinter der äußersten Tür des Kellers nieder. Der Weg um das Essen, im Schlafrock, durch alle Kellergewölbe hindurch wäre mein einziger Spaziergang. Dann kehrte ich zu meinem Tisch zurück, würde langsam und mit Bedacht essen und wieder gleich zu schreiben anfangen. Was ich dann schreiben würde! Aus welchen Tiefen ich es hervorreißen würde!

Nicht ohne komische Untertöne – vielleicht hat Kafka an dieser Briefstelle sogar gelacht! – wird hier das Bild des absoluten Schreibens entworfen. Es geht hier nicht in die Höhe, ins Überirdische, sondern ins Unterirdische. Es sind Ekstasen eines Höhlenbewohners, und die Geliebte ist dazu verurteilt, ihm das Essen zu bringen. Sonst aber soll die mittlere, die gewöhnliche Welt aus Ehe, Vaterschaft, Familie, Kinder, Beruf ihm fernbleiben.

Familiensonntage mit der ganzen Mischpoke beschreibt er oft als ekelhafte Szenen. Da werden Windeln gewechselt, es wird auf den Boden geschissen, lärmender Umtrunk und Kartenspiel am Familientisch, Streit, Türenschlagen, Ausdünstungen, unerträgliche Nähe. Das alles ist für ihn schwer erträglich, und er warnt davor, sich vom Honigmond des Anfangs täuschen zu lassen. *Jedes Hochzeitspaar,* schreibt er an Max Brod am 18. September 1913, *ob ich mich zu ihm in Beziehung setze oder nicht, ist mir ein widerlicher Anblick.*

Doch auch wenn es ihn ekelt, so spürt er doch auch eine Verpflichtung zu solchem bürgerlichen Leben. *Heiraten, eine Familie gründen, alle Kinder, welche kommen wollen, hinnehmen, in dieser unsicheren Welt erhalten und gar noch ein wenig führen ist meiner Überzeugung nach das Äußerste, das einem Menschen überhaupt gelingen kann.* Er zitiert zur Bekräftigung dieser Überzeugung gerne Flaubert, der beim Anblick einer Familie – wenn es nur nicht die eigene war – erklärte: »sie sind in der Wahrheit«. Und dann ist da noch die Hochschätzung von Familie und Vaterschaft im Talmud.

Aus dieser Perspektive ist die Welt der Fortpflanzung und Familiengründung nicht nur das Übliche, sondern etwas Geheiligtes. Doch für Kafka, wenn er sich illusionslos prüft, liegt eben kein Segen darauf. Er bevorzugt eine Nähe, in der die Ferne gewahrt bleibt. Das gilt für die Liebe, die Partnerschaft, die Freundschaft, es gilt sogar für den religiösen Bezug, weshalb er einmal seine Wertschätzung für den antik-griechischen Götterglauben so formulierte: *Sie* (die Griechen) *konnten das entscheidend Göttliche gar nicht weit genug von sich entfernt denken, die ganze Götterwelt war nur ein Mittel, das Entscheidende sich vom irdischen Leib zu halten, Luft zum menschlichen Atem zu haben.*

Die religiöse Distanz gilt bei Kafka auch innerweltlich. Die Wirklichkeit darf ihm nicht zu dicht auf den Leib rücken. Er braucht den Spielraum, den das Schreiben schafft. Hier findet er Luft zum Atmen.

Bei jenem ersten Treffen mit Felice am 27. März 1913 in Berlin fehlen ihm, wie er befürchtet hatte, dieser Spielraum und die Luft zum Atmen. Die beiden hatten sich so viele Briefe geschrieben, und nun, beim Spaziergang im Grunewald, hatten sie sich nichts zu sagen. Sein Versuch, eine Frau *nur durch das Schreiben zu binden*, ist damit allerdings noch nicht beendet. Aber für ihn gibt es Felice von nun an in doppelter Gestalt. Zum einen ist da eine Felice, die als künftige Braut sein Schreiben bedroht, weshalb er darauf achtet, ihr nicht zu nahezukommen, und weshalb er im entscheidenden Moment zurückweicht. Zum anderen gibt es eine Felice, von der er sich eine Einübung in die Wirklichkeit verspricht. *Manchmal denke ich, Du hast doch, Felice, eine solche Macht über mich, verwandle mich doch zu einem Menschen, der des Selbstverständlichen fähig ist.*

Was aber ist das – *Selbstverständliche*? Ist es das gewöhnliche bürgerliche Leben? Nein, es ist der selbst schon wieder literarische Traum davon. Insofern sind die beiden Felices – die, welche ihn vom Schreiben abhält, und die, welche ihn ungewollt dazu ermuntert – dann doch nur wieder ein und dieselbe: so oder so treibt sie ihn ins

95

Schreiben zurück: *Weißt Du Liebste, diese Mischung von Glück und Unglück ... jagt mich im Kreis herum.*

Nach dem misslungenen Treffen in Berlin forciert Kafka zunächst den innigen Ton: *ich atme nur in Dir.* Dann erwacht wieder das Misstrauen. Ihre letzten Briefe, schreibt er, seien anders: *Meine Sachen sind Dir nicht mehr so wichtig.* Im nächsten Brief schlägt er ihr vor, man könnte *auch wieder Sie zueinander sagen,* nimmt diesen Vorschlag aber sogleich wieder zurück. Das würde über seine Kräfte gehen, gesteht er, vielmehr brauche er sie gerade auch dann, wenn ihm sein Schreiben über den Kopf wächst: *Was für ein Gefühl bei Dir aufgehoben zu sein vor dieser ungeheuern Welt ...*

Pfingsten, 11. und 12. Mai 1913, verabreden sich die beiden wieder zu einem Treffen in Berlin, diesmal hatte Kafka darauf gedrungen. Wieder endet es in einer Enttäuschung: *Ohne sie kann ich nicht leben und mit ihr auch nicht* – diese Leier dreht sich in seinem Kopf, schreibt er ihr von der Rückreise. Er sammelt seine Eindrücke und kommt zu der Einsicht, dass er ihr nicht guttue. Er habe sie immer anteilnehmend und aktiv gesehen gegenüber anderen Menschen, *mir aber gegenüber erschlaffst Du, siehst weg oder ins Gras, läßt meine dummen Worte und mein viel begründeteres Schweigen über Dich ergehen, willst nichts ernstlich von mir erfahren ...*

Aber sie soll nun *ernstlich* etwas erfahren, was er noch nicht auszusprechen gewagt und jetzt mühsam genug vorbringt: *Es gibt Hindernisse für mich, die Du beiläufig kennst, die Du aber nicht ernst genug nimmst,* es fehle ihm nämlich das *Wohlgefühl eines in jeder Hinsicht gehorchenden Körpers.* Spielt er auf eine befürchtete Impotenz an? Wie auch immer, dieses fehlende Wohlgefühl raube ihm jedenfalls die Unbefangenheit. Er müsse immer an seinen mangelhaften Körper denken, und das teile sich den anderen mit, auch bei Felice habe er es bemerkt: *wie Du verwandelt bist, wenn Du mit mir bist ... wie Dich, dieses sonst selbstsichere, raschdenkende, stolze Mädchen eine matte Gleichgültigkeit ergreift.*

Er wird, schreibt er, einen Arzt aufsuchen. Und dann, wie aus heiterem Himmel, überrumpelt er Felice mit der Frage: *Nun bedenke Felice, angesichts dieser Unsicherheit läßt sich schwer das Wort hervorbringen und es muß sich auch sonderbar anhören. Es ist eben zu bald, um es zu sagen. Nachher ist es doch auch wieder zu spät, dann ist keine Zeit mehr zu Besprechung solcher Dinge … Aber zu langem Zögern ist nicht mehr Zeit, wenigstens fühl ich das so und deshalb frag ich also: Willst Du unter der obigen leider nicht zu beseitigenden Voraussetzung überlegen, ob Du meine Frau werden willst? Willst Du das?*

An dieser Stelle bricht er den Brief am 8. Juni 1913 ab. Er wagt es nicht, ihn abzuschicken. Erst eine Woche später, am 16. Juni, fasst er den Mut, ihn fortzusetzen. Es folgt eine ausführliche Selbstbeschreibung, wohl eher eine Selbsterniedrigung, die alles auflistet, was irgendwie abschreckend wirken kann. Doch die akribisch ausgeführte Mängelliste wirkt schon fast wieder komisch. Er sei noch keinem Menschen begegnet, der im Umgang mit anderen *kümmerlicher* sei als er, und fährt dann fort: *Ich habe kein Gedächtnis weder für Gelerntes, noch für Gelesenes, weder für Erlebtes, noch für Gehörtes, weder für Menschen noch für Vorgänge, mir ist als hätte ich nichts erlebt, als hätte ich nichts gelernt, ich weiß tatsächlich von den meisten Dingen weniger als kleine Schulkinder und was ich weiß, weiß ich so oberflächlich, daß ich schon der zweiten Frage nicht entsprechen kann. Ich kann nicht denken, in meinem Denken stoße ich immerfort an Grenzen … Ich kann auch nicht eigentlich erzählen, ja fast nicht einmal reden …* Das alles wäre notfalls zu verschmerzen, weil es intellektuelle Fähigkeiten betrifft, auf die es letztlich doch nicht so sehr ankomme. Schlimmer noch sei, dass er überhaupt *für den menschlichen Verkehr verloren* sei. Es sei für ihn einfach unerträglich, dieses *nicht notwendige menschliche Beisammensein, aus dem der größte Teil unseres Lebens besteht.* Und so geht das weiter. Eben noch hat er um ihre Hand angehalten, und nun häuft er jede Menge Hinderungsgründe auf. Dazu gehören dann auch die Verluste, die Felice bei einer Ehe mit ihm erleiden müsste: *Du aber würdest Dein bisheriges Leben verlieren, in dem Du fast gänzlich zufrieden warst. Du würdest Berlin verlieren, das Bureau, das Dich freut, die Freundinnen, die kleinen Vergnügungen, die Aussicht einen gesunden lustigen guten Mann zu heiraten, schöne gesunde Kinder zu bekommen … Anstelle dieses gar nicht abzuschätzenden Verlustes würdest Du einen kranken schwachen, ungeselligen, schweigsamen traurigen, steifen, fast hoffnungslosen Menschen gewinnen, dessen vielleicht einzige Tugend darin besteht, daß er Dich liebt.* Es folgen finanzielle Erwägungen. Kafka kommt nicht auf die Idee, dass Felice ja weiterarbeiten könnte. Er ist in konventionellen Vorstellungen gefangen und geht von der ihm selbstverständlichen Annahme aus, dass er in der Ehe der Alleinverdiener wäre. Deshalb müsste Felice, die gerne in der Bahn erster Klasse fährt, wohl lernen, *bescheidener* zu leben. *Würdest Du das wirklich meinetwegen, des oben beschriebenen Menschen wegen, tun und aushalten?*

Felice lässt sich einstweilen noch nicht abschrecken. Jedenfalls weist sie den Heiratsantrag nicht zurück, denn am 20. Juni schreibt Kafka, offenbar erschrocken über Felice Zustimmung: *Liebste Felice, nicht das, nicht das. Du sollst nicht in etwas Dich hingeben, was Dein Unglück sein könnte.* Sie habe seine Mängelliste nicht richtig zur Kenntnis genommen, *ich sehe nicht daß Du Punkt für Punkt überlegt hättest.* Und darum sei, schreibt er im nächsten Brief, ihre Zustimmung noch kein *bewußtes Ja-sagen*, weil eben die sorgfältige Überlegung aller Gründe fehlt, die dagegen sprechen. Schließlich gibt sich Kafka geschlagen. Er akzeptiert Felices Zustimmung und weiht seine Mutter ein mit der Bitte, dieses noch informelle Verlöbnis dem Vater mitzuteilen.

Die Eltern beabsichtigen, ein Auskunftsbüro den familiären Hintergrund der Bauers erkunden zu lassen. Kafka stimmt zu und teilt das auch Felice mit, die darüber offenbar nicht gekränkt ist. Wenig später werden die Bauers ihrerseits auch Auskünfte über die Familie Kafka einholen. Kafka reagiert darauf mit der spöttischen Bemerkung, *daß kein Auskunftsbüro imstande wäre, die Wahrheit über mich zu sagen.* Wolle man ihm auf die Schliche kommen, empfehle es sich, das »Urteil« zu lesen. Dieser Hinweis hat es in sich, denn in der Erzählung wird ja ein Heiratswilliger von seinem Vater verurteilt und von seinem Autor ertränkt. Das sind keine sonderlich guten Referenzen für einen Bräutigam.

Doch die Bauers werden Kafkas »Urteil« wohl kaum gelesen haben, jedenfalls lassen sie sich nicht abschrecken. Und so bleibt Kafka nichts anderes übrig, als sich in Prag nach einer Wohnung umzusehen. Er ist Mitglied einer Wohnbaugenossenschaft, und zunächst sieht es so aus, als könne er sehr bald eine Wohnung beziehen. Doch es kommt zu Verzögerungen. Fast erleichtert schreibt er am 13. Juli 1913, dass die von ihm ausgesuchte Wohnung erst im nächsten Jahr bezugsfertig sein würde. *Bleiben wir also wie wir sind, bis zum Feber, Jänner oder Weihnachten. Du wirst mich noch besser kennen lernen, es gibt noch einige schreckliche Winkel in mir, die Du nicht kennst.*

Da nun also wegen der Wohnungsfrage die Verlobung vorläufig verschoben ist, kann Kafka wieder damit fortfahren, Felice vor seinen literarischen Leidenschaften zu warnen. *Nur die Nächte mit Schreiben durchrasen, das will ich,* schreibt er und: *Ich habe kein litterarisches Interesse sondern bestehe aus Litteratur, ich bin nichts anderes und kann nichts anderes.*

Als Felice im August 1913 ihren Urlaub auf Sylt verbrachte, schrieb er ihr dorthin: *Nicht das Leben dieser Glücklichen, die Du in Westerland vor Dir hergehen siehst erwartet Dich, nicht ein lustiges Plaudern Arm in Arm, <u>sondern ein klösterliches Leben an der Seite eines verdrossenen traurigen, schweigsamen, unzufriedenen, kränklichen Menschen, der, was</u> Dir wie ein Irrsinn erscheinen wird, mit unsichtbaren Ketten an eine unsichtbare Litteratur gekettet ist und der schreit, wenn man in die Nähe kommt …*

Seit dem Heiratsantrag hatte Kafka mehrfach die Absicht geäußert, an Felices Eltern nicht nur einen förmlichen, sondern einen ausführlich erklärenden Brief zu schreiben. Obwohl Felice ihn dazu drängte, hatte er es vor sich hergeschoben. Am 14. August 1913 hatte er sich endlich dazu überwunden. Aus der offenbar freundlichen Antwort schloss er, dass die Eltern seine Problematik und die einer Verbindung mit Felice noch nicht begriffen hätten. Deshalb schrieb er einen zweiten Brief, diesmal allein an Felices Vater. Er habe den Eindruck, schrieb Kafka am 28. August 1913, dass Carl Bauer ihn zu gütig beurteile. Er verdiene kein Vertrauen, er werde Felice keinen verlässlichen Halt bieten können, da doch sein *ganzes Wesen auf Literatur gerichtet* sei. Im Entwurf dieses Briefes finden sich noch drastischere Formulierungen: *Alles, was nicht Litteratur ist, langweilt mich und ich hasse es ... Für Familienleben fehlt mir daher jeder Sinn ... in Besuchen sehe ich förmlich gegen mich gerichtete Bosheit. Eine Ehe könnte mich nicht verändern.* Im tatsächlich abgeschickten Brief mildert er die abschreckende Selbstdarstellung, indem er sie in eine rhetorische Frage kleidet: *Neben einem solchen Menschen soll Ihre Tochter leben können, deren Natur, als die eines gesunden Mädchens, sie zu einem wirklichen Eheglück vorbestimmt hat?*

Dieser Brief an Felices Vater ist also keine Werbung um die Braut, sondern eine Warnung vor dem Bräutigam, der im Tagebuch notiert: *Der Coitus als Bestrafung des Glücks des Beisammenseins. Möglichst asketisch leben, asketischer als ein Junggeselle, das ist die einzige Möglichkeit für mich, die Ehe zu ertragen. Aber sie?*

Kafka schickt den Brief nicht an Carl Bauer selbst, sondern an Felice mit der Bitte, ihn an den Vater weiterzuleiten. Es gibt keinen Hinweis darauf, dass sie das getan hat. Sie ist aufs Höchste beunruhigt und fordert von Kafka endlich Klarheit. Der aber antwortet: *Ich liege auf dem Boden vor Dir und bitte, stoße mich fort, alles andere ist unser beider Untergang.* Sie stößt ihn nicht fort, doch sie beginnt mit einem vorsichtigen Rückzug.

Am 6. September ging Kafka auf Reisen, zuerst nach Wien, wo er an einer Fachtagung über Unfallverhütung teilnahm und den gleichzeitig stattfindenden Internationalen Zionisten-Kongress besuchte. Danach trat er eine Urlaubsreise an, die ihn über Triest und Venedig nach Riva am Gardasee führte. Vor der Abreise schrieb er Felice, sie solle vorerst keine Briefe von ihm erwarten. Mit einer Ansichtskarte aus Verona vom 20. September 1913 brach die Verbindung erst einmal ab. Max Brod gegenüber bezeichnete er am 28. September die Beziehung zu Felice als *seit 14 Tagen vollständig beendet*.

Im Sanatorium in Riva lernte er eine junge Schweizerin kennen, in die er sich ein wenig verliebte. Ende des Jahres, als Kafka wieder um Felice zu werben begann, gestand er ihr diese Affäre mit der 18-Jährigen, die er ein *Kind* nannte. Beiden sei klar gewesen, schrieb er, dass es keine Fortsetzung dieser Beziehung geben würde. *Immerhin bedeuteten wir einander viel, ich mußte große Veranstaltungen treffen, daß sie beim Abschied nicht vor der ganzen Gesellschaft zu schluchzen anfieng und mir war nicht viel besser.*

Felice konnte nicht so einfach darüber hinweggehen, bei der Auflösung der Verlobung im folgenden Jahr wird sie diese Affäre vorwurfsvoll zur Sprache bringen.

Nach Kafkas Rückkehr aus Riva ruhte der Briefverkehr. Beide zögerten, die einstweilige Trennung als endgültig anzusehen, doch waren beide auch zu vorsichtig, die Beziehung sogleich wieder aufleben zu lassen. Da schaltete sich Felices Freundin Grete Bloch ein. Sie arbeitete wie Felice in der Büromaschinen-Branche und hatte es dort auch zu einer verantwortlichen Position gebracht. Sie war unverheiratet und nahm am kulturellen Leben Berlins mehr als nur beflissen teil. Als Grete im November 1913 von ihrer Firma nach Wien geschickt wurde, bat Felice sie darum, Zwischenstation in Prag zu machen, um mit Kafka zu sprechen. Vielleicht könnte so eine Wiederannäherung in die Wege geleitet werden. Es kam zu einem Treffen, doch Kafka verhielt sich zunächst recht abweisend. Dann aber begann ein Briefwechsel, der bald vertrauensvolle Züge annahm. Bereits nach zwei Wochen war man so offen miteinander, dass Kafka sich kritisch über den Briefwechsel mit Felice äußern konnte. Es gebe, schrieb er an Grete, dort allzu viele Briefe, *die von nichts anderem handeln als vom Schreiben, leere zeitverschwenderische Briefe, im Geheimen nichts anderes als Darstellungen der Plage, die ein Briefwechsel bedeutet.*

Kafka klagt also über die *Plage* des Briefwechsels und beginnt im selben Moment einen neuen, der, wie im Jahr zuvor mit Felice, sehr bald intimen Charakter annimmt. Auch sonst ist das Muster ähnlich: Er bedrängt Grete, ihren Alltag so detailliert wie möglich zu schildern; er schreibt über das Briefschreiben und über das Warten auf ihre Briefe, über den Kummer, wenn sie nicht pünktlich und häufig eintreffen. Unumwundene Liebeserklärungen gibt es noch nicht, aber Zärtlichkeiten bahnten sich an, etwa wenn er schreibt: *Ich hatte Ihnen unmittelbar auf Ihren Brief viel zu antworten oder irgendetwas zu tun, was dem Küssen ihrer Hand gleichkäme.* Und später: *Liebes Fräulein Grete, ich habe eine ganz offenbare und wirkliche Sehnsucht nach Ihnen …*

Inzwischen versuchen Felice und Kafka eine Wiederannäherung. Am 9. November spazierten die beiden zwei Stunden im Tiergarten von Berlin und verabredeten dabei, *ans Heiraten nicht mehr zu denken und einander nur zu schreiben wie früher.*

Zum Jahreswechsel 1913/14 besinnt sich Kafka eines anderen. Würde man nur Briefe wechseln, schrieb er, wäre es nicht zu vermeiden, dass sich ungewollt Feindseligkeiten in die Korrespondenz einschleichen würden. So könne man nicht weiterleben. Deshalb die überraschende Kehrtwende: *Die Ehe ist die einzige Form, in der die Beziehung zwischen uns erhalten werden kann, die ich so sehr brauche.* Er erinnert nochmals an die Liste seiner Mängel, die ihn für eine Ehe ungeeignet machen, und bittet Felice, sie solle sich über seine Bedenken einfach hinwegsetzen – aus Liebe. Wie das zu verstehen ist, hatte er in einem früheren Brief bereits erläutert. *In einer bestimmten, nicht der tiefsten Tiefe will ich nichts anderes als zu Dir hingerissen werden.*

Das ist also sein tiefer Wunsch, aber vielleicht doch nicht der *tiefste*. Vielleicht will er dieser ganzen Geschichte entrinnen, will in Ruhe gelassen werden. Warum aber wirbt er dann trotzdem um Felice? Nun, weil in diesem Augenblick sie es ist, die auf Abstand hält. Dagegen kämpft er an, weil es ihn kränkt. Deshalb ergreift er wieder die Initiative. Seiner neuen Vertrauten Grete Bloch schreibt er am 23. Januar 1914: *Ich habe sie* (Felice) *neuerlich um ihre Hand gebeten … und habe keine oder fast keine Antwort bekommen.*

Eine Antwort bekam er bei seinem nächsten Besuch in Berlin am 28. Februar/1. März 1914. Wieder ein Spaziergang im Tiergarten. Felice sprach über ihre *ungenügende Zuneigung*. In den folgenden Briefen unternahm es Kafka, diese ziemlich eindeutige Aussage so lange hin und her zu wenden, dass sie am Ende jede Eindeutigkeit verliert. Sie sei unglücklich, ohne es sich einzugestehen, schreibt er ihr. Ihr Unglück sei, dass sie sich gegen die Zuneigung wehre, die sie sehr wohl für ihn empfinde. *Was Du im Tiergarten gesagt hattest, schien in diesem Unglück gesprochen.* Felice also weicht zurück, und Kafka lässt sich einiges einfallen, um sie wieder an sich zu ziehen.

Auf diese mit wachsender Dringlichkeit vorgetragene Werbung antwortete Felice mit ihrer Befürchtung, im Zusammenleben mit Kafka nicht den Halt zu finden, den sie benötige. Genau davor hatte Kafka sie ja zuvor stets gewarnt, und jetzt nimmt sie offenbar seine Warnung ernst, doch das ist ihm nun auch wieder nicht recht. So möchte er nicht beim Wort genommen werden, und deshalb versucht er, die eigenen Warnungen zu relativieren. *Im übrigen aber, F., kenne ich mich nicht ganz. Es gibt Überraschungen und Enttäuschungen mit mir in unaufhörlicher Folge … ich werde alle Kraft aufwenden, nichts als die guten, die besten Überraschungen meiner Natur zu Dir zu lassen, dafür kann ich bürgen.*

Das mag auf Felice Eindruck gemacht haben, ebenso wie seine ungewöhnliche Entschlossenheit, die sich in den folgenden Sätzen seines Briefes vom 25.3.1914 finden: *So zweifellose Zeichen für die*

Notwendigkeit einer Entscheidung habe ich in meinem Leben noch nicht bekommen. Ich muß mich aus meinem gegenwärtigen Leben herausreißen entweder durch die Heirat mit Dir oder durch Kündigung und Abreise. Für den Fall, dass er nach Berlin umsiedeln würde, erwägt er sogar, sich im untersten Journalismus irgendwo festzuhalten.

Felice ließ sich umstimmen. Vielleicht wollte sie den so entschlossen scheinenden Kafka nicht verlieren. Die beiden trafen sich am 12/13. April 1914 in Berlin, und jetzt verabredeten sie für Ende Mai 1914 eine offizielle Verlobungsfeier in Berlin mit beiden Familien.

In den Wochen bis dahin korrespondierte Kafka mit Grete Bloch intensiver als mit Felice. An Grete schrieb er: *Meine Verlobung oder meine Heirat ändert nicht das geringste an unserem Verhältnis, in welchem wenigstens für mich schöne und ganz unentbehrliche Möglichkeiten liegen.* Während er mit Felice sich recht sachlich über organisatorische Dinge austauscht, schreibt er an Grete, die auch zu den Verlobungsfeierlichkeiten eingeladen ist, über deren Kleid: *verbessern Sie nichts mehr daran, es wird, wie es auch sein mag, mit den, nun mit den zärtlichsten Augen angesehen werden.* Da Kafka mit Angst auf den Verlobungstermin blickte, klammert er sich an Grete Bloch.

Über den Verlobungstag, 1. Juni, notierte er im Tagebuch: *Aus Berlin zurück. War gebunden wie ein Verbrecher. Hätte man mich mit wirklichen Ketten in einen Winkel gesetzt und Gendarmen vor mich gestellt und mich nur auf diese Weise zuschauen lassen, es wäre nicht ärger gewesen. Und das war meine Verlobung.* Mit diesem Tagebucheintrag, der die Verlobung als eine Art Verhaftung beschreibt, deutet sich bereits die innere Arbeit am »Process«-Roman an, der bekanntlich mit einer Verhaftung beginnt.

In den Wochen nach der Verlobungsfeier gibt es keine Briefe an Felice, dafür zahlreiche an Grete. Am 6. Juni, eine Woche nach der Verlobung: *Manchmal – Sie sind die einzige, die es vorläufig erfährt – weiß ich wirklich nicht, wie ich es verantworten kann, so wie ich bin zu heiraten.* Wenige Tage später schreibt er, es sei *wie die erste Nacht des*

Verbrechers nach der Tat und er spüre die *unerträglichen Drohungen* eines nahen *Unglücks*.

Grete wurde diese Briefflut unheimlich, und sie fühlte sich auch mitschuldig, weil sie Kafka zur Verlobung geraten hatte. In einem fragmentarisch überlieferten Brief an Kafka bringt sie ihre Verzweiflung darüber zum Ausdruck, dass sie *mit Gewalt in einer Verlobung ein Glück* für die beiden habe sehen wollen und sie dementsprechend beraten habe. Nun versuchte Grete Bloch in die entgegengesetzte Richtung zu wirken. Sie übergab Felice einige Briefe Kafkas, um die Freundin vor der Gefahr zu warnen. Die sie selbst betreffenden womöglich verfänglichen Briefpassagen schnitt sie vorsichtshalber weg.

Grete, die mit Felice befreundet blieb, wird viele Jahre später, 1940, in einem Brief an einen Freund berichten, dass sie im Spätsommer 1914 einen Sohn zur Welt gebracht habe. Ihre Andeutungen über dessen Vater haben die Spekulationen angeregt, es könnte sich dabei um Kafka handeln. Genaues weiß man nicht, nur dass dieser Sohn im Alter von sieben Jahren 1921 starb. Es gibt keinen einzigen Hinweis, dass Kafka selbst davon etwas gewusst hat.

Zurück zum Prozess der Entlobung.

Man verabredete eine Aussprache in Berlin für den 11. Juli 1914. Am Vortag schrieb Kafka an seine Schwester Ottla: *Jetzt läßt sich weder über die Sache noch über mich etwas Bestimmtes sagen. Ich schreibe anders als ich rede, ich rede anders als ich denke, ich denke anders als ich denken soll und so geht es weiter bis ins tiefste Dunkel.*

Am 11. Juli nachmittags im »Askanischen Hof« in Berlin kam es dann zu einer Aussprache, die *von* Kafka als *Gericht* empfunden wurde. Anwesend waren, neben den Verlobten, Felices Schwester Erna und Grete Bloch. Im Tagebuch notiert er: *Der Gerichtshof im Hotel. Die Fahrt in der Droschke. Das Gesicht F(elices). Sie fährt mit den Händen in die Haare, wischt die Nase mit der Hand, gähnt. Rafft sich plötzlich auf und sagt gut Durchdachtes, lange Bewahrtes, Feindseliges.*

Wie das Gespräch im Einzelnen verlief, ist nicht bekannt, nur das Ergebnis: die Auflösung der Verlobung.

Kafka besuchte danach Felices Eltern, um ihnen aus seiner Sicht die Trennung, auf die sie ja bereits durch Felice vorbereitet worden waren, zu erklären. Es waren traurige Stunden, denn die Eltern hatten Kafka liebgewonnen. Er gehörte fast schon zur Familie. Der vereinbarte Besuch am folgenden Tag fand nicht statt. *Ich werde nicht kommen,* schrieb er, *es wäre eine unnütze Quälerei für uns alle.* Er hoffe, dass man einander *gut* bleiben könne, *wenn auch die Verbindung, die wir alle wünschten, sich jetzt ebenso allen als unmöglich erwiesen hat.*

Danach fuhr Kafka traurig, schuldbewusst und erleichtert an die Ostsee und schrieb von dort an die Freunde Max Brod und Felix Weltsch in Prag: *Ich bin entlobt ... alle waren meine guten Freunde, ich war der gute Freund aller; im übrigen weiß ich genau, daß es so am besten ist und bin also dieser Sache gegenüber, da es eine so klare Notwendigkeit ist, nicht so unruhig wie man glauben könnte.*

Doch der *Gerichtshof im Hotel* wirkt nach. Am 29. Juli 1914 taucht im Tagebuch zum ersten Mal der Josef K. des »Processes« auf. *Josef K., der Sohn eines reichen Kaufmanns, ging eines abends nach einem großen Streit den er mit seinem Vater gehabt hatte – der Vater hatte ihm sein liederliches Leben vorgeworfen und dessen sofortige Einstellung verlangt – ohne eine bestimmte Absicht nur in vollständiger Unsicherheit und Müdigkeit in das Haus der Kaufmannschaft, das von allen Seiten frei in der Nähe des Hafens stand. Der Türhüter verneigte sich tief.*

Eine triumphalistische Antizipation der Türhüter-Legende aus dem »Process«, denn in diesem Textentwurf wird Josef K. ehrfurchtsvoll aufgenommen. Kein Türhüter hindert ihn, und vor den Verfolgungen des Vaters findet er eine Zuflucht. Dieser Josef K. ist nicht einzuschüchtern. Es gibt kein Gericht, das ihn belangen könnte.

SIEBTES KAPITEL

Schreiben im Krieg. »Der Process«.
Verhaftung ohne Anklage. Verloren in den Labyrinthen
des Gerichtes. Die Schuld des Schreibens. Der Teufelsdienst.
Die Strafkolonie. Auf den Leib geschrieben

Kafka, der sich nach Verlobung und Entlobung wie ein *Verbrecher nach der Tat* fühlte, begann einige Wochen später, am 11. August 1914, mit der Niederschrift des Romans »Der Process«. Das Treffen im »Askanischen Hof« hatte er den *Gerichtshof im Hotel* genannt, und um einen Gerichtshof anderer Art handelt es sich in diesem Roman. Während der Krise von Verlobung und Entlobung hatte er sich wie erstarrt gefühlt. *Wenn ich mich nicht in eine Arbeit rette, bin ich verloren*, notiert er im Tagebuch. Er rettet sich in die Arbeit an einem Roman, dessen Protagonist Josef K. sich gerade nicht retten kann, sondern zuerst verhaftet und am Ende umgebracht wird. Der *Gerichtshof im Hotel* erfährt im Roman eine absurde Zuspitzung, die den Autor aber beim Schreiben bisweilen in euphorische Zustände versetzte.

Inzwischen hatte der Erste Weltkrieg begonnen. Seine beiden Schwager waren bereits einberufen. Auch er musste mit einer Einberufung rechnen, doch auch in dieser Situation war ihm das Schreiben ein und alles. Im Tagebuch notierte er am 31. Juli 1914: *schreiben werde ich trotz alledem, unbedingt, es ist mein Kampf um die Selbsterhaltung.*

Er verabscheute die patriotischen Umzüge, sie waren für ihn die *widerlichsten Begleiterscheinungen des Krieges*. Freilich ist ihm diese Distanz zu den Kriegsereignissen auch fragwürdig, er macht sie sich sogar zum Vorwurf: *Von der Litteratur aus gesehen*, schreibt er am 6. August 1914, *ist mein Schicksal sehr einfach. Der Sinn für die Darstellung meines traumhaften inneren Lebens hat alles andere ins Nebensächliche gerückt und es ist in einer schrecklichen Weise verkümmert und hört nicht auf zu verkümmern.*

Natürlich hatte er ein schlechtes Gewissen, wenn ihm der Krieg zu etwas *Nebensächlichem* wird. Aber so war es nun einmal, als er an seinem »Process«-Roman arbeitete: *Ich schreibe seit paar Tagen, möchte es sich halten ... immerhin habe ich doch einen Sinn bekommen, mein regelmäßiges, leeres, irrsinniges junggesellenmäßiges Leben hat eine Rechtfertigung.*

Um *Rechtfertigung* geht es auch in dem Roman.

Jemand mußte Josef K. verleumdet haben, denn ohne daß er etwas Böses getan hätte, wurde er eines Morgens verhaftet. So beginnt das erste Kapitel. Josef K. ist soeben aufgewacht und wartet auf die Köchin seiner Zimmervermieterin, die ihm das Frühstück ans Bett zu bringen pflegt, als ein fremder Mann ins Zimmer tritt und ihn für verhaftet erklärt. Ein ebenso erschrecktes Aufwachen also wie in der »Verwandlung«, wo Gregor Samsa sich morgens im Bett in einen Käfer verwandelt findet. Nun also die Verhaftung.

Damit ihm dieser Roman nicht wieder *auseinanderläuft*, wie es beim »Verschollenen« geschehen war, arbeitet Kafka gleichzeitig am Anfangs- und am Schlusskapitel. Das hat Spuren hinterlassen: bei der Verhaftung denkt Josef K. für einen Moment an Selbstmord, die Hinrichtung im Schlusskapitel vorwegnehmend.

Josef K. erfährt an diesem fatalen Morgen, dass er unter Anklage steht, doch nicht unter welcher. Deshalb kann es bei ihm zunächst auch kein Schuldgefühl geben im Sinne der Anklage. Anklage und Schuld bleiben ungreifbar.

Ebenso rätselhaft wie die Anklage und die Schuld ist das Gericht. *Welche Behörde führt das Verfahren?*, fragt Josef K. die schwarz gekleideten *Wächter* und erhält keine Antwort. Nur so viel ist klar, es handelt sich nicht um die gewöhnlichen Gerichtsbehörden. Selbst für die *Wächter* verlieren sich die Behörden, denen sie dienen, ins Unbestimmte und Unbekannte, und auch sie wissen nicht, wessen Josef K. angeklagt ist. Einer der Wächter, der sich als *Aufseher* zu erkennen gibt, fordert Josef K. zum Verhör ins Zimmer des Fräulein Bürstner, der abwesenden Mitbewohnerin der Pension. Eine an der Klinke des Fensters hängende weiße Bluse signalisiert deren Privatsphäre und bringt erotische Motive ins Spiel. Das Verhör ist keines, denn der Aufseher will von Josef K. nichts wissen, und er rät ihm nur: *denken Sie weniger an uns ... denken sie lieber mehr an sich.*

Das Gericht, die Anklage, die Schuld, das Verhör, die Verhaftung – alles nimmt eine andere Bedeutung an. Um diese Andersheit zu betonen, hatte Kafka eine Passage gestrichen, in der Josef K. einen Augenblick erwägt, ob es ihm wohl helfen würde, *wenn ich den Prozess auf das Gebiet der Staatsgesetze hinüberspielte.*

Mit den Staatsgesetzen also, so viel ist klar, sollen das Gericht und der Prozess nichts zu tun haben. Deshalb auch geht Josef K.s anfängliche Empörung – er lebe doch in einem *Rechtsstaat* und es sei unerhört, *ihn in seiner Wohnung zu überfallen* – ins Leere, denn er ist ja nicht wirklich verhaftet. Er kann, nachdem man in seinem Zimmer und in seinem Leben einige Unordnung angerichtet hat, wieder das Haus verlassen und zur Arbeit in die Bank gehen. *Sie sollen auch in ihrer gewöhnlichen Lebensweise nicht gehindert sein,* wird ihm gesagt.

Vielleicht, schießt es Josef K. durch den Kopf, wäre es das Beste, diese schwarz gekleideten Herren einfach zu ignorieren. Gibt es überhaupt jenes *Gesetz,* auf das sie sich berufen? *Es besteht wohl nur in ihren Köpfen,* sagt Josef K. zu ihnen. Doch es dauert nicht lange, dann breitet sich das Gesetz auch im Kopf des Josef K. immer mächtiger aus.

Alles wird anders, von einem Tag auf den anderen, wie bei der »Verwandlung«. Obwohl er verhaftet ist, kann K. weiter zu seiner

Arbeit in der Bank gehen, aber die gewohnte Wirklichkeit nimmt ein anderes Aussehen an, und auch Josef K. selbst fühlt sich als ein anderer, was sich zunehmend als hinderlich erweist beim Fortkommen im Beruf. Die Kräfte, die der sonst pflichtschuldige Bankbeamte für die äußere Karriere gut gebrauchen kann, werden abgezogen und für die Aufgaben der Selbsterkundung und Selbstrechtfertigung verbraucht.

In einem fortgeschrittenen Stadium erwägt Josef K., seinem Advokaten das Mandat der Verteidigung zu entziehen und selbst eine Eingabe bei Gericht auszuarbeiten: *Die Eingabe bedeutete freilich eine fast endlose Arbeit. Man mußte keinen sehr ängstlichen Charakter haben und konnte doch leicht zu dem Glauben kommen, daß es unmöglich war die Eingabe jemals fertigzustellen …, weil in Unkenntnis der vorhandenen Anklage und gar ihrer möglichen Erweiterungen das ganze Leben in den kleinsten Handlungen und Ereignissen in die Erinnerung zurückgebracht, dargestellt und von allen Seiten überprüft werden mußte. Und wie traurig war eine solche Arbeit überdies. Sie war vielleicht geeignet einmal nach der Pensionierung den kindisch gewordenen Geist zu beschäftigen und ihm zu helfen, die langen Tage hinzubringen. Aber jetzt, wo K. alle Gedanken zu seiner Arbeit brauchte, wo jede Stunde, da er noch im Aufstieg war und schon für den Direktorstellvertreter eine Drohung bedeutete, mit größter Schnelligkeit vergieng und wo er die kurzen Abende und Nächte als junger Mensch genießen wollte, jetzt sollte er mit der Verfassung dieser Eingabe beginnen. Wieder gieng sein Denken in Klagen aus.*

Der Realitätstest dieser Befürchtung folgt auf dem Fuße, denn während ihm dies durch den Kopf geht, wartet im Vorzimmer ein Bankkunde, der beim Prokuristen Josef K. Rat sucht. Doch der ist von seiner eigenen Angelegenheit so abgelenkt, dass der Direktor-Stellvertreter sich über ihn hinweg des Kunden annimmt, was Josef K. als Niederlage empfinden muss.

Das ist die Wirkung des ominösen Prozesses: Er zieht Josef K. von seiner äußeren Wirklichkeit ab und ins eigene Innere hinein. Es wird immer schwieriger, sich dort draußen zu behaupten. Der äußere Verfall, dessen Anzeichen er auch bei sich bemerkt, tritt ihm überdeutlich und alarmierend entgegen in den verkümmerten, erbärmlichen, gedemütigten Menschen, die, wie er, in diesen Prozess des zerrüttenden Selbstbezugs geraten sind. Er begegnet diesen Jammergestalten in den weitläufig verzweigten Gerichtskanzleien auf den Dachböden. *Alle waren vernachlässigt angezogen, trotzdem die meisten nach dem Gesichtsausdruck, der Haltung, der Barttracht und vielen kaum sicherzustellenden kleinen Einzelheiten den höheren Klassen angehörten ... Sie standen niemals vollständig aufrecht, der Rücken war geneigt, die Knie geknickt, sie standen wie die Straßenbettler.*

Später lernt Josef K. bei seinem Advokaten Huld den ehemals wohlhabenden und stolzen Kaufmann Block kennen, der anscheinend besonders tief gesunken ist: *Das war kein Klient mehr, das war der Hund des Advokaten.* Block lässt sich in der Besenkammer des Advokaten bei Wasser und Brot einsperren und studiert, äußerlich verwahrlost und einen üblen Geruch verbreitend, die Schriften des Gerichts so ehrfurchtsvoll wie heilige Schriften: *Er hat den ganzen Tag über die gleiche Seite gelesen und beim Lesen den Finger die Zeilen entlanggeführt.* Josef K. ahnt, dass ihm ein solcher Verfall auch droht, wenn er dem Prozess weiterhin Macht über sich einräumt. *Das Urteil kommt nicht mit einemal, das Verfahren geht allmählich ins Urteil über.*

Für das Anwachsen der Prozessmacht sorgen jene, bei denen man eigentlich Hilfe sucht: die Advokaten. Block zum Beispiel wird weniger in der direkten Auseinandersetzung mit dem Gericht so herabgewürdigt und ruiniert, sondern eben durch den Advokaten Huld. Auch Josef K. verbringt mehr Zeit beim Advokaten, wo er mit dessen Gehilfin Leni anbändelt, als bei Gericht. Der Geistliche im Dom kritisiert ihn deshalb: *Du suchst zuviel fremde Hilfe ... und besonders bei Frauen. Merkst Du denn nicht, daß es nicht die wahre Hilfe ist.* Am

Beispiel Blocks wird Josef K. drastisch vor Augen geführt, wie man herunterkommt, wenn man nicht für sich selbst einsteht, sondern allein auf fremde Hilfe setzt. Hat man sich einmal darauf eingelassen, gibt es kein Halten mehr. Der heruntergekommene Blok zum Beispiel beschäftigt zahlreiche Winkeladvokaten.

Das Gericht: Nur ein einziges Mal wird Josef K. vorgeladen. Ein zweites Mal besucht er die Kanzleien ohne Vorladung. Das Gericht zieht sich einerseits in immer fernere Sphären zurück, wird unüberschaubar und ungreifbar, andererseits rückt es immer näher und ist schließlich mit seinen Kanzleien fast auf jedem Dachboden zu finden. Gleichwohl sind es nur wenige Repräsentanten des Gerichtes, mit denen Josef K. direkt und persönlich zu tun hat: die Wächter bei der Verhaftungsszene, der Untersuchungsrichter, ein still in einem Winkel beim Advokaten wartender höherer Gerichtsbeamter, der Geistliche im Dom und schließlich die beiden Exekutoren bei der Hinrichtung. Im Übrigen existiert das Personal des Gerichtes nur in den Erzählungen und Reden des Advokaten Huld, des Gerichtsmalers Titorelli und des Gefängniskaplans im Dom. Die Macht des Gerichtes wird in Worten beschworen. Sind es vielleicht nur Worte, auf die sich diese Macht stützt?

In der wirklichen Begegnung erscheint das Gericht als Farce, unheimlich und zugleich komisch, dieses Labyrinth von Gängen und Holzverschlägen unter den Dächern schmutziger Vorstadthäuser und Mietskasernen. Das Gericht residiert in Räumen, in denen man kaum atmen kann und bedrängt wird vom wuselnden Heer der Winkeladvokaten. Einige werden manchmal von den Beamten die Treppe hinuntergeworfen, andere brechen in die morschen Fußböden ein, und dann kann es passieren, dass ein zappelndes Bein durch die Decke in den Warteraum der Angeklagten hinunterbaumelt. Josef K. kann das alles kaum ertragen, er wird von Schwächegefühlen übermannt, er ringt nach Luft, es wird ihm schwindlig, und nur mit Mühe erreicht er den Ausgang.

Die erste und einzige Vorladung zum Verhör erfolgt telefonisch. Man bestellt ihn in einen entlegenen Stadtteil, an einem Sonntagvormittag. Die Sonntagvormittage haben es bei Kafka offenbar in sich. Es war auch ein Sonntagvormittag, als es mit Georg Bendemann im »Urteil« ein schlimmes Ende nahm.

Als Josef K. bei der angegebenen Adresse, einer hässlichen Mietskaserne in der Vorstadt, durch die Flure irrt und schließlich einen Raum findet, wo eine dicht gedrängte Menschenmenge ihn offenbar erwartet, wird er vom Untersuchungsrichter der Verspätung wegen getadelt, obwohl bei der Vorladung keine Uhrzeit angegeben war. Es regiert die Logik des Traumes.

Ebenso wenig wie es zu Anfang eine wirkliche Verhaftung gegeben hat, so ist das Verhör jetzt auch kein wirkliches Verhör. Das Ganze scheint auf einer Verwechselung zu beruhen, denn Josef K. wird als *Zimmermaler* angesprochen. Josef K. reagiert empört und nennt den ganzen Prozess ein *lüderliches Verfahren*. Nur aus *Mitleid*, erklärt er, sei er bereit mitzuspielen, doch nur, solange es ihm gefällt. Stolze Worte. Vom Schwung seiner Rede mitgerissen, geht Josef K. zur großen Gegenanklage über: *es ist kein Zweifel, daß hinter allen Äußerungen dieses Gerichtes, in meinem Fall also hinter der Verhaftung und der heutigen Untersuchung eine große Organisation sich befindet.* Eine Organisation, die *bestechliche Wächter, läppische Aufseher und Untersuchungsrichter* beschäftigt und deren einziger Sinn darin besteht, *daß unschuldige Personen verhaftet und gegen sie ein sinnloses und meistens wie in meinem Fall ergebnisloses Verfahren eingeleitet wird.* Immer wieder bringt er seine unrechtmäßige Verhaftung zur Sprache und empört sich über das *demoralisierte Gesindel* und die *korrupte Bande,* die dabei mitgewirkt habe.

Die Szene lässt an eine politische Versammlung denken. Kafka hat einiges gestrichen, was zu deutlich in diese Richtung gewiesen hätte. Wenn auch zum Beispiel die Kennzeichnung *sozialistisch* der Streichung zum Opfer fällt, so wird doch der proletarisch geprägte

Charakter der Versammlung betont; passend dazu werden die Angeklagten als der *höheren Klasse* zugehörig bezeichnet. So bekommt die Auseinandersetzung nicht durchgängig, aber gelegentlich einen klassenkämpferischen Anstrich.

Die Versammlung endet im Tumult, als eine Frau für alle sichtbar im hinteren Teil des Versammlungsraums vergewaltigt wird. Josef K. sieht sich in seinem Urteil über die Verkommenheit dieses ganzen Gerichtswesens bestätigt, auch als er wenig später bemerkt, dass jenes vermeintliche Gesetzbuch, worin der Untersuchungsrichter geblättert hatte, in Wirklichkeit ein zerfleddertes Druckwerk mit pornografischen Abbildungen ist. Josef K. sieht in den Gerichtsbeamten geile Frauenjäger. *Zeig dem Untersuchungsrichter eine Frau aus der Ferne und er überrennt um nur rechtzeitig hinzukommen, den Gerichtstisch und den Angeklagten.*

Dieses verkommene Gericht, allgegenwärtig und zugleich undurchsichtig, ist interpretiert worden als Antizipation eines totalitären Zeitalters oder, in milderer Variante, als das Schreckbild einer verwalteten, bürokratisch normierten Welt. Die berühmte Verfilmung von Orson Welles deutet den Roman genau in diesem Sinne. Diese gesellschaftliche und politische Dimension und die entsprechenden Ohnmachtsgefühle in einer totalitären oder einer verwalteten Welt sind gewiss in den Roman eingegangen, ebenso wie in den verborgenen und doch allgegenwärtigen Machtinstanzen des Gerichtes das schattenhafte Fortbestehen der in der säkularisierten Welt entleerten Transzendenz dargestellt wird.

In solchen Deutungen gibt es eine eindeutige Polarität: hier der ohnmächtige, aber schuldlose Einzelne und dort die überwältigende anonyme Macht, beide Sphären deutlich getrennt.

Doch geht der Roman über eine solche klar geschiedene Polarität hinaus. Der Prozess lässt sich nämlich auch als Vorgang verstehen, bei dem die beiden Seiten, der Einzelne und die Macht, eben nicht so deutlich getrennt sind, sondern ineinander übergehen. Die Macht des Gerichtes lebt dann, so gesehen, von der Bereitschaft, sich ihr zu unterwerfen. Je mehr man sich mit dem Gericht beschäftigt, desto mächtiger wird es. Josef K. spürt diesen Zusammenhang, weshalb er darüber nachsinnt, wie man es anstellen könnte, aus dem Prozess einfach *auszusteigen*, statt sich, auch durch die Verteidigungsanstrengungen, immer weiter in ihn hineinziehen zu lassen. Es geht also um die Frage, *wie man außerhalb des Prozesses leben könnte*.

Warum sollte man sich schuldig fühlen, bloß weil man angeklagt ist, und schon gar nicht bräuchte man sich schuldig zu fühlen, wenn es noch nicht einmal eine präzise Anklage gibt. Das Problem wäre dann nicht der Prozess, sondern die fatale Bereitschaft, sich irgendwie schuldig zu fühlen. Man wird dann erpressbar durch jedes noch so verkommene Gericht. Besser wäre wohl eine Unschuldsvermutung auch sich selbst gegenüber. Deshalb versucht Josef K. mit dem Prozess zunächst so umzugehen wie mit den Aufgaben bei der Bank, effizient, routiniert, selbstbewusst und unsentimental, dazu gehört: *jeden Gedanken an eine mögliche Schuld von vornherein abzulehnen.* Aus dieser Perspektive ist für Josef K. der Prozess nichts anderes *als ein großes Geschäft, wie er es schon oft mit Vorteil für die Bank abgeschlossen hatte.* Statt sich mit Schuldbewusstsein herumzuplagen, will er lieber *den Gedanken an den eigenen Vorteil möglichst festhalten,* und im Übrigen kommt es darauf an, *die Verderbnis dieses Gerichtswesens zu bekämpfen.*

Doch Josef K. kann diese Kühnheit der Delegitimierung des Gerichts und des ganzen Prozesses nicht durchhalten. Damit aber wird ein weiterer Prozess in Gang gesetzt. Man könnte das seine dritte Phase nennen. Zuerst die Verhaftung samt unbestimmter Anklage, also der Beginn der äußeren Phase des Prozesses. Dann als zweite Phase die Infragestellung des Prozesses durch den Angeklagten, der Prozess gegen den Prozess als Versuch der Entmystifizierung des Gerichtes also. Schließlich, als dritte Phase, die Verinnerlichung des Prozesses. Der Ausgangspunkt dafür wäre der Argwohn, es könnte das Gefühl der Schuldlosigkeit selbst die Schuld sein, in dem Sinne wie auf Josef K.s Beteuerung seiner Unschuld der Geistliche im Domkapitel antwortet: *so pflegen die Schuldigen zu reden.* Die Schuld der Schuldlosigkeit also. Auch diese Spur lässt sich in dem Roman entdecken. Aus dieser Sicht besteht die Schuld des Josef K. darin, dass er zunächst ein oberflächliches, äußerlich funktionierendes, angepasstes Leben geführt hat. Aus diesem »uneigentlichen« Leben wird Josef K. aufgeweckt durch die Verhaftung. Sie wirft ihn auf sich selbst zurück. *Denken Sie weniger an uns und an das, was mit ihnen geschehen wird,* sagt der Aufseher in der Verhaftungsszene, *denken sie lieber mehr an sich.*

Das uneigentliche Leben, das Josef K. bisher geführt hat, ist das gesellschaftlich konforme, und was nun mit der Bereitschaft, sich schuldig zu fühlen, beginnt, wäre der Prozess als existentielles Erweckungserlebnis. Dieses konfrontiert den Einzelnen mit der Lebenslüge der gefühlten Schuldlosigkeit und lässt ihn begreifen: allein schon das selbstzufriedene Gefühl eigener Schuldlosigkeit ist – Schuld. Der Prozess bringt Josef K. dazu, einen inneren Gerichtstag zu halten, indem er das eigene Leben überprüft. Eine ungeheuer anspruchsvolle Aufgabe, findet Josef K. Man müsste dafür Urlaub nehmen, denkt er, um imstande zu sein, in der Form einer Eingabe bei Gericht *das ganze Leben in den kleinsten Handlungen und Ereignissen* zu überprüfen und zu rechtfertigen. Und auch ein solcher Urlaub würde dazu kaum genügen. Er müsste sein ganzes Leben ändern. Diese Romanpassage, in der es um die Eingabe bei Gericht geht, schreibt Kafka übrigens genau in dem Moment, da er sich Anfang Oktober 1914 entschließt, einen Urlaub zu nehmen, um die Arbeit am Roman voranzutreiben. Die Arbeit am Roman wird also in diesen zurückgespiegelt als das Projekt der großen, das Leben rechtfertigenden Eingabe bei Gericht.

Der bisher beruflich erfolgreiche Josef K. wird verstrickt in eine für ihn neuartige Sorge um sich selbst. Könnte es nicht sein, so muss er sich fragen, dass er bisher ein falsches Leben geführt hat? Josef K., der sich bisher schuldlos fühlte, lernt die Schuld existentieller Selbstverfehlung kennen, von der er bisher noch nichts geahnt hat. Er war sich ja seiner selbst sicher. Aus dieser Selbstsicherheit nun wird er durch das Gericht herausgerissen. Das Gericht bewirkt bei Josef K. eine existentielle Wende. In dieser Perspektive wäre das Gericht eine innerliche Macht, die einen zu sich selbst herausfordert.

In einer solchen existentialistischen Interpretation erscheint das Gericht als geradezu befreiend: es wirft den Einzelnen auf sich selbst zurück und eröffnet ihm damit die Chance zur Selbstermächtigung. Man täuscht sich in dem Gericht, wenn man es nur als geheimnisvoll repressive Macht ansieht. Auf einmal hat es etwas mit Erleuchtung zu tun, fast sogar mit Erlösung.

Doch es bleibt nicht bei diesem existentiellen Impuls im Sinne des »Du musst dein Leben ändern«. Dieser Impuls verbindet sich darüber hinaus mit Metaphysik. Das geschieht in der Begegnung Josef K.s mit dem Gefängnisgeistlichen im Dom, vielleicht die Schlüsselszene des Romans.

Josef K. hat eine Verabredung mit einem italienischen Kollegen, dem er im Dom einige Sehenswürdigkeiten zeigen soll. An diesem regnerischen Vormittag ist es im Dom sehr dunkel. Josef K. wartet vergeblich auf den Kollegen. Die Kirche ist leer, nach einiger Zeit aber wird K. zu seiner Überraschung von einem Geistlichen, der ihn hier offenbar erwartet hat, von der Kanzel herab angesprochen. Er stellt sich als Gefängniskaplan vor, erklärt, er habe K. herbeirufen lassen und sei über den Verlauf des Prozesses informiert: *Man hält wenigstens vorläufig Deine Schuld für erwiesen.* Josef K. äußert sich demgegenüber verächtlich über das Gericht. Er fühlt sich für den Augenblick in der Rolle des Überlegenen. *Du weißt vielleicht nicht, was für einem Gericht Du dienst,* sagt er herablassend zum Geistlichen und fordert diesen auf, von der Kanzel herabzusteigen, denn es gebe hier nichts zu predigen.

Täusche Dich nicht, sagt der Geistliche, nachdem er von der Kanzel herabgestiegen ist. *Worin sollte ich mich denn täuschen,* fragt K. wegwerfend. *In dem Gericht täuschst Du Dich,* antwortet der Geistliche und erzählt dann zur Illustration dieser *Täuschung* die Parabel »Vor dem Gesetz«:

Dort kommt ein Mann vom Lande vor das Tor des Gesetzes und bittet den Türhüter, eingelassen zu werden. Der Türhüter verwehrt es ihm. Es sei möglich, jetzt aber nicht. Der Mann vom Lande wartet und versucht, wenigstens durch das Tor ins Innere zu schauen. *Wenn es dich so lockt,* sagt der Türhüter, *dann versuche doch, trotz meinem Verbot hineinzugehen. Merke aber. Ich bin mächtig. Und ich bin nur der unterste Türhüter. Von Saal zu Saal stehen aber Türhüter, einer mächtiger als der andere. Schon den Anblick des dritten kann nicht einmal ich ertragen.* Der Mann vom Lande lässt sich einschüchtern und wartet. Ein ganzes Leben lang. Vergeblich. Vor seinem Tod sammelt er noch einmal all seine Erfahrungen und bündelt sie in eine Frage, die er dem Türhüter noch nicht gestellt hat. Alle streben nach dem Gesetz, fragt er, wie kommt es aber, dass in den vielen Jahren hier niemand anderes um Einlass verlangt hat. Der Türhüter, um das vergehende Gehör des Mannes noch zu erreichen, beugt sich nieder und brüllt ihm ins Ohr: *Hier konnte niemand sonst Einlass erhalten, denn dieser Eingang war nur für dich bestimmt. Ich gehe jetzt und schließe ihn.*

Kafka hat die Parabel »Vor dem Gesetz«, unabhängig vom Roman, in der Erzählsammlung »Der Landarzt« veröffentlicht. Als selbstständiger Text fügt sich die Parabel in die Kafka vertraute kabbalistische Tradition der Türhüter-Legenden ein, wie Karl Erich Grötzinger gezeigt hat. Er zitiert eine der vielen Varianten dieser Legende:»Wenn einer in das Heilige gelangen will, … gibt es da mehrere Tore. Und über jedes Tor sind mehrere Wächter gesetzt, die hüten jenes Gut, damit da keiner hineingeht, der nicht würdig ist einzutreten.«

Kafka fügt dieser Tradition einen neuen Akzent hinzu, und zwar die paradoxe Gestalt eines Türhüters, der jemandem einen Einlass, der nur für diesen bestimmt ist, verwehrt. Damit wird der Türhüter selbst zur fragwürdigen Figur, was in dem Gespräch K.s mit dem Geistlichen denn auch zur Sprache kommt. Hat der Türhüter überhaupt das Mandat, dem Mann vom Lande den Eingang zu verwehren, handelt er pflichtvergessen? Beeinträchtigen solche Türhüter nicht die Heiligkeit des gesamten Systems?

Kafka hat einige Jahre später im Tagebuch resümierend notiert, sein Schreiben *hätte sich leicht zu einer neuen Geheimlehre, einer Kabbala entwickeln können. Ansätze dazu bestehn.* Vielleicht gehört diese Parabel, welche die einschlägige Kabbala-Tradition fortschreibt, zu diesen Ansätzen; etwa in der Form der Kritik eines Mittlertums (Türhüter), das sich dem unmittelbaren individuellen Heilsweg entgegenstellt. Ist solches Mittlertum überhaupt nötig, gibt es nicht auch einen unmittelbaren Zugang zum wie immer verstandenen Heil? Ist das ganze Mittlertum nicht ebenso fragwürdig wie die Advokaten und Winkeladvokaten, die Hilfe versprechen und dabei bloß das Vertrauen in die eigenen Kräfte untergraben?

Auch wenn die Parabel selbstständig veröffentlicht wurde, bleibt doch die Frage, was sie im Zusammenhang des Romans bedeutet. Zunächst einmal: sie rückt das Gerichtwesen, worin sich Josef K. verfängt, ausdrücklich in eine spirituelle, religiöse Dimension, in scharfem Kontrast zum verkommenen Milieu, in dem das Gericht sonst zu Hause ist. In der Dom-Szene aber erscheint das ominöse Gericht in einem metaphysischen Glanz, der von dieser rätselhaften, kabbalistischen Parabel noch vor aller Interpretation ausgeht.

Jedoch: Genau genommen passt die Parabel gar nicht zum Fall des Josef K. Die Parabel schildert ja die Schwierigkeit beim Eindringen ins Heilige, ins Wahre. Josef K. aber will ja nicht dorthin vordringen, er sucht kein gelobtes Land. Im Gegenteil: Er wird verfolgt von einer Instanz, die in keine numinose Sphäre hinaufreicht, sondern in

Mietskasernen und auf Dachböden haust. Er sehnt sich nicht nach einer Oberwelt, er fühlt sich von einer Unterwelt verfolgt.

Wenn das so ist, wenn also Josef K. keinen Heilsweg, sondern einen Fluchtweg verfolgt, warum erzählt der Geistliche ihm dann diese Parabel? Er sagt es selbst: als Illustration dafür, wie man sich im Gericht täuschen kann.

Wer täuscht, wer wird getäuscht? Für Josef K. ist die Sache klar: Der Türhüter täuscht den Mann vom Lande. Das deutende Gespräch zwischen Josef K. und dem Geistlichen dreht sich nur um den Türhüter. Ob er seine Befugnisse überschritten habe, ob er ein wenig beschränkt oder allzu raffiniert war, ob er seinen Dienst gewissenhaft erfüllt oder seine vermeintliche Machtposition ausgenützt habe. Nachdem der Geistliche das Verhalten des Türhüters eine Weile lang deutend hin und her gewendet hat, fragt Josef K. ungeduldig: *Du glaubst also der Mann wurde nicht getäuscht?* Darauf bringt der Geistliche eine weitere Möglichkeit ins Spiel. Vielleicht ist der Türhüter selbst der Getäuschte. Womöglich macht er dem Mann vom Lande Angst, weil er selbst falsche Vorstellungen hat über das Innere des Gesetzes und weil er sich selbst davor fürchtet.

Auffällig bleibt eine Möglichkeit der Täuschung ausgespart, nämlich die Selbsttäuschung des Mannes vom Lande. Denn es könnte auch sein, dass der Mann vom Lande sich in einem heillosen Missverständnis befindet. Er sucht nach einem allgemeinen Gesetz, nach einem Gesetz für alle. Er sitzt aber, ohne es zu merken, vor dem eigenen, dem individuellen Gesetz. Er wagt es nicht einzutreten und wartet auf die Erlaubnis. Er hätte, dem mächtig erscheinenden Türhüter und seinem Gerede zum Trotz, eintreten müssen, es war ja sein Eingang. Er hätte den Mut zur Selbstermächtigung haben sollen. Stattdessen hockt er ein Leben lang demütig vor seinem eigenen Eingang und bittet am Ende die Flöhe im Pelz des Türhüters, ihm zu helfen. Vielleicht hindern einzig und allein die Worte des Türhüters den Mann vom Lande daran, einzutreten. Eine Barriere nur aus Worten! Hätte er es auf einen Versuch ankommen lassen und wäre eingedrungen, hätten sich vielleicht diese Worte als Schall und Rauch erwiesen. Wenn es sein Eingang war, der nur für ihn bestimmt war, hätte es demnach für ihn ein individuelles Gesetz gegeben, das er allerdings selbst hätte ergreifen, und einen individuellen Heilsweg, den er selbst hätte beschreiten müssen.

Diese Interpretation scheint der Geistliche zu favorisieren. Darauf deutet die Bemerkung am Ende des Gesprächs hin: *Das Gericht will nichts von Dir. Es nimmt Dich auf wenn Du kommst und es entläßt Dich wenn Du gehst.* Damit ermuntert er Josef K., Initiative zu zeigen, denn darauf kommt es an. Das Gericht selbst hat nur so viel Macht, wie man ihm gibt. Es nimmt einen auf, wenn man es will, und es lässt einen los, wenn man es will.

Eine Ermunterung zur Selbstermächtigung also. Dem individuellen Gesetz folgen und den individuellen Weg gehen. Für den Mann vom Lande bedeutet das, sich nicht einschüchtern zu lassen und ins Gesetz einzudringen, das sich damit als das individuelle Gesetz erweist.

Ähnlich wie beim Mann vom Lande käme es auch für Josef K. darauf an, sich nicht vom Gericht einschüchtern zu lassen, sondern es als etwas zu sehen, was zu einem selbst gehört. Nicht als ein überirdisch religiöses Weltgericht mit Allzuständigkeit, selbstverständlich auch nicht als öffentliche Gewalt, als allgemein-gesellschaftliche Institution, sondern als das innere Gericht, das sich jedoch in gewöhnlichen, äußerlichen Konstellationen verkörpert.

In der Parabel geht es um ein individuelles Gesetz, und dementsprechend geht es im Roman um ein individuelles Gericht, ein innerliches Gericht. Dieses Gericht zwingt einen zur Selbstbegegnung, reißt einen heraus aus dem gewöhnlichen, angepassten Leben, das bis dahin gegen sich selbst abgeriegelt war. So wie der Mann vom Lande in der Parabel sein individuelles Gesetz verkennt, ebenso verkennt der Angeklagte in dem Gericht, das ihn verfolgt, dieses eigene innere Gericht. Beides Mal wird das Individuelle als Allgemeines und als äußere Macht verstanden und missverstanden.

Das individuelle Gesetz fordert die Selbstermächtigung, das lehrt die Parabel; das individuelle Gericht aber, das zeigt der Roman, kann, jedenfalls bei Kafka, noch gnadenloser sein als jedes andere Gericht und verstrickt einen ins eigene Selbst mit womöglich tödlichem Ausgang.

Doch wie seltsam: Obwohl der Angeklagte immer tiefer in sich hineingezogen wird, bleibt die eigentliche Anklage stumm, die Schuld bleibt ungreifbar – auch im inneren Gericht. Es bleibt eine Leerstelle, die danach verlangt, mit Deutungen gefüllt zu werden. Man hat sich vieles dazu einfallen lassen, Religiöses, Metaphysisches, Soziologisches: die Erbsünde, die Entfremdung des Menschen und so weiter.

Spätestens jetzt sollte man sich noch einmal daran erinnern, dass Kafka, als er nach der Auflösung der Verlobung mit der Arbeit am Roman begann, von sehr konkreten Schuldgefühlen geplagt wurde, die er seinem Protagonisten Josef K., den er im Schatten des Gerichtes vom »Askanischen Hof« konzipierte, offenbar nicht aufladen konnte oder wollte.

Warum?

Vielleicht deshalb, weil es für Kafka eine Schuld gibt, die allem, worüber er schreibt, also auch dem Schicksal des Josef K., vorgelagert ist: es ist das Schreiben selbst. Das Schreiben ist die Schuld. Kafka hat in den Briefen an Felice ja häufig genug beschrieben, wie er ihr gegenüber schuldig wird, wenn er in die *Tiefe seines Schreibens* abtaucht. Das Schreiben, wenn er ganz darin versunken ist, beansprucht all seine Lebenskraft, die er den üblichen Lebenspflichten – Beruf, Ehe, Familie, Kinder – entzieht. Im Schreiben wird er schuldig gegenüber dem Leben. Er schuldet dem Leben das Leben, weil er nur schreibt. Schuldig werden am Leben – das gilt gegenüber Felice, dem Vater, der Familie, den Freunden, dem Judentum, der Berufsarbeit und schließlich auch gegenüber den politischen Geschicken. Schuldig gegenüber dem bürgerlichen Leben insgesamt also. Schreibend fühlt er sich schuldig, weil er der Welt draußen etwas vorenthält. Er hat also gegenüber der Welt ein Rechtfertigungsproblem. Das ist aber nicht alles. Er wechselt die Seite, und dann hat er gegenüber dem Schreiben ein Rechtfertigungsproblem, wenn er nicht alle Kraft dafür aufwendet, wenn er infolge von lästigen Lebenspflichten dem Schreiben etwas schuldig bleibt. Etwa wenn er sich auf Geheiß des Vaters um die Asbestfabrik kümmert oder wenn er mit Felice in Möbelgeschäften nach einer künftigen Wohnungseinrichtung Ausschau hält oder wenn er sich in die Büroarbeit stürzt, dann empfindet er das als Vergeudung einer kostbaren Zeit, die er besser zum Schreiben nutzen sollte. Er fühlt sich schuldig werden gegenüber dem inneren Auftrag zum Schreiben. *Womit entschuldige ich, daß ich heute noch nichts geschrieben habe? Mit nichts. Zumal meine Verfassung nicht die schlechteste ist. Ich habe immerfort eine Anrufung im Ohr: ›Kämest Du unsichtbares Gericht!‹*

Es gibt im inneren Gerichtshof eine doppelte Anklage: über dem Schreiben das Leben versäumt zu haben und über dem Leben das Schreiben versäumt zu haben.

In diesem Zirkel, der unaufhörlich Schuldgefühle hervortreibt, bewegt sich Kafka. Ins Leben verstrickt leidet er am *Dumpfsinn* und ins Schreiben vertieft kommt ihm das Ganze wie *Teufelsdienst* vor: *Dieses Hinabgehen zu den dunklen Mächten, diese Entfesselung von Natur aus gebundener Geister, fragwürdige Umarmungen und was alles noch unten vor sich gehen mag, von dem man oben nichts mehr weiß, wenn man im Sonnenlicht Geschichten schreibt.*

Als Kafka bei der Arbeit am »Process« in einen Schaffensrausch geriet, nahm er Anfang Oktober 1914 kurzfristig zwei Wochen Urlaub, um sich ganz dem Schreiben widmen zu können. Doch er schrieb nicht nur am Roman, er wählte auch eine Abzweigung, die ihn noch tiefer hinab zum *Teufelsdienst*, zu den *dunklen Mächten* führte. In wenigen Tagen schrieb er die Straf- und Folterfantasien »In der Strafkolonie«.

In dieser Erzählung operieren die *dunklen Mächte* unter dem grellen Lichteinfall einer tropischen Sonne. Einem *Reisenden*, der nicht als Weltverbesserer unterwegs ist, sondern allein *mit der Absicht zu sehen* in diese ferne Strafkolonie gekommen ist, wird vom zuständigen Offizier mit einigem Stolz die hier in Gebrauch befindliche Folter- und Hinrichtungsmaschine erläutert und vorgeführt. Die Maschine besteht aus einem vibrierenden *Bett*, auf das der Verurteilte geschnallt wird; darüber, mit Rohren abgestützt, der sogenannte *Zeichner*, eine Apparatur, die das Antriebswerk in sich birgt; dazwischen schwebend und mit jener Apparatur verbunden ein Stahlband, bestückt mit einem komplizierten System von Nadeln, *Egge* genannt. Mit ihr wird den Verurteilten ihre Schuld *auf den Leib* geschrieben, bis sie nach zwölf Stunden, so lange dauert die Prozedur, daran sterben. Auf die Frage des Reisenden, ob denn der Verurteilte sein Urteil kennt, antwortet der Offizier: *Es wäre nutzlos, es ihm zu verkünden. Er erfährt es ja auf seinem Leib.* Es hat auch keine Verhandlung gegeben, keine Verteidigung. Das alles entfällt, denn *die Schuld ist immer zweifellos*, erklärt der Offizier.

Bei der Prozedur des zwölfstündigen Tötens gibt es einen Moment, über den der Offizier ins Schwärmen kommt: die ominöse *sechste Stunde*. Der Offizier schildert, wie es früher war, als die Prozedur noch in Ehren gehalten wurde und dieser Moment der Marter von den zahlreichen festlich gestimmten Zuschauern genossen werden konnte: *Oft hockte ich dort, zwei kleine Kinder rechts und links in meinen Armen. Wie nahmen wir alle den Ausdruck der Verklärung von dem gemarterten Gesicht, wie hielten wir unsere Wangen in den Schein dieser endlich erreichten und schon vergehenden Gerechtigkeit!*

Diese sechste Stunde der Marter hat es in sich. Die Verklärung, wenn man mit den Wunden lesen kann, was einem auf den Leib geschrieben wird. Die Stunde der Wahrheit, wenn man auf diese Weise begreift, wie es mit einem steht. In diesem Moment geht dem *Blödesten* der Verstand auf, man blickt in das leuchtende Angesicht dessen, der die Schrift der tödlichen Egge auf seinem Leib nicht mit den Augen, sondern *mit seinen Wunden* entziffert. Ein Augenblick höchster Inspiration also.

Diese Folter- und Tötungsmaschine ist noch in Betrieb, doch die Zeiten haben sich geändert. Elegisch gestimmt blickt der Offizier zurück, freilich die Maschine arbeitet noch *und wirkt für sich*, auch wenn sie inzwischen unbeachtet in diesem vom Hitze ausgedörrten Tal steht. *Und die Leiche fällt zum Schluss noch immer in dem unbegreiflich sanften Flug in die Grube*, doch es fehlt die Feierlichkeit, die Andacht, das große Publikum. Alles geschieht im Geheimen, verschämt. Der neue Kommandant würde die ganze Prozedur am liebsten abschaffen, der Offizier aber hält an dieser Tradition fest und versucht sogar, den Reisenden auf seine Seite zu ziehen.

Der Reisende ist hin- und hergerissen zwischen Abscheu und Faszination. Er fühlt eine Kontaktschuld angesichts des grauenhaften Geschehens, denn schon die Zeugenschaft macht schuldig. Der Bitte des Offiziers, sich beim neuen Kommandanten für die Fortführung der Prozedur einzusetzen, kommt der Reisende nicht nach.

Der Offizier ist ein Überlebender aus jener Zeit, als die Folter- und Tötungsmaschine noch in Ehren stand, als sie mit staunenswerter Präzision die Leiber zu beschriften vermochte. So hingebungsvoll erläutert der Offizier ihr Funktionieren, dass selbst der Verurteilte fasziniert lauscht. Doch die Hingabe des Offiziers gilt nicht nur der Maschine selbst, sondern eben auch dem *Wunder der sechsten Stunde* bei der Prozedur des Tötens: Dann, so erklärt er, möchte man sich am liebsten auch unter die Egge legen.

Genau das tut der Offizier, als er merkt, dass der Reisende ihm nicht helfen will, diese Maschine und diese Praktik zu bewahren. *Dann ist es also Zeit*, mit diesen Worten legt er sich aufs *Bett* unter der Egge. Ein Bedienungsfehler führt nun aber dazu, dass die Maschine ihm nichts auf den Leib schreibt, sondern ihn ganz einfach durchbohrt. Er ist tot, ehe er *das Wunder der sechsten Stunde* erleben konnte. *Durch die Stirn ging die Spitze des grossen eisernen Stachels.* Die Fortsetzung des Satzes ist gestrichen, sie lautet: *als lege er irgendein Zeugnis für irgendeine Wahrheit ab.*

Welche Wahrheit könnte das sein?

Vielleicht die, dass dieses grausame Geschehen ein Gleichnis für das Schreiben ist. Die Schuld wird auf den Leib geschrieben. Das Schreiben ist zugleich Schuld und Strafe, dazu noch das *Wunder der sechsten Stunde,* die große Inspiration.

Doch beim Offizier funktioniert diese Schreib-Folter und Tötungsmaschine nicht mehr richtig. Er wird um den Moment der Verklärung betrogen. Übrig bleibt nur Selbstmord, ohne jede Verklärung.

Es geht in diesem Text um Schreiben, Schuld und Strafe, wenn auch im Vordergrund die Vision eines gesellschaftlichen Zustandes steht, in dem Schuldermittlung und Strafe zu einem totalen maschinellen Prozess geworden sind. Doch die grellen Effekte dieser totalitären Folter- und Tötungsfantasien überblenden jene Bedeutungsebene, wo es eben doch wieder um das Schreiben geht. Das Schreiben als Lust, als Schuld und zugleich als Strafe. Doch immerhin mit dem *Wunder der sechsten Stunde,* wenn Erkenntnis und Verklärung über einen kommen.

Als Kafka diese Erzählung schrieb, hatte der Krieg gerade begonnen, und man erfuhr von den grauenvollen Wirkungen der modernen Waffentechnik. Auch das gehört zum Erfahrungshintergrund dieser Erzählung über das maschinelle Töten. Doch es sind eben auch die anderen, die innerlichen *dunklen Mächte* des Schreibens im Spiel.

Auf beide Aspekte, das grauenvolle äußere und das ambivalente innere Geschehen, spielt Kafka an in dem diese Erzählung kommentierenden Brief an seinen Verleger Kurt Wolff: *Zur Erklärung dieser letzten Erzählung füge ich nur hinzu, daß nicht nur sie peinlich ist, daß vielmehr unsere allgemeine und meine besondere Zeit gleichfalls sehr peinlich war und ist und meine besondere sogar noch länger peinlich als die allgemeine. Gott weiß wie tief ich auf diesem Weg gekommen wäre, wenn ich weitergeschrieben hätte.*

ACHTES KAPITEL

Zweite Verlobung. Schreibasyl in der Alchimistengasse.
Metaphysische Erkundungen: »*Jäger Gracchus*« *und*
»*Der Landarzt*«*. Mythos und Gesellschaft:*
»*Beim Bau der Chinesischen Mauer*«*. Zionismus.*
»*Ein Bericht für eine Akademie*«

Am 20. Januar 1915 notiert Kafka im Tagebuch *Ende des Schreibens*. Er kommt mit dem »Process« nicht weiter, der Strom, der ihn seit dem Spätsommer 1914 mitgerissen hatte, ist zum Rinnsal geworden und droht nun vollends zu versiegen. Die produktive Phase hatte begonnen, als die Beziehung zu Felice beendet schien, und sie endet, als er beginnt, die Verbindung mit ihr wieder aufzunehmen. Ein neuer Lebensversuch nach dem Abbruch des Schreibens. Doch ohne Schreiben wirkt alles dumpf, ohne Hintergrund und Tiefe. Ohne das Schreiben befällt ihn *die sofort eintretende Schwerfälligkeit des Denkens*.

Er verabredete das erste Zusammentreffen mit Felice nach einem halben Jahr, im österreichischen Grenzort Bodenbach. Das alte Muster: Wenn er im Schreiben steckt, kann er Felice nicht brauchen, und wenn ihn das Schreiben verlassen hat, sucht er wieder Halt an Felice. Sie repräsentiert für ihn die Welt dort draußen, doch lässt er sich auf sie ein, dann ist ihm, als würde er von sich selbst verlassen werden. Ohne Schreiben ist er ein Nichts. Er hatte ihr diesen Vorgang des Selbstverlustes schon häufig geschildert, und doch lässt sie sich wieder auf ihn ein, so als traute sie sich zu, die Hysterien des Entlobten zu mildern.

Bei diesem Zusammentreffen am 24. Januar 1915 liest Kafka ihr einiges vor; Felice liegt auf dem Kanapee, die Augen geschlossen, ziemlich teilnahmslos, erst bei der *Türhütergeschichte* merkt sie auf. Das ist der einzige gute Moment dieses Treffens, das im Übrigen für ihn sonst eine Qual war: *Um mich herum nur Langeweile und Trostlosigkeit. Wir haben mit einander noch keinen einzigen guten Augenblick gehabt, während dessen ich frei geatmet hätte. Die Süße des Verhältnisses zu einer geliebten Frau wie in Zuckmantel und Riva hatte ich F. gegenüber außer in Briefen nie, nur grenzenlose Bewunderung, Unterthänigkeit, Mitleid, Verzweiflung und Selbstverachtung.*

Nach dem unerfreulichen Zusammentreffen in Bodenbach notiert Kafka im Tagebuch: *Ich glaube es ist unmöglich daß wir uns jemals vereinigen, wage es aber weder ihr noch im entscheidenden Augenblick mir zu sagen.* Ganz abbrechen wollen sie die Beziehung nicht, doch der Briefverkehr soll eingeschränkt werden. *Wir haben mit Briefen wenig erreicht, wir müssen es auf andere Weise zu erreichen suchen,* heißt es in einem Brief kurz nach dem Treffen in Bodenbach.

Wie fern ihm Felice eigentlich steht, wird ihm wieder deutlich bewusst, als sie ihn auffordert, sich mehr um die Asbestfabrik zu kümmern, das sei schließlich seine Aufgabe, aber auch seine Chance. Er antwortet empört: *Warum verstehst Du die Fabrik besser als mich!*

Sie wird ihn vollends nicht verstanden haben, als er ihr schreibt: *Außerdem leide ich am Krieg meistens dadurch, daß ich nicht selbst dort bin,* und wenig später, dass es ein *Glück* für ihn wäre, *Soldat zu werden.* Wenn das Schreiben stockt, die Asbestfabrik quält und das Büro anödet, dann ist es besser, in den Krieg zu ziehen, denkt er. Allerdings weiß er, was ihn erwartet, denn die Arbeiter-Unfallversicherung hatte sich neuerdings um die Kriegsversehrten zu kümmern, die nun auch in Kafkas Büro auftauchen.

Kafka wurde zweimal gemustert und für tauglich befunden, gegen seinen Willen aber von der AUVA reklamiert und deshalb zurückgestellt. Patriotismus war ihm fremd, er identifizierte sich nicht mit irgendwelchen Kriegszielen und empfand auch keine Feindseligkeit gegenüber den offiziellen Feinden. Sein Verhältnis zu den kriegerischen Ereignissen ist ungefähr von derselben Art wie seine Beziehung zum politischen Zionismus: *Was habe ich mit Juden gemeinsam? Ich habe kaum etwas mit mir gemeinsam und sollte mich ganz still, zufrieden damit daß ich atmen kann, in einen Winkel stellen.* In diesen *Winkel* stellte er sich auch gegenüber den Kriegsereignissen. Und doch: Im Gefühl, sich *sinnlos zu verbrauchen*, weil es jenseits des Schreibens für ihn kein Glück gibt, ist er bereit, sich an den Krieg wegzuwerfen. Dort wird er, so denkt er, genauso wenig mit sich selbst zu tun haben wie als Nicht-Schreibender hier in Prag. Unter diesen Umständen ist es allemal besser, mit den anderen die Not und das Leid zu teilen. *So viele leiden jetzt*, schreibt er an Felice, *im besten Fall kämpfen sie für ihre Existenz oder richtiger für die Beziehungen, die ihre Existenz zur Gemeinschaft hat, nicht anders ich.*

Kafka wurde nicht eingezogen. Er freute sich nicht darüber, Felice aber war offenbar erleichtert und drängte seit Anfang 1916 wieder auf ein Treffen. Kafka zögerte und erinnerte an die Schrecken der Verlobungszeit, beispielsweise an das Herumirren in Möbelgeschäften. *Vor der Zusammenkunft*, schrieb er, *warne ich Dich und mich denke genügend stark an frühere Zusammenkünfte und Du wirst es nicht mehr wünschen.*

Doch allmählich änderte sich seine Haltung wieder. Im Mai führe ihn eine Dienstreise nach Marienbad, und dort gefiel es ihm trotz schlechten Wetters so gut, dass er Urlaubspläne schmiedete. Er schrieb es Felice, die nahm es als Wink und schlug ihrerseits einen gemeinsamen Urlaub dort vor. Kafka zögerte zunächst, stimmte dann zu, und so bezogen die beiden in dem für Kafkas Ansprüche viel zu mondänen Hotel »Balmoral« vom 3. bis zum 10. Juli zwei Zimmer, *Tür an Tür, von beiden Seiten Schlüssel.* Nach zwei Tagen notiert Kafka im Tagebuch: *Mühsal des Zusammenlebens … im tiefen Grunde vielleicht ein Bächlein würdig Liebe genannt zu werden.* Doch es muss sich da etwas geändert haben, denn am Ende der gemeinsamen Tage von Marienbad heißt es im Tagebuch: *Ich war noch niemals außer in Zuckmantel mit einer Frau vertraut. Dann noch mit der Schweizerin in Riva. Das erste war eine Frau, ich unwissend, die zweite ein Kind, ich ganz und gar verwirrt. Mit F. war ich nur in Briefen vertraut, menschlich erst seit 2 Tagen. So klar ist es ja nicht. Zweifel bleiben. Aber schön der Blick ihrer besänftigten Augen, das Sichöffnen frauenhafter Tiefe.*

Trotz fortbestehender Zweifel verlobten sich die beiden zum zweiten Mal, diesmal aber nicht offiziell. In einem Brief an Brod schilderte Kafka, wie es ihm bei diesem zweiten Versuch erging, als sie die Tür zwischen den beiden Zimmern im Hotel öffnete und ihm entgegenkam, um den Verlobungskuss entgegenzunehmen. Da ging ein *Schauder* über ihn. Er erinnerte sich in diesem Moment an die für ihn schreckliche Verlobungszeremonie zwei Jahre zuvor und an seine Ängste vor dem Alleinsein mit Felice. Jetzt aber war es ganz anders. Man habe sich darauf geeinigt, nach Ende des Krieges zu heiraten, in Berlin zu leben. Man werde das übliche Familienleben meiden. Felice würde ihren Beruf nicht aufgeben. Von Kindern ist nicht die Rede. Und was er tun werde, außer zu schreiben, bleibt offen. Selbstironisch fährt er fort: *Will man sich allerdings das Verhältnis anschaulich darstellen so ergibt sich der Anblick zweier Zimmer, etwa in Karlshorst, in einem steht F. früh auf, läuft weg und fällt abends müde ins Bett; in dem andern steht ein Kanapee, auf dem ich liege und mich von Milch und Honig nähre. Da liegt und streckt sich dann der unmoralische Mann.*

Zu den in Marienbad getroffenen Verabredungen gehört auch, dass sich Felice in dem für ostjüdische Flüchtlingskinder im Berliner Scheunenviertel jüngst begründeten »Volksheim« ehrenamtlich nützlich machen wird. Kafka kannte die Berührungsscheu der assimilierten Juden gegenüber den Ostjuden. Sie steckte auch in ihm, und er hatte einige Jahre zuvor, 1911, damit begonnen, diese Scheu zu bekämpfen und sich zu öffnen. Dabei hatte er in der Freundschaft mit Löwy und seiner ostjüdischen Schauspieltruppe eine ganz eigene, von ihm sogar ein wenig romantisierte Welt kennengelernt. Er wünschte, dass auch Felice sich dieser Welt nähern möge. Vor allem aber war für ihn wichtig, an einer gemeinsamen Aufgabe zu arbeiten, sie vor Ort und er aus der Ferne. Er versprach sich davon eine *engere geistige Verbindung zwischen uns.*

Felice stürzte sich in diese ehrenamtliche Arbeit. An mehreren Abenden in der Woche gab sie Unterrichtsstunden in Sprache und Literatur, sammelte und ordnete Bücher für die Bibliothek und war sich auch nicht zu schade, beim Putzen zu helfen. Kafka gab aus der Ferne Literaturempfehlungen und erzieherische Ratschläge. In diesem Zusammenhang entwickelte er ihr seine Gedanken über eine Gemeinschaftsbildung, die Geborgenheit geben könnte. Das Erstaunlichste daran ist, dass dieser Einzelgänger sich auf diesem Gebiet für kompetent hielt, denn Geborgenheit in der Gemeinschaft musste ja für ihn, seiner Leidenschaft für das Schreiben wegen, ein ferner Traum bleiben. Das schreibt er ihr, und sie antwortet: »Du bist ein Mensch, der sich so unendlich klar über sich selbst ist, daß Du vom Alleinsein sicher noch viel trauriger wirst, als Du es sonst bist.« Einer der wenigen Sätze von Felice, die sich erhalten haben, weil Kafka diesen Passus in seinem Antwortbrief zitiert und die Bemerkung hinzufügt, sie habe recht, es stehe tatsächlich *schlimm* um ihn.

Die Einsamkeit des Schreibens lockt, und deshalb lockert sich nach einiger Zeit wieder die Bindung an Felice. Das wurde auch veranlasst durch ein unglücklich verlaufendes Zusammentreffen in München, wo Kafka am 10. November 1916 auf Einladung einer Galerie die »Strafkolonie« vortrug. Felice war von Berlin angereist, um Kafka wieder einmal zu treffen, und es entsetzte sie, was sie hier anhören musste. Um Texte von solcher Art zu zu schreiben, zieht er sich vor ihr zurück? Sie hat das offenbar »Eigensucht« genannt, denn Kafka verteidigte sich in einem Brief. Seine *Eigensucht*, schreibt er, *beziehe* sich nicht auf ihn als Person, sondern allein *auf die Sache*, also auf das, was er schreibt.

Diese *Sache* ist eben das Schreiben, und da er um sein Leben schreibt, wie man um sein Leben läuft, hat alles demgegenüber zurückzustehen.

So war nun wieder die Zeit für den Rückzug gekommen. Die jüngste Schwester Ottla, die wie er den Abstand zur Familie suchte, hatte eines der mittelalterlichen, winzigen Häuschen in der Alchimistengasse auf dem Hradschin angemietet, das sie Ende November 1916 ihrem Bruder überließ, damit er hier in vollkommener Abgeschiedenheit schreiben könne. Kafka behielt sein Zimmer unten in der Altstadt und stieg nun jeden Abend auf den Hradschin, um dort zu schreiben. Er habe hier *gute Augenblicke*, schrieb er Felice, und ganz wunderbar sei das *Nachhausewandern gegen Mitternacht über die alte Schloßstiege zur Stadt hinunter.*

In diesen Monaten zwischen November 1916 und April 1917, es herrscht in diesem dritten Kriegsjahr ein bitterkalter Winter, und die Kohlen und die Lebensmittel sind knapp, entstehen Texte, die Kafka für gelungen genug hält, um sie in die Sammlung »Ein Landarzt« aufzunehmen, die er noch im Sommer 1916 seinem Verleger Kurt Wolff anbot, der sie sogleich annahm, doch wegen der Kriegsereignisse erst verspätet, 1920, herausbrachte.

In den Schreibheften notierte Kafka in diesen Monaten noch zahlreiche Entwürfe, von denen einige weit gediehen waren und doch nicht in die Sammlung aufgenommen wurden, wiewohl sie höchst bedeutungsvoll sind. Das gilt besonders für das Fragment vom »Jäger Gracchus« und für das Konvolut »Beim Bau der chinesischen Mauer«. Vom »Jäger Gracchus« hat Kafka nichts veröffentlicht, von der »Chinesischen Mauer« immerhin zwei Texte für die »Landarzt«-Sammlung abgezweigt, nämlich »Ein altes Blatt« und »Eine kaiserliche Botschaft«.

Ein erster Anlauf zum »Jäger Gracchus« ist eine Skizze, überschrieben »Auf dem Dachboden«. *Die Kinder hatten ein Geheimnis,* so beginnt dieser Text. Im Winkel inmitten des Gerümpels eines Dachbodens hat der kleine Hans, der Sohn des Advokaten, einen fremden Mann entdeckt. Der sitzt bewegungslos da, ein starker Schnurrbart im Gesicht, Pelzmütze auf dem Kopf, im weiten braunen Mantel, darüber ein mächtiges Riemenzeug wie bei einem Pferd, auf den Knien ein kurzer gebogener Säbel, an der Ferse ein Sporn, in den Holzboden gerammt. Die Augen stumpf. Diese unheimliche Gestalt greift nach dem Jungen, der ängstlich zurückweicht, dann aber doch sich getraut, nach dem Namen des Fremden zu fragen, und die Antwort erhält: *ich bin auch ein Hans, heiße Hans Schlag, bin badischer Jäger und stamme von Koßgarten am Neckar. Alte Geschichte.*

Diese *alte Geschichte* des Kinderschrecks vom Dachboden wird nun in mehreren Anläufen erzählt. Die erste Version beginnt mit einer Art Bühnenbild. Ein Hafen, auf der Quai-Mauer würfeln Knaben, Mädchen schöpfen Wasser am Brunnen, in der Kneipe hocken Männer beim Wein, Obstverkäufer blicken gelangweilt auf den See hinaus, von wo sich eine Barke langsam nähert, als würde sie übers Wasser getragen. Sie legt an. Eine Bahre mit einem in ein Seidentuch gehüllten Menschen wird an Land und in das große Haus am Platz gebracht; keiner scheint davon Notiz zu nehmen. Nur die Tauben rühren sich und picken an das Fenster. Ein alter Mann mit einem Zylinderhut und Trauerband, der sich als Bürgermeister von Riva am Gardasee zu erkennen gibt, kommt zum Haus und wird durch ein Spalier von Knaben, die plötzlich auf der Bildfläche erscheinen, vom Führer der Barke ins Haus geleitet und zum Mann auf der Bahre geführt. Der ist, wie man bald erfährt, auch ein Jäger wie der rätselhafte Mann vom Dachboden im ersten Entwurf. Er stammt aus dem Schwarzwald, was etwas düsterer klingt, und auch sonst hat er etwas Beängstigendes an sich mit den wild durcheinandergewachsenen Haaren, dem Bart und der gebräunten Haut. *Er lag bewegungslos, scheinbar atemlos, mit geschlossenen Augen da, trotzdem deutete nur die Umgebung an, daß er vielleicht ein Toter ist.*

Es ist aber ein Toter, der nicht sterben kann – wie der »ewige Jude« Ahasver, der als Untoter durch die Welt irrt, weil er einst Jesus nicht geholfen hat, das Kreuz zu tragen. Die Tat des Jägers aber, die das ganze Verhängnis nach sich zog, war keine Untat, nur das gewöhnliche Berufsgeschäft: Er hat eine Gämse gejagt, war dabei abgestürzt und ist verblutet. Doch, das betont der Jäger, *alles ging der Ordnung nach*: zuerst ein tätiges Leben im Irdischen, dann der Tod mit der Aussicht auf ein Jenseits. Deshalb war es ein *fröhlicher* Moment, als es zum Sterben ging, *niemals hatten die Berge solchen Gesang von mir gehört*, denn die Barke sollte ihn nun *ins Jenseits tragen*. Alles sollte nach der alten metaphysischen Ordnung geschehen, dieser Wechsel der Sphären des Seins, zuerst das Irdische dann das Jenseitige. Wer darauf vertraut, kann wie der Jäger Gracchus sagen: *Ich hatte gerne gelebt und war gerne gestorben.*

Doch dann die Katastrophe: Der Todeskahn verfehlte sein Ziel, das Jenseits. Was war geschehen? *Eine falsche Drehung des Steuers, ein Augenblick der Unaufmerksamkeit des Führers, eine Ablenkung durch meine wunderschöne Heimat, ich weiß nicht, was es war, nur das weiß ich, daß ich auf Erden blieb und daß mein Kahn seither die irdischen Gewässer befährt.*

Auf die Frage: *Und Sie haben keinen Teil am Jenseits?* gibt der Jäger Gracchus die Antwort: *Ich bin immer auf der großen Treppe die hinaufführt. Auf dieser unendlich weiten Freitreppe treibe ich mich herum, bald oben bald unten, bald rechts bald links, immer in Bewegung. Nehme ich aber den größten Aufschwung und leuchtet mir schon oben das Tor, erwache ich auf meinem alten in irgendeinem irdischen Gewässer öde steckenden Kahn.*

Kafka versucht sich hier in einem neuen Metier: der metaphysischen Groteske. Ausdrücklich ist hier von den letzten Fragen die Rede, doch ohne das sonst übliche Pathos und den ehrfurchtgebietenden Ernst. Ein Spiel eben, deshalb die Bühnenartigkeit des Ganzen.

Der Jäger Gracchus erscheint als Sinnbild für das Ende der alten metaphysischen Ordnung: Es gibt kein erreichbares Jenseits, es gibt nur dieses eine Sein, aus dem das Einzelleben mit dem Tod gewöhnlich verschwindet, nicht aber der Jäger Gracchus, der dazu verdammt ist, dieses Sein ohne Jenseits auszuhalten wie die ewige Wiederkehr des Gleichen bei Nietzsche. Der Jäger Gracchus fühlt sich um die Erlösung betrogen. Es gibt für ihn keinen Ausweg aus der schlechten Unendlichkeit des Seins. Immer dasselbe, immer die Freitreppe rauf und runter. Zu wenig zum Leben, zu viel zum Sterben.

Der Jäger Gracchus, in seinem *Todeskahn* herumirrend in den endlosen irdischen Gewässern oder auf der *unendlich weiten Freitreppe* zwischen Himmel und Erde, unerreichbar das Tor, *das* aus der Ferne leuchtet – das Bild einer fernen Transzendenz, die fernbleibt. Statt Erlösung nur endlose Wiederholung.

Mit dieser Figur des lebendigen Toten hat sich Kafka auch eine Art Privatmythos geschaffen. Denn als einen lebendigen Toten hat sich Kafka häufig selbst beschrieben. Vom Standpunkt des gewöhnlichen Lebens aus gesehen gehört für ihn das Schreiben zum verminderten Leben, also bereits zur Todeszone. *Mein Leben lang*, schreibt er an Max Brod, *bin ich gestorben ... ich bin Lehm geblieben, den Funken habe ich nicht zum Feuer gemacht, sondern nur zur Illuminierung meines Leichnams benützt.* Und umgekehrt erscheint vom Standpunkt des ekstatischen Schreibens aus gesehen das gewöhnliche Leben öde, also als vorweggenommener Tod. Dagegen hilft dann nur *die Nächte mit Schreiben durchrasen.* Lebendig tot und auf tote Weise lebendig – in dieser Ambivalenz spiegelt sich der Schriftsteller Kafka. Deshalb überrascht es nicht, dass Kafka dem Jäger nicht nur seinen Namen gegeben hat (gracchus = Dohle = kavka), sondern ihn auch zu einem Schriftsteller macht: *Niemand wird lesen, was ich hier schreibe,* erklärt er dem Besucher, aber das sei nicht weiter schlimm, denn ihm sei sowieso nicht zu helfen. *Der Gedanke mir helfen zu wollen ist eine Krankheit und muß im Bett geheilt werden.* Es genügt, wenn bei einigen wenigen durch die *müßiggängerischen Gedanken einmal der grüne Jäger Gracchus* streicht. Er wird also doch da und dort ein geistiges Nachleben haben.

Sonst aber ist die Einsamkeit des schreibenden und herumirrenden Jägers unüberbrückbar. *Die Welt geht ihren Gang,* sagt der Besucher, *und Du machst Deine Fahrt, aber niemals bis heute habe ich bemerkt, daß Ihr Euch gekreuzt hättet.* Der Jäger Gracchus ist also auch ein Gespenst der Weltfremdheit, das Kafka in der Einsamkeit seines winzigen Häuschens in der Alchimistengasse halluziniert.

Wie immer bei Kafka spielt auch hier die Schuldfrage eine Rolle. Warum ist ihm der *Zusammenhang* mit der gewöhnlichen Ordnung der Dinge zerrissen? Beim »Jäger Gracchus« ist von einer *falschen Drehung,* einen *Augenblick der Unaufmerksamkeit* die Rede. Im Tagebuch nennt er diese jähe Wende ein Herausfallen aus dem *Strom der Zeit.* Ein Riss im Dasein. Eine Störung, eine Verstörung.

Von einem solchen Riss, durch den die Wirklichkeit rätselhaft und wie von einer Traumlogik durchherrscht erscheint, berichtet auch die »Landarzt«-Erzählung, die der Sammlung den Namen gibt und kurz nach dem Gracchus-Fragment entstand. Das Motiv des Fehlgriffs, der unabsehbare und verhängnisvolle Folgen nach sich zieht, wird am Ende der Erzählung ausdrücklich benannt: *Einmal dem Fehlläuten der Nachtglocke gefolgt – es ist niemals gutzumachen.*

Dem Jäger Gracchus ist nicht zu helfen, der Fehlgriff des Landarztes hingegen ist es, helfen zu wollen in einem entfernten Dorf, aufgeschreckt durch die Nachtglocke. Reisefertig steht er da, doch es fehlt ein Pferd, seines ist tags zuvor verendet. Rosa, die Dienstmagd, hat erfolglos im Dorf nach einem Pferd herumgebettelt. Da öffnet sich die brüchige Tür eines unbenutzten Schweinestalls, darin zwei stattliche Pferde und dazu ein Pferdeknecht. Der Landarzt, im Begriff abzufahren, sieht, wie der Pferdeknecht sich mit roher Gewalt Rosa nähert, will einschreiten, doch die angespannten Pferde reißen ihn fort. Bei starkem Schneetreiben erreicht er in Windeseile die ferne Krankenstube, wo sich eine geängstigte Familie dicht um einen Knaben drängt, der dem Doktor ins Ohr flüstert: *Laß mich sterben.* Der Arzt hält ihn, auf den ersten Blick jedenfalls, für gesund und *am besten mit einem Stoß aus dem Bett zu treiben.* Man habe ihn wieder einmal unnötig bemüht, denkt er und will aufbrechen. Bei einem sorgfältigeren Blick auf den Knaben aber entdeckt er, während die Köpfe der *unirdischen* Pferde durch die Fenster in die Stube ragen, eine handtellergroße Wunde in der Hüftgegend des Knaben: *Rosa, in vielen Schattierungen, dunkel in der Tiefe, hellwerdend zu den Rändern, zartkörnig, mit ungleichmäßig sich aufsammelndem Blut, offen wie ein Bergwerk obertags. So aus der Entfernung. In der Nähe zeigt sich noch eine Erschwerung. Wer kann das ansehen ohne leise zu pfeifen? Würmer, an Stärke und Länge meinem kleinen Finger gleich, rosig aus eigenem und außerdem blutbespritzt, winden sich, im Inneren der Wunde festgehalten, mit weißen Köpfchen, mit vielen Beinchen ans Licht.*

Es ist eine Wunde, die voller Leben ist, aber eben feindliches Leben. Das wird den Jungen überleben, aber so, dass es ihn vernichtet. *Armer Junge, dir ist nicht zu helfen. Ich habe deine große Wunde aufgefunden; an dieser Blume in deiner Seite gehst du zugrunde.*

Die Familie erhofft sich von der Kunst des Arztes alles. Bedrängt ihn, himmelt ihn an. Der Landarzt wehrt sich, grollt, denkt: *Immer das Unmögliche vom Arzt verlangen. Den alten Glauben haben sie verloren; der Pfarrer sitzt zu Hause und zerzupft die Meßgewänder, eines nach dem anderen; aber der Azt soll alles leisten mit seiner zarten chirurgischen Hand.*

Die Familie rückt dem Doktor zu Leibe, entkleidet ihn und legt ihn zu dem Knaben ins Bett. Der lässt es mit sich geschehen. Doch draußen im Hof singt der Schulchor: *Entkleidet ihn, dann wird er heilen, / Und heilt er nicht, so tötet ihn …* Spätestens jetzt muss der

Landarzt an seine eigene Rettung denken. Auch Rosa zu Hause muss dem Pferdeknecht wieder entrissen werden.

Der Doktor rafft seine Sachen zusammen, so eilig, dass er sich noch nicht einmal die Zeit nimmt, sich richtig anzukleiden. Der Pelz schleift hinter dem Wagen her. Bei der Herfahrt ging es wie im Nu, jetzt aber kommt man gar nicht vom Fleck. Die letzten Sätze der Erzählung: *Niemals komme ich so nach Hause; meine blühende Praxis verloren: ein Nachfolger bestiehlt mich, aber ohne Nutzen, denn er kann mich nicht ersetzen; in meinem Hause wütet der ekle Pferdeknecht; Rosa ist sein Opfer; ich will es nicht ausdenken. Nackt, dem Froste dieses unglückseligsten Zeitalters ausgesetzt, mit irdischem Wagen, unirdischen Pferden, treibe ich mich alter Mann umher. Mein Pelz hängt hinten am Wagen, ich kann ihn aber nicht erreichen, und keiner aus dem beweglichen Gesindel der Patienten rührt den Finger. Betrogen! Betrogen! Einmal dem Fehlläuten der Nachtglocke gefolgt – es ist niemals gutzumachen.*

So endet die große mitmenschliche Hilfsaktion.

Hier herrscht die Logik des Traumes. Alles geschieht zwangsläufig, wie in Trance, wenn plötzlich im Bekannten das Unbekannte hervorbricht. Ein Schlüsselsatz der Erzählung lautet: *Man weiß nicht, was für Dinge man im eigenen Hause vorrätig hat.* Da sind die Pferde im Schweinestall, ein noch nie gesehener Knecht, der sich unversehens zum Herrn im Hause aufschwingt. Dazu die Dienstmagd Rosa, deren Schönheit der Doktor plötzlich bemerkt und die er zu begehren beginnt, nachdem er sie jahrelang in seinem Hause fast gar nicht bemerkt hat. Das Unbekannte, das einem so nah ist, kann auch das eigene Begehren sein. Es zeigt sich so plötzlich wie die *unirdischen* Pferde im Schweinestall. Es zieht den Doktor zu Rosa zurück. Wie eine Aufforderung dazu wirkt die *rosa* Wunde des Knaben, dem er zuflüstert: *deine Wunde ist so übel nicht.*

Aber es hilft alles nichts. Die Zukunft ist verspielt, der Doktor irrt im Pferdewagen und verloren in Schnee und Sturm durch die

Winternacht – wie der Jäger Gracchus in seinem Kahn ohne Steuer, getrieben von einem Wind, *der in den untersten Regionen des Todes bläst.* Diese beiden gehören zusammen, der Jäger Gracchus und der Landarzt, beides Irrlichter einer transzendentalen Obdachlosigkeit. Zwei Parabeln über den zerrissenen Zusammenhang einer sinnhaften Ordnung.

Ebenfalls zum Themenbezirk Tod und Überleben gehört der Text »Ein Traum« überschrieben, den Kafka in die Sammlung aufnahm und der wohl in zeitlicher Nähe zum »Process« entstanden war. Im Roman stirbt Josef K. mit einer *Scham,* von der er fürchtet, dass sie ihn überleben würde. In diesem Text aber träumt Josef K. von einer anderen Art des Überlebens. Es sind die Nachruhmfantasien eines Schriftstellers. Josef K. sieht sich an einen Grabhügel treten, es gibt dort *viel Jubel.* Ein Mann, er schaut wie ein Künstler aus, schreibt mit Goldbuchstaben auf den Grabstein. Er kommt nicht weiter als bis *Hier ruht …* Etwas hindert ihn am Weiterschreiben. Während der Künstler sich ungeduldig zeigt, wird Josef K. traurig und begreift erst allmählich, was von ihm erwartet wird: er soll sich ein Loch graben, er muss in den Grabhügel hinein. *Während er aber unten, den Kopf im Genick noch aufgerichtet, schon von der undurchdringlichen Tiefe aufgenommen wurde, jagte oben sein Name mit mächtigen Zieraten über den Stein. Entzückt von diesem Anblick erwachte er.*

Die Parabel »Vor dem Gesetz« aus dem »Process« nimmt Kafka ebenfalls in die Erzählsammlung auf, vielleicht, weil sie mit einem anderen Text ein komplementäres Paar bildet, nämlich mit der »Kaiserliche Botschaft« überschriebenen Parabel. Zwei Grundmotive, die in Kafkas Werk eine bedeutende Rolle spielen, sind in den beiden Texten in dichter, prägnanter Form ausgearbeitet. Die doppelte Frage, um die es hier geht, lässt sich abstrakt so formulieren: Wie gelangt man von der Peripherie ins Zentrum, und umgekehrt, wie erreicht das Zentrum die Peripherie.

In der Türhüter-Parabel geht es darum, von der Peripherie ins Zentrum zu gelangen, dorthin, wo sich alles löst, wo Erlösung wartet. In der »Kaiserlichen Botschaft« gibt es die umgekehrte Bewegung, vom Zentrum zur Peripherie. Peripherie ist dort, wo der Mann vom Lande hofft, eingelassen zu werden, aber auch dort, wo ein Einzelner wartet, dass ihn die kaiserliche Botschaft erreicht; das eine Mal will man ins Bedeutungszentrum eingelassen werden, das andere Mal hofft man, dass das Bedeutungszentrum einen erreicht. Das Zentrum ist in einem Fall das Gesetz, im anderen Falle der Kaiser; beides Mal ist es das Zentrum von Sinnhaftigkeit und Sinngebung, in welcher Form auch immer.

In der »Kaiserlichen Botschaft« ist der Einzelne unendlich entfernt von der kaiserlichen Sonne; es bleibt offen, woher er weiß, dass der Kaiser ihm eine Botschaft gesandt hat. Jedenfalls wird genau geschildert, wie es dabei zugeht. Der Kaiser hat diese Botschaft einem Bediensteten zugeflüstert und hat sie sich sogar noch einmal bestätigen lassen, so wichtig war sie ihm, und so wichtig ist sie dann wohl auch für den, der sie erwartet. Der Bote wird nun losgeschickt. Und es tun sich unabsehbar viele Räume auf, viele Menschen und viele Jahrhunderte, die zu durchqueren sind. Zu viele. Weder im Raum noch in der Zeit ist ein Durchkommen für den Boten und die Botschaft. *Du aber sitzt am Fenster und erträumst sie Dir, wenn der Abend kommt.*

Im Gespräch, so berichtet Max Brod, sagte Kafka einmal, es gebe *unendlich viel Hoffnung –, nur nicht für uns.* Eine Äußerung, die als Kommentar zu dieser Parabel gelten kann. Die *Botschaft,* was immer Hoffnungsvolles sie enthalten mag, verliert sich in den Räumen und in den Zeiten; das heilbringende oder sinnspendende Etwas, Evangelien jeder Art, kommen nicht an, gehen vielleicht verloren, inzwischen mag der Kaiser tot sein, wenn auch das Kaisertum fortbesteht. Gott ist tot, aber seine Weihe- und Andachtsstätten stehen noch. Auch ein unbestimmtes Warten auf eine frohe Botschaft gibt es noch.

Die Parabel der »Kaiserlichen Botschaft« ist dem von Kafka nicht veröffentlichten Textkonvolut »Beim Bau der Chinesischen Mauer« entnommen. Es handelt sich bei diesem recht umfangreichen, fragmentarischen Text um eine Variation auf das Thema »Geschichte als Sinngebung des Sinnlosen«. Erzählt wird von den Dramen der Sinnstiftung und Sinnbedrohung in den ungeheuren Raum- und Zeitdimensionen eines fiktiven China, wo offenbar ohne Mauerbau jeder Sinn und damit jeder Zusammenhalt verschwinden würde. Der Mauerbau ist hier die große Sinnstiftung. Der Erzähler hat als Fachmann am Mauerbau teilgenommen und möchte sich nun darüber klar werden, was es eigentlich war, woran er da teilgenommen hat. Im Rückblick kommt ihm alles unwahrscheinlich und rätselhaft vor. *So groß ist unser Land, kein Märchen reicht an seine Größe, kaum der Himmel umspannt es.* Hatte der Kaiser im fernen Peking wirklich den Befehl zum Bau einer Mauer gegeben, und war sie wirklich zum Schutz gegen die Nordvölker errichtet worden? Der Mauerbau muss über den Befehl hinaus eine tiefere Wurzel in der Gemeinschaft und auch in der Einzelseele haben, davon ist der Erzähler überzeugt. In einer gestrichenen Passage heißt es: *Unschuldige Nordvölker, die glaubten ihn* (den Mauerbau) *verursacht zu haben, verehrungswürdiger unschuldiger Kaiser, der glaubte, ihn angeordnet zu haben. Wir vom Mauerbau wissen es anders und schweigen.*

Was aber ist es denn nun, das den Mauerbau veranlasst? Es ist, das lässt der Erzähler anklingen, so etwas wie der Trieb zum Turmbau zu Babel; es handelt sich um einen Zweck in sich selbst, eine Manifestation menschlicher Schaffenskraft. Der Turmbau zu Babel indes hat die Menschen schließlich entzweit, der Mauerbau aber hat sie offenbar zusammengeschweißt, *die Lust wieder am Volkswerk zu arbeiten wurde unbezwinglich.*

Nun ist aber die Mauer nie vollendet worden, es gibt nur ein *System des Teilbaus*, bestehend aus den einzelnen Abschnitten, die fertiggestellt wurden. Wäre die Mauer nur als Schutz gegen die Nordvölker gedacht gewesen, so wäre das *System des Teilbaus*, das so große Lücken lassen musste, nicht wirkungsvoll gewesen. Denn durch diese Lücken hätten die gefährlichen Völkerschaften jederzeit eindringen können. Auf den Schutz allein konnte es also nicht abgesehen sein. Es musste noch etwas dazukommen, nämlich die Befriedigung, wenigstens ein relativ Ganzes geschaffen zu haben als Fragment eines größeren Ganzen, das nie realisiert, aber immer geahnt werden konnte. So liegt auf dem Unvollendeten wenigstens *der Abglanz der göttlichen Welten.*

Der Mauerbau hat also den wirklichen Zusammenhalt menschlicher Gemeinschaften im kleineren Maßstab und zugleich einen symbolischen Zusammenhang im Großen geschaffen. Man konnte sich wenigstens imaginär als Gemeinschaft erfahren, und zwar in der Tiefe der Zeit, da es den Mauerbau immer schon gegeben hat, und in der Weite des Raums, da es den Mauerbau überall noch gibt. Die Mauer, die da gebaut wird, ist nicht nur etwas Materielles, sie ist auch eine Idee, die dem Einzelnen und der Gemeinschaft festen Halt gibt und vom *Abglanz der göttlichen Welten* beschienen ist. Der Kaiser mag fern sein, die Mauer aber ist nah, wenn man an ihrem Bau teilnimmt. Das stiftet kollektiven Zusammenhalt, denn die *Schwäche der Vorstellungs-oder Glaubenskraft beim Volke* hätte sonst zur Folge, dass der Kaiser, dieses oberste Sinnzentrum, zu einer Schimäre verblassen würde. Der Mauerbau und die fragmentarischen Mauerstücke sind die nahen und handgreiflichen Manifestationen des sonst fernen Sinns.

Der Erzähler erinnert sich, wie einst die *Nachricht vom Mauerbau* aus der räumlichen Ferne und aus der Tiefe der Zeit ankam. Er stand als kleiner Junge mit seinem Vater am Flussufer, und da legte eine Barke an. Auf einer Barke war auch der Jäger Gracchus angekommen. Diesmal ist es der Schiffer, der dem Vater etwas ins Ohr flüstert. Es muss etwas Unglaubliches und zugleich Erhabenes sein, denn der Vater gibt sich eine feierliche Miene, und auch der Junge fühlt sich von dem *Außerordentlichen der Umstände* bezwungen. Der Vater setzt dazu an, die Botschaft weiterzugeben, doch genau hier bricht das Fragment ab.

Statt einer Fortsetzung folgt – im Notizheft – ein Textstück, das zwar nicht als unmittelbare Fortsetzung zu verstehen ist, doch thematisch dazugehört und von Kafka in die »Landarzt«-Sammlung aufgenommen wurde: »Ein altes Blatt«.

Dort berichtet ein Schuhmacher, der eine Werkstatt auf dem Platz vor dem kaiserlichen Palast betreibt, wie er eines Morgens bemerkte, dass die Nomaden aus dem Norden über Nacht in die Stadt eingedrungen sind, obwohl doch die Grenze sehr fern ist. Es sind äußerst bedrohliche, wilde Menschen. Sie lagern im Freien, prüfen die Schärfe ihrer Schwerter, verunreinigen den Platz und stoßen unverständliche Laute aus, es klingt wie das Gekrächze der Dohlen. Schaum quillt aus ihrem Mund, sie rollen mit den Augen und nehmen sich rücksichtslos, was sie brauchen. Sie bespringen einen lebendigen Ochsen, den ein Metzger ihnen gebunden vor die Tür gelegt hat, und reißen ihm bei lebendigem Leibe das Fleisch von den Knochen. *Ich lag wohl eine Stunde ganz hinten in meiner Werkstatt platt auf dem Boden und alle meine Kleider, Decken und Polster hatte ich über mir aufgehäuft, nur um das Gebrüll des Ochsen nicht zu hören.*

Der Kaiser aber, der manchmal hinter den Fenstern des Palastes als Schatten zu ahnen ist, scheint keine Macht zu haben über das Treiben auf dem Platz. Am Ende heißt es: *Uns Handwerkern und Geschäftsleuten ist die Rettung des Vaterlandes anvertraut; wir sind aber einer solchen Aufgabe nicht gewachsen; haben uns doch auch nie gerühmt, dessen fähig zu sein. Ein Mißverständnis ist es, und wir gehen daran zugrunde.*

Der Text scheint, außerhalb des Zusammenhangs gelesen, die

Bedrohung einer Gemeinschaft durch das barbarisch Fremde darzustellen. Auch die Gefährdung der Kultur ist das Thema. Wenn die Nomaden wie *Dohlen* krächzen, kommt wieder die tschechische »Kavka« (= Dohle) ins Spiel, was Interpretationen angeregt hat, wonach Kafka seine Außenseiterrolle hier im Bilde des kulturfremden Barbaren gedeutet habe. Doch damit rückt man dem Autor vielleicht allzu dicht auf den Leib. Besser ist es, den Text in den Zusammenhang von »Beim Bau der Chinesischen Mauer« zu stellen. Darin findet er seinen Platz dort, wo davon die Rede ist, dass zwar eine Mauer gebaut wird, doch kaum jemand die Nordvölker je gesehen hat. Gibt es sie überhaupt? Vielleicht nur in *den Büchern der Alten.* Die Geschichten von ihrer Grausamkeit, die in diesen alten Büchern erzählt werden, *machen uns aufseufzen in unserer friedlichen Laube.* Und die Künstler malen von ihnen Bilder der Grausamkeit, die *aufgerissenen Mäuler, die mit hoch zugespitzten Zähnen besteckten Kiefer, die verkniffenen Augen, die schon nach dem Raub zu schielen scheinen, den das Maul zermalmen und zerreißen wird.*

Solche alten Bücher und Bilder benutzt man als Mittel der Mobilisierung beim Mauerbau. und schon den Kindern jagt man einen Schrecken ein, damit sie sich ertüchtigen. Und so sind nun die Nordvölker und Nomaden, ob es sie nun gibt oder nicht, auf jeden Fall auch ein Mythos, der einen gesellschaftlichen Zusammenhalt begründet. Das »Alte Blatt« gehört wohl zu diesen *alten Büchern,* die dem Mauerbau dienen mit dem Mythos von der großen Gefahr.

»Beim Bau der Chinesischen Mauer« ist eine Parabel über die Bedeutung von Religion und Mythos für die Gründung und den Zusammenhalt der Gesellschaft. Religion und Mythos entspringen ja nicht nur dem gesellschaftlichen Boden, sie gehören zu den geistigen Kräften, die überhaupt erst diesen gesellschaftlichen Zusammenhalt bilden helfen – wie eben hier beim Bau der Chinesischen Mauer. Ein Zentralgestirn – das ferne Kaisertum – und der Mythos der großen Gefahr – die Nordvölker –, beides zusammen ist nötig, damit die *Saiten der Seele* gespannt werden und das Volk mit *Wimpel und Fahne* aufbrechen kann zum großen gemeinschaftlichen Werk des Mauerbaus: *Einheit! Einheit! Brust an Brust, ein Reigen des Volkes, Blut, nicht mehr eingesperrt im kärglichen Kreislauf des Körpers, sondern süß rollend und doch wiederkehrend durch das unendliche China.* Nicht nur an ein fiktives China denkt Kafka, sondern auch an Palästina in der zionistischen Vision, der Kafka damals einiges abgewinnen konnte, ohne doch sich selbst als Zionist zu verstehen. Das Projekt, das überall bedrohte jüdische Volk auf palästinensischem Boden zu sammeln und durch einen *Mauerbau* im übertragenen Sinne einen Lebensraum zu schaffen, fand durchaus seine Sympathie. Das drückte sich schon darin aus, dass er Felice gleich zu Anfang ihrer Beziehung eine Reise nach Palästina vorgeschlagen hatte und sie später zur ehrenamtlichen Arbeit im Jüdischen Volksheim ermunterte. In einem ausführlichen Brief aus dieser Zeit spricht er von der Notwendigkeit einer *blutsnahen Erziehung* der Kinder und von der Weckung des *nationalen Strebens*.

In der Begegnung mit den Ostjuden hatte er gespürt, wie kostbar es sein kann, sich in einer Gemeinschaft zu Hause zu fühlen. Er spürte darin das Versprechen einer ganz eigenen Lebendigkeit. Ihm sei ein solches Zugehörigkeitsgefühl zwar verwehrt, schreibt er an Felice, aber er unterstütze gerne solche Bestrebungen, die einer jüdischen Gemeinschaftsbildung dienen. Dass er trotz aller Sympathie kein Zionist sei, erklärt er damit, dass er infolge seiner *Herkunft, Erziehung, Anlage, Umgebung* an den begründenden Mythos des jüdischen Volkes nicht hinreichend glauben kann. Für ihn sind das alles *nur halbvergessene Erinnerungen, begraben unter dem Lärm der Stadt, des Geschäftslebens, des Wustes aller in den vielen Jahren eindringenden Gespräche und Gedanken.* Solche fernen Erinnerungen sind zu schwach, um sich mit ihnen hinter einer jüdischen Identität verschanzen zu können. Für ein tätiges Mitwirken beim zionistischen Mauerbau reicht es nicht.

In der Parabel vom Chinesischen Mauerbau denkt Kafka also über den Zusammenhang von Mythos und Gesellschaft nach, über das erstaunliche Wunder des Zusammenhalts einer Gesellschaft über die ungeheuren Abstände in Raum und Zeit hinweg. Darüber also, wie Peripherie und Zentrum verbunden sind und einen homogenen Sinn-Raum bilden können.

Das ist nun aber ein anderes Thema als im »Bau«, jenem auf den ersten Blick verwandten Text, an dem er in seinem letzten Lebensjahr schreiben wird. Dort ist der Bau ein Bild für das inwendige Tunnel- und Mauersystem des Einzelnen; ein Bild für die Selbstbefestigung nach außen und gegen den inneren Abgrund. Beim »Bau der Chinesischen Mauer« aber geht es um die Genese und Fortdauer eines gesellschaftlichen und kulturellen Zusammenhangs.

»Ein Bericht für eine Akademie«, der letzte Text der »Landarzt«-Sammlung, setzt diese Reflexion über die Grundlagen von Kultur und Gesellschaft fort am Beispiel eines Affen, der erzählt, wie er die Flucht in die Kultur antreten musste, weil er die Wildnis und das heißt: das *große Gefühl der Freiheit nach allen Seiten* verloren hat. Kafka lässt in diesem wunderlichen und witzigen Text den Affen selbst berichten, wie es ihm erging, als er durch Hagenbeck aus der freien Wildbahn entführt wurde und dann den Ausweg aus dem Käfig fand, indem er sich so erfolgreich an die Menschen anpasste, dass er schließlich unter ihnen wie ihresgleichen leben durfte.

In der »Verwandlung« findet sich ein Mensch in einem Tierkörper wieder und entfremdet sich der Menschenwelt; im »Bericht für eine Akademie« passt sich umgekehrt ein Tier der Menschenwelt an. Das erlaubt, die Sphäre des Menschlichen mit einiger Komik als etwas höchst Befremdliches darzustellen. Die größte Zumutung für den Affen ist die Enge der Menschenwelt, gemessen an der freien Wildbahn von einst. Es kommt ihm so vor, als sei das *ganze Tor, das der Himmel über der Erde bildet*, zugesperrt. Zugesperrt wird auch ein anderes Tor, es wird ihm nämlich der *Verzicht auf jeden Eigensinn* abverlangt. Er merkt: Jeder ist wie der andere, und keiner ist er selbst. Und ein solcher Niemand soll er nun also auch werden. Um sich zu unterscheiden, zeigt er dann wenigstens seine Wunde, die man ihm bei der Gefangennahme schlug.

Im Übrigen eignet er sich die wichtigen Kulturtechniken an, vom Handschlag bis zum Trinken aus der Flasche, vom Fluchen bis zum offenen Wort in geselliger Runde, vom Pfeifenrauchen bis zum Ausspeien. Und dann gibt es da noch das hochgerühmte *Eindringen der Wissensstrahlen von allen Seiten*. Darauf scheinen die Menschen besonders stolz zu sein. Man sollte das aber nicht überschätzen, fügt der gelehrige Affe hinzu. Die Freiheit von einst bekommt man nicht zurück. Die sogenannte Kultur ist kein gelobtes Land, allenfalls ein *Ausweg*.

Diesen Kulturaffen auf der Bühne der Akademie erwartet abends eine kleine halbdressierte Schimpansin, bei der er es sich nach *Affenart* wohlergehen lässt. *Bei Tag will ich sie nicht sehen; sie hat nämlich den Irrsinn des verwirrten dressierten Tieres im Blick; das erkenne nur ich und ich kann es nicht ertragen.*

Der gelehrte Affe schreckt zurück vor der Begegnung mit der unangenehmen Wahrheit, dass vielleicht seine ganze Bildung, mit der er es so herrlich weit gebracht hat, vielleicht doch nicht mehr ist als dieser *Irrsinn des verwirrten dressierten Tieres*.

Am 7. Juli 1917 sandte Kafka das Typoskript der »Landarzt«-Sammlung an den Verlag. Kurt Wolff zeigte sich auch sogleich interessiert, er fand die Prosastücke »ganz außerordentlich schön und reif«. Es dauerte dann aber, wie schon gesagt, fast drei Jahre, bis der Band im Mai 1920 erschien. Kafka wurde nicht nur deshalb ungeduldig, weil er diesen Band seinem Vater widmen wollte, sondern auch weil er ihm gefiel. Im Tagebuch heißt es: *Zeitweilige Befriedigung kann ich von Arbeiten wie »Landarzt« noch haben, vorausgesetzt daß mir etwas derartiges noch gelingt.*

Doch, wie immer bei Kafka, folgt die Einschränkung gleich auf dem Fuße: *Glück aber nur, falls ich die Welt ins Reine, Wahre, Unveränderliche heben kann.* Und so rein, wahr und unveränderlich fand er das Ganze denn doch nicht.

NEUNTES KAPITEL

Blutsturz. Trennung von Felice.
Das Gedankengestöber in Zürau. Über Selbsterkenntnis,
das Unzerstörbare, Gott, das Sein und den freien Geist.
Machtgefühle beim Schreiben. Krieg, Revolution

Anfang März 1917 übersiedelte Kafka in eine 2-Zimmerwohnung im Palais Schönborn. Das klingt repräsentativer als es ist. Es waren muffig riechende Zimmer, ohne Küche und Bad, allerdings mit schöner Aussicht in einen Park. Die Abend- und Nachtstunden aber verbrachte er auch weiterhin schreibend in Ottlas Haus in der Alchimistengasse auf dem Hradschin. Als er Anfang Mai 1917 seine Schreibzeit dort oben beendete, bedankte er sich bei Ottla für diese Monate, die *unvergleichlich besser* gewesen seien als die Jahre davor.

Mitte Juli 1917 begleitete er Felice auf einer Reise nach Budapest. Es war noch einmal ein Versuch, die Beziehung zu retten. An Ottla schrieb er hinterher, eine *Verständigungsreise war es natürlich nicht*. Doch noch hielt er fest an den Plänen, die Felice und er im Sommer 1916 in Marienbad verabredet hatten: Nach dem Krieg heiraten, er kündigt seine Stelle in Prag und zieht zu Felice nach Berlin, man bleibt finanziell unabhängig voneinander, er wird versuchen, wenigstens teilweise vom Schreiben zu leben, und Felice bleibt in ihrem Beruf.

Diese Pläne sind für ihn immerhin noch so verbindlich, dass er bei seinem Verleger vorsorglich wegen einer finanziellen Unterstützung anfragt: *Ich werde,* so schreibt er an Kurt Wolff am 27. Juli 1917, *meinen Posten aufgeben (dieses Aufgeben des Postens ist überhaupt*

die stärkste Hoffnung, die ich habe), werde heiraten und aus Prag weg-
ziehn, vielleicht nach Berlin. Ich werde zwar, wie ich heute noch glau-
ben darf, auch dann nicht ausschließlich auf den Ertrag meiner litera-
rischen Arbeit angewiesen sein, trotzdem aber habe ich oder der tief in
mir sitzende Beamte, was dasselbe ist, vor jener Zeit eine bedrückende
Angst; ich hoffe nur, daß Sie, verehrter Herr Wolff, mich dann, voraus-
gesetzt daß ich es halbwegs verdiene, nicht ganz verlassen. Ein Wort
von Ihnen, schon jetzt darüber gesagt, würde mir, über alle Unsicher-
heit der Gegenwart und Zukunft hinweg, doch viel bedeuten.

Kurt Wolff antwortete umgehend und sagt »mit aufrichtigster, freudigster Bereitwilligkeit« für die Zeit nach dem Krieg eine »fort-laufende materielle Förderung« zu.

Kafka war also immer noch entschlossen, sein Leben grundlegend zu ändern. Auch wenn die Zweifel in Bezug auf Felice wieder ge-wachsen waren, so konnte er andererseits auf eine gute Schreibphase zurückblicken, und das gab ihm Mut. Kurt Wolffs positive Antwort bestärkte ihn.

Doch dann kommt es am 11. August 1917 um 4 Uhr morgens zum ersten Blutsturz, in der Nacht darauf zum zweiten. Eine Vorahnung hatte es gegeben. Im Tagebuch notierte er unmittelbar vor dem ers-ten Blutsturz: ›*Nein, laß mich, nein laß mich!*‹ *So rief ich unaufhörlich die Gasse entlang und immer wieder faßte sie mich an, immer wieder schlugen von der Seite oder über meine Schultern hinweg die Krallen-hände der Sirene in meine Brust.*

Nach diesen beiden Blutstürzen, die später als Ausbruch der Tu-berkulose diagnostiziert wurden, notierte er: *Falls ich in nächster Zeit sterben oder gänzlich lebensunfähig werden sollte – diese Möglichkeit ist groß da ich in den letzten zwei Nächten starken Bluthusten hatte – so darf ich sagen, daß ich mich selbst zerrissen habe. Wenn mein Vater früher in wilden aber leeren Drohungen zu sagen pflegte: Ich zerreiße Dich wie einen Fisch – tatsächlich berührte er mich nicht mit einem Fin-ger – so verwirklicht sich jetzt die Drohung von ihm unabhängig. Die*

Welt – F (elice) ist nur ihr Repräsentant – und mein Ich zerreißen in unlösbarem Widerstreit meinen Körper.

Kafka war alarmiert und reagierte doch auch zugleich mit eigenartiger Gelassenheit, fast Erleichterung. So als sei alles nun entschieden, Ehe, Familie, Beruf – damit sei es endlich vorbei. Bleibt nur die wahre und einzige Leidenschaft – das Schreiben. Sein erster Gedanke war es deshalb auch, sofort die Pensionierung zu beantragen. Doch da man ihn als wertvollen Mitarbeiter unbedingt halten wollte, was ihm natürlich auch schmeichelte, bestand er nicht darauf. Auch die explizite Auflösung der inoffiziellen Verlobung vom Sommer 1916 wagte er Felice gegenüber zunächst noch nicht direkt auszusprechen. Doch innerlich war die Trennung bei ihm bereits vollzogen – auch dafür war der Blutsturz ein Auslöser –, äußerlich erfolgte sie dann beim letzten Treffen Weihnachten 1917 in Prag.

Nach einer trostlos verlaufenen Aussprache mit Felice saß Kafka am ersten Weihnachtstag bei Max Brod im Büro und weinte, wohl weniger um sich als um sie. Er ist dann auch ein Jahr später aufrichtig erleichtert bei der Nachricht von Felices Heirat.

Kafka wollte sein Leben ändern. Der erste Schritt allerdings wirkt auf den ersten Blick wie eine Regression. Er kündigte aus Gesundheitsrücksicht die feuchte Wohnung im Schönbornpalais und zog wieder bei den Eltern ein. Vorerst allerdings nur für einige Wochen. Mitte September 1917, nach der offiziellen Tuberkulose-Diagnose, beantragte er einen Genesungsurlaub, der ihm auch gewährt wurde, und zog sich in das zwei Bahnstunden von Prag entfernte Dorf Zürau zurück, wo die Schwester Ottla ein kleines landwirtschaftliches Anwesen betrieb. Auf drei Monate war der Genesungsurlaub ursprünglich terminiert, wurde dann aber, auf seinen Antrag hin, mehrfach verlängert. Am 2. Mai 1918 trat Kafka seine Arbeit an der AUVA wieder an. Mit kurzen Unterbrechungen hatte er die ganze Zeit bei der Schwester in Zürau verbracht.

Zu Beginn dieses Rückzugs hatte er Max Brod gegenüber geäußert: *Was ich zu tun habe, kann ich nur allein tun. Über die letzten Dinge klar werden.*

Drei besonders prägnante Zeugnisse bekunden, dass Kafka den Ausbruch der Krankheit als Zäsur in einer fast trotzigen Entschlossenheit verstand: An Max Brod schreibt er: *Einen neuen in dieser Vollständigkeit bisher nicht für möglich gehaltenen Ausweg, den ich aus eigenen Kräften (soweit die Tuberkulose nicht zu ›meinen Kräften‹ gehört) nicht gefunden hätte, sehe ich jetzt … Er besteht darin, er würde darin bestehn, daß ich nicht nur privat, nicht nur durch Bei-Seite-Sprechen, sondern offen, durch mein Verhalten eingestehe, daß ich mich hier nicht bewähren kann … Die nächste Folge würde dann sein, daß ich mich zusammenhalte, mich nicht in Sinnlosem verzettle, den Blick frei halte.* Er will aufhören, seine Mängel zu beklagen und sich zu rechtfertigen; das übliche Leben, das man von ihm erwartet, ist einfach nicht möglich, er kann sich nicht darin *bewähren*. Es ist nicht seine Sache. Er will sein Leben führen ohne Ehe, Familiengründung und was sonst noch zur gewöhnlichen Einbürgerung gehören mag. Ein Leben allein für das Schreiben.

Das zweite Zeugnis dieses Willens zum Neuanfang ist die Tagebucheintragung vom 15. September 1917, also vom Tag der Ankunft in Zürau: *Du hast soweit diese Möglichkeit überhaupt besteht, die Möglichkeit einen Anfang zu machen. Verschwende sie nicht. Du wirst den Schmutz, der aus Dir aufschwemmt, nicht vermeiden können, wenn Du eindringen willst. Wälze Dich aber nicht darin.* Das Schreiben soll ihn vor solchen Selbsterniedrigungen bewahren. Es wird ihm Augenblicke des Glücks schenken, *falls ich die Welt ins Reine, Wahre, Unveränderliche heben kann.*

Das dritte Zeugnis des Bewusstseins eines Neuanfangs ist die Tagebucheintragung vom 10. November 1917: *Das Entscheidende habe ich bisher nicht eingeschrieben, ich fließe noch in zwei Armen. Die wartende Arbeit ist ungeheuerlich.* Dieser Eintrag ist deshalb besonders bemerkenswert, weil er hier ausdrücklich etwas Vielversprechendes in sich selbst entdeckt, das darauf wartet, von ihm ans Licht gebracht zu werden.

In diesen Monaten füllte Kafka seine Notizbücher mit Aufzeichnungen, in denen er sich Rechenschaft ablegt und sein Denken erkundet über Gott und die Welt, über die Kunst, über sich selbst und über seinen bisherigen Lebensweg. Das waren zwar schon immer die Themen seiner Aufzeichnungen, doch sie bekommen in dieser Grenzsituation eines Zusammenbruchs und eines Neuanfangs etwas Entschiedenes und Forciertes.

Gegen Ende seines Aufenthaltes in Zürau sah er die Aufzeichnungen noch einmal durch und traf eine durchnummerierte Auswahl, offenbar mit der Absicht einer späteren Veröffentlichung. Längst nicht alle Aufzeichnungen dieser Monate wurden in diese Sammlung aufgenommen, vor allem diejenigen nicht, in denen es allzu explizit um die Beurteilung des eigenen Lebens geht. Das gilt zum Beispiel für die folgende Aufzeichnung: *Es ist nicht Trägheit, böser Wille, Ungeschicklichkeit – wenn auch von alledem etwas dabei ist weil ›das Ungeziefer aus dem Nichts geboren wird‹ – welche mir alles mißlingen oder nicht einmal mißlingen lassen: Familienleben, Freundschaft, Ehe, Beruf, Litteratur, sondern es ist der Mangel des Bodens, der Luft, des Gebotes. Diesen zu schaffen ist meine Aufgabe ... Es ist sogar die ursprünglichste Aufgabe oder zumindest ihr Abglanz, so wie man beim Ersteigen einer luftdünnen Höhe plötzlich in den Schein der fernen Sonne treten kann ... Ich habe von den Erfordernissen des Lebens gar nichts mitgebracht, so viel ich weiß, sondern nur die allgemeine menschliche Schwäche, mit dieser – in dieser Hinsicht ist es eine riesenhafte Kraft – habe ich das Negative meiner Zeit, die mir ja sehr nahe ist, die ich nie zu bekämpfen sondern gewissermaßen zu vertreten das Recht habe, kräftig aufgenommen, an dem geringen Positiven ... hatte ich keinen ererbten Anteil. Ich bin nicht von der allerdings schon schwer sinkenden Hand des Christentums ins Leben geführt worden wie Kierkegaard und habe nicht den letzten Zipfel des davonfliegenden jüdischen Gebetsmantels noch gefangen wie die Zionisten. Ich bin Ende oder Anfang.* Die Lebensbilanz erscheint zunächst niederschmetternd. Alles ist ihm misslungen: die Familie, die ihn bedrängt, die er aber auch nicht verlassen kann. Die Ehe, zweimal hat er sich inzwischen entlobt. Die Literatur, Schreiben ist ihm die eigentliche Lebensleidenschaft, doch nur weniges bringt er zum Abschluss. Der Beruf, dort wird er zwar geachtet, doch er selbst schätzt ihn nicht. Kafkas Diagnose lautet also: gescheitert in jeder Hinsicht. Verantwortlich dafür macht er den *Mangel des Bodens, der Luft, des Gebots.* Es fehlt also die Verankerung in einer sinnspendenden Gemeinschaft. Ohne deren Schutz ist er dem *Negativen* der Zeitumstände ausgeliefert. Das *Positive* hat ihn kaum berührt, keine Religion hat ihm wirklich Halt gegeben, nicht die christliche, auch nicht die jüdische. Der *jüdische Gebetsmantel* ist ihm davongeflogen.

Trotzdem ist diese Notiz nicht resignativ gestimmt. Er traut sich nämlich zu, aus eigenem zu schaffen, was ihm fehlt: *Boden, Luft, Gebot.* Er spürt in sich etwas, das er in einer Aufzeichnung aus derselben Zeit *gnadenweiser Überschuß der Kräfte* nennt. Er lässt sich nicht niederdrücken, energisch rafft er sich dazu auf, seine geistigen Bestände zu sichten und zu sichern. Wie weit kommt man bei der Erkundung der *letzten Fragen?* Es sind vorsichtige, sich vortastende Gedankengänge, die er erkundet, Gedankensplitter, Einfälle, die er da notiert.

Er schreibt nicht sehr viel in diesen Monaten, er ist häufig an der frischen Luft, hilft beim Gemüseanbau, versorgt die Tiere, repariert Zäune, wandert in der Gegend herum, liest Kierkegaard im Liegestuhl vor dem Haus; abends in der Stube und nachts plagen ihn die Mäuse. Nur langsam füllt sich das Notizbuch, es gibt zur Zeit keine eruptiven Schreibschübe, die Hunderte von Seiten hervorbringen.

Er erzählt nicht, er erprobt vielmehr die aphoristische Schreibweise, *Bruchstücke eines Ganzen* möchte er notieren. Er sieht die Gefahr, dass er sich im eigenen Leben verirrt. Er sieht vage, aber vielversprechend etwas vor sich, was er *die größte Aufgabe* nennt, eine Aufgabe, so ermahnt er sich selbst, die er gewiss verfehlen würde, *wenn Du dich nicht so zusammenfassen kannst, daß Du wenn es zur Entscheidung kommt, Dein Ganzes in einer Hand so zusammenhältst wie einen Stein zum Werfen.*

Aber ist es überhaupt möglich, sich als etwas Ganzes so in die Gewalt zu bekommen, wie man einen *Stein* in die Hand nimmt? Dazu müsste man sich zu etwas eindeutig Definierbarem machen können. Das setzt aber eine ruhige Beobachtung voraus. Ist diese in Bezug auf den inneren Menschen überhaupt möglich? Kafkas Antwort: *es gibt keine Beobachtung der innern Welt, so wie es eine der äußeren gibt.*

Auf Selbsterkenntnis kommt es Kafka nach wie vor an; er unterscheidet sie aber von der Selbstbeobachtung. Selbsterkenntnis hat das Selbst nicht als etwas Äußeres vor sich, als Objekt, sondern in ihr verschmilzt das, was erkennt, mit dem Erkannten. Subjekt und Objekt sind eins. Anders ist es bei der Beobachtung. Sie erfolgt von außen, sie vermischt sich nicht mit dem Beobachteten. Deshalb gilt: *Erkenne Dich selbst bedeutet nicht: Beobachte Dich.*

Zur Selbstbeobachtung wird man verleitet, wenn man allzu dicht und allzu häufig von Menschen umgeben ist und deshalb sich daran gewöhnt, mit den anderen zusammen, also von außen und mit fremden Augen, auf sich selbst zu blicken. *Verkehr mit Menschen verführt zur Selbstbeobachtung.*

Beobachtung bleibt draußen. Erkenntnis dringt tiefer, doch es bleibt eine Grenze des Unerkennbaren. Kafka nennt das, was sich nicht für die Beobachtung oder Erkenntnis vergegenständlichen lässt, die *Seele.* Sie lebt und wirkt und bleibt dabei doch für sich selbst undurchsichtig. Ist es ein Mangel, die eigene Seele nicht erkennen zu können? Nein, sagt Kafka, diese Undurchsichtigkeit ist ihr Lebensprinzip. Was aber geschieht mit ihr, wenn sie doch vom Erkenntnisstrahl getroffen wird? Sie verliert ihre Unbefangenheit, wird gelähmt und verliert einen Teil ihrer Lebendigkeit. Kafka verweist auf die Sündenfall-Geschichte. Auch dort bedeutet ja vom Baume der Erkenntnis zu essen den Verlust der Unbefangenheit.

Diese Überlegungen kreisen um das Verhältnis von Bewusstsein und Sein. Um die paradoxe Erfahrung, dass im Bewusstsein sich genau jenes Sein entziehen kann, das man selbst – ist.

So also tastet sich Kafka vor, vom Bewusstsein zum Sein. Es geht dabei zunächst nicht um irgendein höheres Sein, um Gott etwa, sondern um jenes Sein, das man selbst ist. Kafka nennt es *Seele* oder auch das *Unzerstörbare*.

Das Nachdenken über dieses *Unzerstörbare* führt ihn schließlich doch zum Thema Gott: *Der Mensch kann nicht leben ohne ein dauerndes Vertrauen zu etwas Unzerstörbarem, wobei sowohl das Unzerstörbare als auch das Vertrauen ihm dauernd unbekannt bleiben können. Eine der Ausdrucksmöglichkeiten dieses Verborgen-Bleibens ist der Glaube an einen persönlichen Gott.*

Er legt hier nicht etwa ein Bekenntnis seines Gottesglaubens ab, sondern versucht eine Deutung solchen Glaubens. Was zeigt sich darin? Und was tun wir eigentlich, wenn wir glauben? Kafkas Antwort: Solcher Glaube an einen persönlichen Gott ist eine Form des grundlegenden Vertrauens in die eigene Unzerstörbarkeit. Die Pointe dabei ist, dass dieses Vertrauen *unbekannt* bleibt. Und weil es *unbekannt* ist, wird es auf das Bild eines persönlichen Gottes projiziert.

Es wird nicht recht deutlich, was Kafka unter der *Unzerstörbarkeit* im Menschen genau versteht. Ist es die platonisch-christliche, auch jüdische Vorstellung von der Unsterblichkeit der Seele? Jedenfalls bewegt sich Kafka in dem entsprechenden Vorstellungskreis, wenn auch höchst eigenwillig, etwa, wenn er schreibt: *Man schämt sich nicht mehr, sterben zu wollen; man bittet aus der alten Zelle, die man haßt, in eine neue gebracht zu werden, die man erst hassen lernen wird. Ein Rest von Glauben wirkt dabei mit, während des Transportes werde zufällig der Herr durch den Gang kommen, den Gefangenen ansehn und sagen: ›Diesen sollt Ihr nicht wieder einsperren. Er kommt zu mir.‹*

Nicht nur von der Unsterblichkeit der Seele ist hier die Rede, sondern auch von der Seelenwanderung, im buddhistischen Sinne sogar. Die Seele wandert durch den Gestaltenkreis der Lebewesen, bis sie irgendwann vom Verhängnis der Wiederverkörperung erlöst wird. Solche Vorstellungen passen zu der von Kafka dargestellten Szene, die allerdings keinen Glaubenssatz verkündet, sondern eine Metaphorik entfaltet.

Kafka hatte in Zürau nicht nur Kierkegaard gelesen, sondern auch Schopenhauer. Bei ihm konnte er in den »Parerga und Paralipomena« eine Betrachtung finden unter dem Titel »Zur Lehre von der Unzerstörbarkeit unseres wahren Wesens durch den Tod«. Bei Schopenhauer aber ist es nicht die platonisch-christlich verstandene Seele, die unzerstörbar, also unsterblich ist, sondern es ist der »Wille«, diese vitale Grundsubstanz, die sich in die unendliche Mannigfaltigkeit der Einzelwesen zerteilt, aber als Ganzes unzerstörbar bleibt. Der Wille also, als das Elementare, ist unzerstörbar, nicht die als Geist verstandene Seele. Das Elementare lebt fort, nicht die sublime Spiegelung im individuellen Bewusstsein. Unzerstörbar also ist nicht das jeweils besondere Ich, sondern der zugrunde liegende Wille. Das heißt dann aber auch: das Unzerstörbare gibt es, aber nicht für mich, da mein Ich ja verschwunden ist. Kann solche *Unzerstörbarkeit* als tröstliche Perspektive gelten? Für Schopenhauer ja, denn die Illusionen des Ichs, die Selbstüberschätzung des winzigen Individuums im »Ozean« des Lebendigen ist man los. Der Tod ist für Schopenhauer das Erwachen aus einem bösen Traum. Das Leben insgesamt wird zwar in anderen Individuen weiterträumen, hier in meinem Falle ist der Traum jedoch zu Ende. Was mich erwartet ohne dieses »Ich« und »mich«, bleibt das große Geheimnis; Schopenhauer nennt es das »unzerstörbare Urwesen«, das jeder jenseits der Ich-Schranken ist. Entscheidet sich Kafka, dem es bei der Unzerstörbarkeit ja auch um eine tröstliche Perspektive geht, für die platonisch-christliche Seelenunsterblichkeit oder die schopenhauerische Willens-Unsterblichkeit, für die spirituelle oder die eher naturalistische Seite? Er ist von beiden Polen angezogen, also unentschieden. Dieses Offenbleiben entspricht auch dem Charakter dieser Aufzeichnungen, in denen ja nicht Bekenntnisse abgelegt, sondern Gedanken probiert und erkundet werden.

Kafka ist also angezogen von beiden Polen, dem spirituellen und dem naturalistischen, und das führt selbstverständlich zu einer Spannung. Sie wird in einer Notiz explizit zum Thema gemacht. *Er ist ein freier und gesicherter Bürger der Erde, denn er ist an eine Kette gelegt, die lang genug ist, um ihm alle irdischen Räume frei zu geben und doch nur so lang, daß nichts ihn über die Grenze der Erde reißen kann. Gleichzeitig aber ist er auch ein freier und gesicherter Bürger des Himmels, denn er ist auch an eine ähnlich berechnete Himmelskette gelegt. Will er nun auf die Erde drosselt ihn das Halsband des Himmels, will er in den Himmel jenes der Erde. Und trotzdem hat er alle Möglichkeiten und fühlt es.*

Hier findet Kafka ein einprägsames Bild für seine religiöse Grundspannung. Sich ganz auf die Logik und die Anforderungen der naturalistisch verstandenen *Welt* einzulassen, daran hindert ihn eine unterschwellig spirituelle Bindung. Der Religion aber, in seinem Fall der jüdischen, kann er sich auch nicht ganz überlassen, daran hindert ihn sein Naturalismus oder, wie es in der bereits zitierten Lebensbilanz heißt, das *Negative meiner Zeit*. Doppelte Anziehung, doppelte Hemmung. Manchmal ist die platonische Kraft stärker, dann notiert er: *Es gibt nichts anderes als eine geistige Welt; was wir sinnliche nennen ist das Böse in der geistigen.* Manchmal ist die andere, die realistische Kraft stärker, dann heißt es: *Man darf niemanden betrügen, auch nicht die Welt um ihren Sieg.*

Darüber hinaus spürt Kafka noch eine Spannung im spirituellen Feld selbst.

Zum einen ist für ihn der religiöse Glaube etwas, was in Gemeinschaft vollzogen und auch nur dort gelebt werden kann. Glaube ist nur möglich als Mit-Glaube, es gehört dazu die Verankerung in einer rituell bestimmten gemeinsamen Lebenswelt. Kafka spricht in diesem Zusammenhang von der Gemeinsamkeit *des Bodens, der Luft, des Gebots.* Als Einzelner, sagte er einmal zu Max Brod, lebt man in der Lüge, *erst im Chor mag eine gewisse Wahrheit liegen.*

Andererseits ist für ihn der Glaubensakt Ausdruck einer auf die Spitze getriebenen Individualisierung. Das innigste religiöse Verhältnis ist eines, worin man sich ganz allein mit seinem Gott weiß, im schroffen Gegensatz zur Welt, die voll Teufel sein mag. Kierkegaard, den er in diesen Monaten las, war für ihn ein Exponent dieses radikalen Glaubensindividualismus, der für ihn manches Faszinierende hatte. Aus Zürau schreibt Kafka im Anschluss an seine Kierkegaard-Lektüre an Brod: *Nun will sich allerdings das religiöse Verhältnis offenbaren, kann das aber nicht in dieser Welt, darum muß der strebende Mensch sich gegen sie stellen, um das Göttliche in sich zu retten oder, was das gleiche ist, das Göttliche stellt ihn gegen die Welt, um sich zu retten. So muß die Welt vergewaltigt werden …*

Kierkegaard hatte in »Furcht und Zittern« für solche Vergewaltigung durch einen Glaubenshelden das Beispiel Abrahams gewählt. Abraham ist bereit, mit beispielloser Radikalität als Einzelner eine ganze sittliche Ordnung umzustoßen und seinen Sohn zu opfern. Ein Befehl Gottes, an ihn allein. Dadurch aber wird dieser Gott ein Gott für ihn allein, und dieser Gott *stellt ihn gegen die Welt.* Könnte es sich hier nicht um eine aberwitzige Selbsttäuschung handeln, eine frevelhafte Selbsterhöhung, oder kommt hier ein Glaube zum Vorschein, der höher ist als alle Vernunft? So fragt Kierkegaard, und auch Kafka lässt von nun an die Figur des Abraham nicht mehr los.

Einige Jahre später, in einem Brief an Robert Klopstock, den Freund der letzten Jahre, spinnt er das Abraham-Motiv fort. Das Erstaunliche, schreibt er dort, ist doch nicht die glaubensgegründete

Opferbereitschaft; viel erstaunlicher ist die Sicherheit, mit der Abraham sich so ohne jeden Zweifel gemeint fühlen konnte bei einem solchen offenbar nur an ihn gerichteten Gebot Gottes. Kafka stellt sich einen anderen Abraham vor, der womöglich fatale Ähnlichkeit mit ihm selbst hätte, eben einen, der nicht glauben kann, dass er gemeint ist, und der fürchtet, er werde, wenn er mit seinem Sohn losreitet, nicht Entsetzen verbreiten, sondern *die Welt werde sich bei seinem Anblick totlachen*. Ein Abraham, der etwas falsch verstanden hat, einer, der gar nicht gemeint war. *Es ist so wie wenn der beste Schüler feierlich am Schluß des Jahres eine Prämie bekommen soll und in der erwartungsvollen Stille der schlechteste Schüler infolge eines Hörfehlers aus seiner schmutzigen letzten Bank hervorkommt und die ganze Klasse losplatzt.*

Das ist das Risiko des radikal individualisierten Glaubens: man kann mit seinem Glauben alleine bleiben – bis zum Verbrechen oder bis zum Gespött. Im Brief an Klopstock rückt Kafka die Figur Abrahams in die Nähe von Don Quixote, diesem Glaubenshelden von der traurigen Gestalt, weil der in romantischer Verwirrung ein paar Dinge einfach falsch verstanden hat. Nur dass Don Quixote gegen Mühlen kämpft und Abraham bereit ist, seinen Sohn zu schlachten. Die Einsamkeit des Glaubens kann also auch Ungeheuer hervorbringen.

Wie aber, wenn Religion und Glaube, ob nun im kollektiven oder individuellen Sinn, überhaupt an Kraft verlieren oder sich entleeren? Diesen zweiflerisch-melancholischen Gedanken deutet Kafka in einer tragikomischen Parabel an: *Es wurde ihnen die Wahl gestellt Könige oder der Könige Kuriere zu werden. Nach Art der Kinder wollten alle Kuriere sein. Deshalb gibt es lauter Kuriere, sie jagen durch die Welt und rufen, da es keine Könige gibt, einander selbst die sinnlos gewordenen Meldungen zu. Gerne würden sie ihrem elenden Leben ein Ende machen, aber sie wagen es nicht wegen des Diensteides.*

Diese Parabel variiert jene andere, bereits besprochene Parabel über die *kaiserliche Botschaft*, die nie ankommt, weil sie sich in der

Zeit, im Raum und in den Menschenmassen verliert. Hier nun sind die Kuriere flink unterwegs, aber sie haben keine Botschaft. Und doch bleibt der Betrieb aufrechterhalten – wegen einer eigentümlichen Anhänglichkeit, *Diensteid* genannt. Die Instanz aber, der gedient wird, gibt es nicht mehr. Das Zentrum ist leer.

Doch ist es wirklich leer? Ist die Transzendenz nur noch eine Illusion? Kafka greift noch einmal die Idee von der Unzerstörbarkeit auf. *Glauben heißt: das Unzerstörbare in sich befreien oder richtiger: sich befreien oder richtiger: unzerstörbar sein oder richtiger: sein.*

Und was bedeutet dann – Sein? Kafka antwortet mit einer Sprachbetrachtung: *Das Wort ›sein‹ bedeutet im Deutschen beides: Dasein und Ihm-gehören.*

Kafka bemerkt, wie er mit seinen Überlegungen, nicht nur beim Thema Religion, nach Halt und Orientierung sucht. Vielleicht ist dieses forcierte Streben nach Vergewisserung überhaupt falsch, erwägt er. Vielleicht sollte man noch viel radikaler loslassen. *Der Geist wird erst frei, wenn er aufhört, Halt zu sein*, notiert er.

Unter den Aufzeichnungen gibt es bisweilen solche, die Ausdruck eines dezidierten Willensimpulses sind. Das gilt zum Beispiel für diese Notiz über den freien Geist. Hier ermuntert er sich dazu, die ängstigenden Rechtfertigungszwänge, die Selbstanklagen, die Selbstverkleinerungen zu überwinden, die ihm in solchen Augenblicken als die negative Folge der ängstlichen Suche nach Halt erscheinen. Verzichtet man auf diesen Halt, wird auch die Litanei der Selbstvorwürfe gegenstandslos. Denn die Schuldgefühle und die Selbsterniedrigungen ergeben sich ja in der Regel im Blick auf die vorgeblich haltgebenden Anspruchsgrößen. Sie umfassen das, was er die *Welt* nennt, etwa, wenn er notiert: *Im Kampf zwischen Dir und der Welt, sekundiere der Welt.*

Der freie Geist demgegenüber wäre einer, der die *Welt* nicht als Instanz der Selbstherabsetzung fürchtet, sondern offen ist für das, was Kafka die *Verführungsmittel dieser Welt* nennt.

Hier wird die Verführungskraft der Welt nicht ängstlich zurückgewiesen. Das hängt wohl auch damit zusammen, dass er nach dem Blutsturz durch diese Aufzeichnungen wieder dieses eigenartige Machtgefühl beim Schreiben gespürt hat, das dann in der letzten Aufzeichnung dieser Sammlung geradezu trotzig zum Vorschein kommt: *Es ist nicht notwendig, daß Du aus dem Haus gehst. Bleib bei Deinem Tisch und horche. Horche nicht einmal, warte nur. Warte nicht einmal, sei völlig still und allein. Anbieten wird sich Dir die Welt zur Entlarvung, sie kann nicht anders, verzückt wird sie sich vor Dir winden.*

Nach dem Nachdenken über Gott und die Welt, über Sein und Bewusstsein, Selbsterkenntnis und Selbstbeobachtung und über das Unzerstörbare im Menschen ist am Ende dieser Aufzeichnungsreihe wieder vom Schreiben selbst die Rede, von dem Augenblick, da sich die Welt *verzückt* vor einem Autor windet, der sie in Worte fassen will und der das zum eigenen Erstaunen auch kann.

Während dieser Monate in Zürau aber bricht eine ganze Welt zusammen, wenn auch nicht in unmittelbarer Nähe. Dort führt er ein beschränktes Dorfleben, *frei im geistigen Sinn, möglichst wenig bedrückt von Um- und Vorwelt.* Im weiteren Umkreis aber vollziehen sich dramatische Veränderungen, von denen sich aber zunächst nur wenig Spuren in den Aufzeichnungen finden. Im Dezember 1917 notiert er *Waffenstillstand mit Russland* und unmittelbar danach: *Der Messias wird erst kommen, wenn er nicht mehr nötig sein wird.* Die sich überschlagenden revolutionären Ereignisse in Russland kommentiert er: *Der entscheidende Augenblick der menschlichen Entwicklung ist, wenn wir unseren Zeitbegriff fallen lassen immerwährend. Darum sind die revolutionären geistigen Bewegungen, welche alles frühere für nichtig erklären im Recht, denn es ist noch nichts geschehn.*

Im Osten kommt der Krieg zum Ende, die russische Monarchie bricht zusammen, und es beginnt dort der Bürgerkrieg, der Untergang des Habsburgreiches zeichnet sich ab, in Prag kommt es im Winter 1917/18 zu Hungerrevolten, Streiks. Tschechische Nationalisten demonstrieren, es dauert nicht mehr lange bis zur Gründung eines tschechoslowakischen Staates; im Vorfeld kommt es zu Feindseligkeiten zwischen Deutschen und Tschechen und beider gegen die Juden, deren Stellung noch prekärer wird, denn der Vielvölkerstaat hatte immerhin gegen den Antisemitismus der nationalistischen Bewegungen einen gewissen Schutz geboten.

Das alles nimmt Kafka wahr, aber es wird in seine Reflexionen nur selten ausdrücklich thematisiert. Und doch wirkt es auf sein Lebensgefühl ein: nicht nur der persönliche, sondern auch der geschichtliche Boden schwankt nun bedrohlich. Wie darauf reagieren? Kann man sich irgendwohin in Sicherheit bringen, oder ist es besser, sich in stoischer Gelassenheit zu üben?

In dieser Situation greift Kafka nochmals auf die Idee des *Unzerstörbaren* zurück. *Diese Welt*, notiert er, *ist unsere Verirrung, als solche ist sie aber selbst ein Unzerstörbares, oder vielmehr etwas das nur durch seine Zu-ende-führung, nicht durch Verzicht zerstört werden kann.* Das heißt: die Verirrung verschwindet nicht, bloß weil wir glauben, ihr ein Ende bereiten zu können. Verirrungen dauern bis zu ihrem bitteren Ende. Jeder Versuch, vorzeitig aus ihnen herauskommen zu wollen, geht in die nächste Verirrung über.

Ende April 1918, nach acht Monaten, kehrt Kafka nach Prag zurück. Die Beurlaubung ist zu Ende. Zürau hat ihm gutgetan. Da er viel an der frischen Luft war, ist er gebräunt. Er sieht aus wie ein Sommerfrischler. Er hat ein wenig an Gewicht zugenommen. Er fühlt sich für seine Verhältnisse recht wohl. Einen weiteren Blutsturz hat es nicht gegeben. Und ein paar Einsichten hat er gewonnen.

Zwei davon notiert er unmittelbar vor seiner Rückkehr nach Prag. Die eine: *Der Weg zum Nebenmenschen ist für mich sehr lang.* Die andere: *Die Religionen verlieren sich wie die Menschen.*

Max Brod hat die Aufzeichnungen aus Zürau später unter dem Titel »Betrachtung über Sünde, Leid, Hoffnung und den wahren Weg« herausgegeben. Das rückt sie in die Nähe eines religiösen Bekenntnisses. Dabei handelt es sich doch eher um vorsichtige Erkundungen, Überprüfungen, Versuche in diesem Feld, wo nicht das Religiöse in seiner Kraft, sondern in seinem Entzug sich zeigt. Eine Suchbewegung. Doch deutlich wird auch: Kafka versucht im Blick auf Transzendenz den Fuß in der Tür zu behalten, damit sie nicht zufällt.

ZEHNTES KAPITEL

Julie Wohryzek. Der »Brief an den Vater«.
Das raffinierte Spiel mit den Schuldgefühlen.
Das komische Mysterium des Odradek und
»Die Sorge des Hausvaters«

Am 2. Mai 1918 kehrte Kafka zu seinem Dienst bei der AUVA wieder zurück. Die vertraute Habsburgwelt veränderte sich von Tag zu Tag. Das Erstarken der tschechischen Nationalbewegung machte sich auch unmittelbar in der AUVA bemerkbar. Zwar konnten sich die Kafka so wohlgesinnten österreichisch-deutschen Vorgesetzten, Marschner und Pohl, noch eine Weile auf der Führungsebene halten, doch Anfang des nächsten Jahres, 1919, mussten sie dem neuen tschechischen Führungspersonal weichen. Für Kafka hatte das jedoch keine negativen Auswirkungen, denn seine Arbeit wurde auch von der neuen Leitung so sehr geschätzt, dass man ihn trotz seines schlechten Gesundheitszustandes als Mitarbeiter halten wollte.

In diesen äußerlich turbulenten Verhältnissen ging es Kafka für seine Verhältnisse recht gut. In der Freizeit studierte er Hebräisch und absolvierte eine Lehre in praktischer Gartenkunde. In Zürau hatte er mit dem Gärtnern angefangen und Gefallen daran gefunden. Gartenarbeit und Hebräisch verstand er als eine Art Vorbereitung für eine mögliche Auswanderung nach Palästina; beides könne man dort, so dachte er, gut gebrauchen. Konkretere Reisevorbereitungen traf er nicht. Es genügte ihm, sich die Möglichkeit einer Auswanderung offenzuhalten.

Als sich am 28. Oktober 1918 die politischen Ereignisse zuspitz-
ten und nach tagelangen Demonstrationen und Straßenkrawallen
auf dem Wenzelsplatz die tschechische Republik ausgerufen wurde
und der neu gebildete jüdische Nationalrat, dem Max Brod ange-
hörte, kulturelle Anerkennung und Autonomie im Rahmen dieses
neuen Staates forderte, lag Kafka mit einer Spanischen Grippe im
Bett. Trotz der Tuberkulose war sein Körper noch widerstandsfähig
genug, um die Grippe zu überstehen.

Doch kaum von der Grippe genesen, setzte bei ihm wieder das
Fieber der Tuberkulose ein. Man bewilligte ihm einen Genesungsurlaub, und er reiste am 22. Januar 1919 in den nahe gelegenen Kurort Schelesen, wo er zunächst als einziger Gast drei Wochen in der
Pension »Stüdl« blieb. Da sich sein Zustand nicht verbesserte, wurde der Genesungsurlaub verlängert, und so verbrachte er zwischen
dem 22. Januar und Ende März 1919 noch einmal zwei Monate in der
Pension. Dort hatte sich inzwischen auch eine 28-jährige ebenfalls
tuberkulosekranke tschechische Jüdin einquartiert, Julie Wohryzek,
Tochter eines Schusters und Synagogendieners.

Für die Liebesgeschichte zwischen den beiden, die in diesen Wochen begann, sich über ein ganzes Jahr hinzog und schließlich zu
einer dritten Verlobung führt, gibt es nur wenige Quellen; dazu gehören zwei Briefe, der eine an Max Brod aus der Anfangszeit der
Affäre und der andere an Julies Schwester Käthe Nettel, der rückblickend eine ausführliche Schilderung dieser Beziehung enthält.

Im Brief an Max Brod vom 8. Februar 1919 schildert Kafka seine
neue Bekanntschaft: *Eine gewöhnliche und eine erstaunliche Erscheinung ... Nicht Jüdin und nicht Nicht-Jüdin, insbesondere nicht Nicht-
jüdin, nicht Deutsche, nicht Nicht-Deutsche, verliebt in das Kino, in
Operetten und Lustspiele, in Puder und Schleier, Besitzerin einer un-
erschöpflichen und unaufhaltbaren Menge der frechsten Jargonaus-
drücke, im ganzen sehr unwissend, mehr lustig als traurig – so etwa ist
sie. Will man ihre Volkszugehörigkeit genau umschreiben, muß man*

sagen, daß sie zum Volk der Komptoiristinnen gehört. Und dabei ist sie im Herzen tapfer, ehrlich, selbstvergessen, – so große Eigenschaften in einem Geschöpf, das körperlich gewiß nicht ohne Schönheit aber so nichtig ist, wie etwa die Mücke, die gegen mein Lampenlicht fliegt. Offenbar will Kafka etwas für die jüdische Bildung dieser jungen Frau tun, denn er erbittet von Brod dessen jüngste Schrift »Die dritte Phase des Zionismus«. Postwendend schickt Brod das Buch, und Kafka antwortet: *das Fräulein läßt Dir sehr danken, sie hat es gründlich gelesen und sogar auffallend verstanden, allerdings mit einer besondern Art mädchenhaften Augenblicksverständnisses. Sie ist übrigens nicht so beziehungslos gegenüber dem Zionismus, als ich anfangs dachte.* Das sei allerdings nicht so erstaunlich, denn er habe inzwischen erfahren, dass ihr im Krieg gefallener Bräutigam Zionist gewesen sei. Ihre beste Freundin übrigens versäume, schreibt Kafka, keinen Vortrag von Max Brod.

Diese *nichtige* junge Frau ist offenbar doch mehr als eine *Mücke, die gegen sein Lampenlicht fliegt.* Mehr erfährt Max Brod einstweilen nicht von dieser Geschichte, die sich da angesponnen hat. Später, im September des Jahres, als Max Brod von Kafka in die Heiratspläne eingeweiht worden war, erfuhr Brod von einer Freundin, dass über Julie üble Gerüchte kursierten. Er notiert im Tagebuch: »alles Dirnen … Wie es ihm sagen?« Jedenfalls hat Brod dem Freund diese Gerüchte mitgeteilt. Wieder einmal wurde ein Auskunftsbüro eingeschaltet. Kafka selbst ließ sich wohl nicht beirren, er kannte Julie besser.

Der Brief an Käthe Nettel wurde am 24. November 1919 geschrieben, zu einem Zeitpunkt also, da der Heiratstermin bereits abgesagt war. Kafka wollte in diesem ausführlichen Schreiben der Schwester verständlich machen, weshalb er trotzdem an Julie festhalten wolle. Der Brief schildert den *merkwürdigen* Anfang der Geschichte: *Wir lachten einige Tage lang, wann wir einander begegneten, ununterbrochen, beim Essen, beim Spazierengehn, beim Einander-gegenüber-sit-*

zen. *Das Lachen war im Ganzen nicht angenehm, es war ohne sichtbaren Grund, es war quälend, beschämend. Es trug dazu bei, daß wir uns voneinander ferner hielten, das gemeinsame Essen aufgaben, seltener einander sahn. Es entsprach das, glaube ich, auch unserer sonstigen Absicht.* Er habe vorsichtig sein müssen, denn von einer früheren Geschichte sei ihm noch ein *Wundkanal* geblieben, wo es bei Berührung immer noch schmerzte. Er habe sich zwar sogleich angezogen gefühlt, sei aber doch zunächst auf Abstand gegangen. *Für die Dauer konnte das allerdings nicht so bleiben zwischen zwei Menschen, die so voll und stark zusammenstimmen wie wir zwei und jeder für den anderen ein Zwang ist und zwar unabhängig von Glück und Leid, einfach eine Notwendigkeit als Glück und als Leid. Dazu kam noch äußerlich das förmlich verzauberte Haus, in dem wir zwei fast allein waren und infolge des Winters draußen auch eingeschränkt blieben.*

Im Weiteren schildert Kafka, wie er Julie gestanden habe, dass Ehe und Kinder für ihn eigentlich *das höchste Erstrebenswerte auf Erden* seien, doch dass er nicht die Kraft dazu habe, wie seine zweimalige Entlobung beweise. Und deshalb habe man zunächst einmal voneinander *Abschied* genommen.

Julie verließ Anfang März die Pension »Stüdl«. Die beiden waren noch nicht einmal beim ›Du‹ angekommen und hatten kein Treffen in Prag vereinbart; auch Julie hatte wohl deutlich zu verstehen gegeben, dass auch für sie eine Ehe nicht in Frage käme. Ihr *Verlangen nach Glanz, Welt und Genießen,* so deutet es Kafka, hätten das bei ihr ausgeschlossen.

Man nahm also Abschied, so als würde man sich nicht mehr sehen. Doch es kam anders. Als Kafka drei Wochen später nach Prag zurückkehrte, *flogen wir zueinander wie gejagt. Es gab keine andere Möglichkeit, für keinen von uns.*

Die *Anstrengungen,* sich voneinander fernzuhalten, gingen *über unsere Kräfte,* schreibt Kafka. Die beiden genossen es, zusammen in den Wäldern und den entlegeneren Bezirken der Stadt herumzustreichen, im Fluss zu baden, irgendwo draußen unter freiem Himmel einander vorzulesen und in Landgasthäusern einzukehren. Den Freunden und Bekannten ging man aus dem Weg. Noch drang keiner darauf, dem Verhältnis eine äußere verbindliche Form zu geben. Es war Kafka, bei dem wieder dieses Verlangen nach *Reinheit* erwachte. *Ich konnte mich mit diesem Leben, wenigstens damals, nicht begnügen, was daran gut war, war halb …, das verhältnismäßige friedliche Glück des damaligen Zustandes hielt ich meiner zur Ehe strebenden Natur nach für unberechtigt und glaubte ihm wenigstens eine nachträgliche Berechtigung durch die Ehe geben zu können.*

Es ist wieder derselbe Konflikt wie damals bei Felice, dieser Widerstreit zwischen seiner *zur Ehe strebenden Natur* einerseits und dem *tief an alle Gefahren der Litteratur verlorenen* Menschen in ihm andererseits. Der Schreibende in ihm wehrt sich gegen den Heiratswilligen. Der aber behält zunächst einmal die Oberhand, und deshalb wird Anfang Oktober 1919 das Aufgebot bestellt, gegen den erbitterten Widerstand von Kafkas Vater, dem eine solche Verbindung mit der jüdischen Unterschicht ein Horror ist. Kafka setzt sich darüber hinweg.

Die Verlobten finden überraschend schnell eine Wohnung; doch kurz vor dem Einzugstermin kommt die Nachricht, dass diese Wohnung entgegen der Vereinbarung nun doch anderweitig vermietet wurde. Kafka nimmt das als Gottesurteil. *Die Frist, welche mir für diesmal gegeben war, war abgelaufen, was bisher von der Ferne gewarnt hatte, donnerte mir jetzt wirklich Tag und Nacht ins Ohr.*

Das ist der Moment, in dem der Schreib-Mensch den Heirats-Menschen beiseitedrängt. Das Aufgebot wird abbestellt.

Doch anders als bei Felice, die mit der zweiten Entlobung aus seinem inneren Leben fast vollkommen verschwand, hielt Kafka an Julie zunächst fest in der Überzeugung, dass auch sie *an Treu und Liebe es sich genügen ließe … auch ohne Ehe oder was so heißt.* Sollte die Aussicht bestehen, dass Julie einen *guten Mann* heiratet, mit dem sie *einverstanden ist, Kinder bekommt und so rein und anständig mit ihm lebt, dann* würde er bereit sein, sich zu trennen. An dieser Stelle wendet sich Kafka direkt an die Schwester: *Lassen Sie uns beisammen so wie wir uns über alle meine Schwächen hinweg, zusammengehörig fühlen.* Wie die Schwester reagiert hat, wissen wir nicht; der Kafka-Biograf Stach vermutet, dass sie von einer Fortsetzung der Beziehung abgeraten habe. Jedenfalls blieb Kafka mit Julie verbunden, bis im Jahr darauf, 1920, die Liebesgeschichte mit Milena begann.

Im Brief an Julies Schwester ist vom Widerstand des Vaters gegen seine Heiratspläne nicht die Rede. Tatsächlich aber hatte ihn das Verhalten des Vaters so sehr gekränkt, dass er sich Anfang November 1919 noch einmal nach Schelesen zurückzog, um seine große Abrechnung mit dem Vater zu Papier zu bringen, den »Brief an den Vater«, der sich zu einem in der Handschrift hundertseitigen Text auswuchs.

In wenigen Tagen, zwischen dem 10. und dem 19. November 1919, entstand in einem wahren Schreibrausch diese Abrechnung, diese Selbstanalyse und diese Schilderung des Dramas zwischen Vater und Sohn.

Tiefer gedemütigt hast Du mich mit Worten wohl kaum und deutlicher mir Deine Verachtung nie gezeigt, so charakterisiert Kafka die Reaktion des Vaters auf seine Heiratsabsicht. Er wiederholt die kränkenden Worte des Vaters über Julie: *Sie* (Julie) *hat wahrscheinlich irgendeine ausgesuchte Bluse angezogen, wie das die Prager Jüdinnen verstehn und daraufhin hast Du Dich natürlich entschlossen sie zu heiraten. Und zwar möglichst rasch, in einer Woche, morgen, heute. Ich begreife Dich nicht, Du bist doch ein erwachsener Mensch, bist in der Stadt, und weißt Dir keinen anderen Rat, als gleich eine Beliebige zu heiraten. Gibt es da keine anderen Möglichkeiten? Wenn Du Dich davor fürchtest, werde ich selbst mit Dir hingehn.*

In diesem Herbst, kurz vor dem so demütigenden Streit mit dem Vater, war die zweite Auflage des »Urteils« erschienen. Die Erzählung mochte Kafka daran erinnert haben, dass er diese Szene ein paar Jahre zuvor bereits beschrieben hatte. Dort wächst der Vater zum riesenhaften Schreckbild empor, indem er mit verfluchender Gebärde ausruft: *da hat sich mein Herr Sohn zum Heiraten entschlossen! ... Weil sie die Röcke so gehoben hat, die widerliche Gans.'*

In der Erzählung nimmt Georg die Verurteilung durch den Vater an und ertränkt sich. Kafka selbst aber, im Falle von Julie, widersetzt sich und verfolgt seine Heiratspläne gegen den Willen des Vaters, um dann doch einen Rückzieher zu machen. Der Vater hatte es nicht gefordert, und doch macht er ihn dafür verantwortlich. Es ist, schreibt er, die schiere Existenz eines solchen Vaters, die ihm das Heiraten unmöglich macht. *So wie wir aber sind, ist mir das Heiraten dadurch verschlossen, daß es gerade Dein eigenstes Gebiet ist. Manchmal stelle ich mir die Erdkarte ausgespannt und Dich quer über sie hingestreckt vor. Und es ist mir dann, als kämen für mein Leben nur die Gegenden in Betracht, die Du entweder nicht bedeckst oder die nicht in Deiner Reichweite liegen. Und das sind entsprechend der Vorstellung, die ich von Deiner Größe habe, nicht viele und nicht sehr trostreiche Gegenden und besonders die Ehe ist nicht darunter.*

Nach diesem Muster häuft Kafka seine Schuldvorwürfe gegen den Vater: worauf der Schatten des Vaters fällt, dort kann der Sohn nicht sein. Es sind fast alle Lebensbereiche, die der Vater dominiert und die deshalb für den Sohn kontaminiert sind: nach Ehe und Familie sind es Körperkraft, reichliches Essen, der Beruf, das Geschäft, der alltägliche Umgang mit Menschen, Judentum, die Politik – überall dort herrscht der Vater und vermittelt dem Sohn das Gefühl, dass dort kein Platz für ihn sei.

Ist der Vater nur die Ursache, oder trägt er auch Schuld? Das bleibt in diesem Brief undeutlich, Ursachenforschung und Schuldvorwürfe gehen ineinander über. Auf jeden Fall spielt der Vater schon durch sein bloßes So-Sein eine verhängnisvolle Rolle, auch dann, wenn er es nicht absichtsvoll hervorkehrt.

Zum Beispiel beim Körperlichen: Kafka erinnert sich an Szenen in der Umkleidekabine der Badeanstalt: *Ich mager, schwach, schmal. Du stark, groß, breit. Schon in der Kabine kam ich mir jämmerlich vor und zwar nicht nur vor Dir, sondern vor der ganzen Welt, denn Du warst für mich das Maß aller Dinge.* Er fühlte sich gedemütigt, doch nicht nur das: Er empfand auch Stolz auf diesen Vater mit seinem vor Kraft strotzenden Körper. Doch der Stolz bedrückte ihn zugleich, weil er ihn im Kontrast dazu die eigene Nichtigkeit desto stärker spüren ließ.

Oder beim Essen: Der Vater schlang die Gerichte in sich hinein, redete dabei laut und verbreitete viel Abfall um sich herum. Den Sohn überkam Ekel, er machte sich klein, blieb stumm, später bestand er auf seinen eigenen kargen Speisen, Gemüse, Nüsse und solche Sachen, hantierte am gemeinsamen Esstisch mit seinen Töpfchen und Schälchen, vom Spott des Vaters begleitet.

Oder beim Reden: Der Vater redete laut und bestimmend, er hatte zu allem seine unerschütterliche Meinung, die zumeist herabsetzend war. Hier konnte der Sohn nur verstummen. *Ich verlernte das Reden.*

Oder beim Beruf: Auch eine Domäne des Vaters. Was der Sohn leistet, kann vor dem Urteil des Vaters keinen Bestand haben. Deshalb hat der Sohn sich früh daran gewöhnt, der Berufsarbeit die innere *Anteilnahme* zu entziehen. Das gilt bereits für die Ausbildung, zuerst die Schule, dann die Universität. Es sei in ihm, schreibt Kafka, eine tiefe *Gleichgültigkeit* alldem gegenüber herangewachsen: *Schon als kleines Kind hatte ich hinsichtlich der Studien und des Berufs genug klare Vorahnungen. Von hier aus erwartete ich keine Rettung, hier hatte ich schon längst verzichtet.*

Auch das Judentum war zunächst ein vom Vater kontaminiertes Gebiet, und der Sohn suchte, davon loszukommen: *Es war auch unmöglich, einem vor lauter Ängstlichkeit überscharf beobachtenden Kind begreiflich zu machen, daß die paar Nichtigkeiten, die Du im Namen des Judentums mit einer ihrer Nichtigkeit entsprechenden Gleichgültigkeit ausführtest, einen höheren Sinn haben konnten.*

Als Kafka sich mehr mit *jüdischen Dingen* zu beschäftigen begann, war das dem Vater auch nicht recht, es *ekelte* ihn sogar an, wohl deshalb, so vermutet Kafka, weil er nicht an die *Schwäche* seines eigenen Judentums erinnert werden wollte. Doch auch bei ihm selbst habe es nur zu einem *schwachen* Judentum gereicht. Also auch noch in dieser Schwäche wirkt der *Fluch* des Vaters. Es gilt auch hier dasselbe wie für die anderen Lebensbereiche: *so wie ich bin, bin ich (von den Grundanlagen und der Einwirkung des Lebens natürlich abgesehn) das Ergebnis Deiner Erziehung und meiner Folgsamkeit.*

Schuldvorwürfe auf der ganzen Linie. Noch einige Jahre zuvor, 1911, als er daran dachte, eine Autobiografie zu schreiben, hatte er den sich selbst entlastenden Schuldvorwurf mit den Worten karikiert: *Wenn ich es bedenke, so muß ich sagen, daß mir meine Erziehung in mancher Richtung sehr geschadet hat. Dieser Vorwurf trifft eine Menge Leute nämlich meine Eltern, einige Verwandte, einzelne Besucher unseres Hauses, verschiedene Schriftsteller, eine ganz bestimmte Köchin, die mich ein Jahr lang zur Schule führte, einen Haufen Lehrer, (die ich in meiner Erinnerung eng zusammendrücken muß, sonst entfällt mir hie und da einer da ich sie aber so zusammengedrängt habe, bröckelt wieder das ganze stellenweise ab) ein Schulinspektor langsam gehende Passanten kurz dieser Vorwurf windet sich wie ein Dolch durch die Gesellschaft. Auf diesen Vorwurf will ich keine Widerrede hören, da ich schon zuviele gehört habe und da ich in den meisten Widerreden auch widerlegt worden bin, beziehe ich diese Widerreden mit in meinen Vorwurf und erkläre nun meine Erziehung und diese Widerlegung haben mir in mancherlei Richtung sehr geschadet.*

Im »Brief an den Vater« windet sich der *Dolch* der Vorwürfe nicht durch die ganze Gesellschaft, sondern beschränkt sich darauf, den Vater zu durchbohren. Er ist an fast allem schuld, was den Sohn bedrückt. Von ihm, und von ihm fast allein, geht der *Druck der Angst, der Schwäche, der Selbstmißachtung* aus.

Nun aber betont Kafka mehrfach, dass er den Vater trotz dieser

Vorwürfe nicht eigentlich als schuldig ansieht. Der Vater kann nicht anders, er ist so, wie er ist. Sein So-Sein lässt ihn für den Sohn zum Verhängnis werden.

Kafka beschreibt dieses So-Sein und gibt vor, diese Mischung aus Gutem und Schlechtem beim Vater zu bewundern, *also Stärke und Verhöhnung des andern, Gesundheit und eine gewisse Maßlosigkeit, Redebegabung und Unzugänglichkeit, Selbstvertrauen und Unzufriedenheit mit jedem andern, Weltüberlegenheit und Tyrannei, Menschenkenntnis und Mißtrauen gegenüber den meisten, dann auch Vorzüge ohne jeden Nachteil wie Fleiß, Ausdauer, Geistesgegenwart, Unerschrockenheit.*

Alle diese Eigenschaften fehlen ihm, dem Sohn, oder sind ins Gegenteil verkehrt. Er ist nicht stark, sondern ängstlich, nicht gesund, sondern krank, nicht beredt, sondern stumm. Er ist nicht, wie der Vater, eine Festung, sondern von großer Verletzlichkeit; von Weltüberlegenheit keine Spur, dafür bereit, sich allem und jedem zu unterwerfen. Ein gesundes Misstrauen gegenüber anderen fehlt ihm, dafür ist das Selbstmisstrauen grenzenlos; statt Fleiß und Ausdauer gibt es bei ihm nur schwankende Stimmungen und statt Geistesgegenwart ängstliches Erstarren und Stumpfheit.

Der Sohn konstatiert nicht nur, was ihm fehlt, er dreht die Vorwurfs-Spirale weiter und macht dem Vater das eigene Anders-Sein zum Vorwurf: Der Vater habe den Sohn in diesen Gegensatz, in diese Andersheit hineingetrieben, freilich, wie schon gesagt, nicht mit böser Absicht, sondern allein durch sein So-Sein. Damit wird der Vater zugleich angegriffen und entlastet.

Entschärft wird die Kritik außerdem durch den steten Hinweis darauf, dass die hemmende und einschüchternde Wirkung des Vaters ja letztlich nur von dem Bild ausgeht, das er vom Vater hat. So wird die Kritik am Vater nochmals relativiert.

Die Vorwürfe werden also doppelt entschärft: es ist womöglich kein schuldiges Handeln im Spiel, sondern lediglich ein So-Sein, und dieses So-Sein wird darüber hinaus auf eine bloß perspektivische Realität eingeschränkt. Kafka schließt nicht aus, dass der Vater womöglich doch ganz anders ist, als er ihn sieht, dass er ihm also auf ganzer Linie unrecht tut.

Dieses verwirrende Spiel von Belastung und Entlastung des Vaters erreicht einen Höhepunkt durch eine raffinierte Wendung: Es wird dem Vater das Wort erteilt, der nun den Hintersinn dieses Spieles entlarven soll. Der Sohn wolle, so lässt Kafka den Vater argumentieren, *übergescheit und überzärtlich* sein, indem er ihn, den Vater, von jeder Schuld freispreche. Das aber sei unaufrichtig, weil er sich damit ja nur eine Überlegenheit erschleichen wolle. In Wirklichkeit sei auch das nur ein Schmarotzertum des Sohnes, der, ob er nun den Vater angreift oder entlastet, von der Macht des Vaters zehrt. Und dann lässt Kafka den Vater zum schärfsten Angriff übergehen: Der Sohn werfe ihm vor, ihn *lebensuntüchtig* gemacht zu haben. Auch das zeige sein Schmarotzertum, denn in Wirklichkeit leide er nicht an dieser Lebensuntüchtigkeit, sondern benutze sie. Kafka lässt den Vater sagen: *Lebensuntüchtig bist Du; um es Dir aber darin bequem, sorgenlos und ohne Selbstvorwürfe einrichten zu können, beweist Du, daß ich alle Deine Lebenstüchtigkeit Dir genommen und in meine Tasche gesteckt habe. Was kümmert es Dich jetzt, wenn Du lebensuntüchtig bist, ich habe ja die Verantwortung, Du aber streckst Dich ruhig aus und läßt Dich, körperlich und geistig, von mir durchs Leben schleifen.*

Nachdem Kafka dem Vater das Wort zum Gegenangriff erteilt hat, erfolgt der abermalige Rollenwechsel. Jetzt ist es wieder der Sohn, der daran erinnert, dass er es ist, der den Vater diese Vorwürfe hat äußern lassen, Vorwürfe, die deshalb ja nichts anderes sind als – Selbstvorwürfe. Und dafür wird nun auch wieder der Vater verantwortlich gemacht. Die eigene Bereitschaft, sich mit Vorwürfen zu überhäufen, entspringt dem ungeheuren *Selbstmißtrauen, zu dem Du mich erzogen hast.*

Mit diesem letzten Zug ist die Schuld wieder ganz auf die Seite des Vaters gebracht. Der Vater ist an fast allem schuld, auch noch an den Schuldgefühlen des Sohnes. *Ich hatte vor Dir das Selbstvertrauen verloren, dafür ein grenzenloses Schuldbewußtsein eingetauscht.* Die paradoxe Pointe dieser Argumentation: Wenn der Vater an des Sohnes Schuldgefühl schuld ist, dann ist dieses Schuldgefühl letztlich nicht sein eigenes, er fühlt sich nicht dem Vater gegenüber schuldig, sondern der Vater hat diese Schuld in ihn hineingelegt. Das Schuldgefühl ist nichts Eigenes, sondern etwas Fremdes. Und deshalb behält er Spielraum und kann darüber schreiben, beispielsweise diesen so überaus raffinierten Brief an den Vater. Einen *Advokatenbrief* wird er ihn später Milena gegenüber nennen.

In diesem Brief deutet er sein Schreiben als eines der Ausweichmanöver vor der überwältigenden Macht des Vaters. Er tut das allerdings nicht auftrumpfend, sondern, wie immer, mit selbstverkleinerndem Gestus: *Hier war ich tatsächlich ein Stück selbstständig von Dir weggekommen, wenn es auch ein wenig an den Wurm erinnert, der, hinten von einem Fuß niedergetreten, sich mit dem Vorderteil losreißt und zur Seite schleppt.*

Da das Schreiben nun aber seine Domäne jenseits der Vaterwelten war, so hat ihn die Gleichgültigkeit des Vaters seinem Schreiben gegenüber auch nur oberflächlich gekränkt. In der Tiefe war er damit zufrieden, weil das Schreiben nur dann eine Gegenmacht bleiben konnte, wenn es eben nicht den Segen des Vaters hat. *Leg's auf den Nachttisch!*, sagte der Vater, als ihm Kafka die gerade erschienene Erzählung »Die Strafkolonie« überreichte. Dass ihn diese Geringschätzung im Kern nicht beleidigte, gesteht er sich ein. Diese wegwerfende Bemerkung des Vaters habe ihm nämlich, schreibt er, in den Ohren geklungen wie: ›*Jetzt bist Du frei!*‹

Der »Brief an den Vater« war ein Befreiungsschlag. Für ihn gilt ganz besonders das, was Kafka in Bezug auf manche seiner Texte erklärt hat: *ich respektiere nur den Augenblick, in dem ich sie geschrieben habe.* Es war wichtig, diesen Brief geschrieben zu haben; ob er auch gelesen werden würde, konnte dahingestellt bleiben.

Zunächst hatte er vor, den Brief wirklich abzuschicken, dann aber unterließ er es und behielt ihn bei sich und las ihn nur seiner Schwester Ottla vor. Später wollte er den Brief Milena zukommen lassen, doch auch das unterblieb.

Der Brief hatte seine Wirkung getan, wenn zunächst auch nur bei ihm. Doch das genügte, um ihm den Umgang mit dem Vater fortan leichter zu machen. Darauf weist der Brief selbst ausdrücklich hin; es sei, heißt es dort, etwas *der Wahrheit so sehr Angenähertes erreicht, daß es uns beide ein wenig beruhigen und Leben und Sterben leichter machen kann.* Freilich gilt das nur für den Sohn, nicht für den Vater, der den Brief wohl nie gelesen hat.

Eine andere Art der Erleichterung im Verhältnis zum Vater hatte sich Kafka in einem skurrilen Text voller metaphysischer Mucken zu verschaffen gewusst, »Die Sorge des Hausvaters«. Der Text war zwei Jahre zuvor entstanden und erschien zum ersten Mal kurz nach Fertigstellung des »Briefes an den Vater« im Dezember 1919 zuerst in der zionistischen Zeitschrift »Selbstwehr«.

Kafka lässt einen Hausvater seine Sorgen über ein wunderliches Mitglied der Hausgemeinschaft äußern. Es handelt sich um eine sprechende, sich selbstständig fortbewegende und sogar treppensteigende Zwirnspule; sie wird nicht geradezu »Sohn« genannt, aber lässt doch an einen wenn auch missratenen Sohn des Hauses denken, so selbstverständlich tummelt sie sich überall herum. *Odradek,* so heißt die Zwirnspule, teilt einige der Eigenschaften, die Kafka, dem Vater gegenüber, im gewohnt herabsetzenden Sinne sich selbst gerne beilegt. Odradek ist meist stumm, wird bisweilen als Kind angesprochen, lacht ohne Lunge und raschelnd wie trockene Blätter, ist zu nichts gut und darum ein wirklicher Tunichtgut, er ist noch nicht einmal ordentlich mit Zwirn bezogen, sondern umwickelt mit *ineinander verfitzten Zwirnstücken;* er ist zwar anwesend, doch dabei von rätselhafter Sinn- und Zwecklosigkeit. Dieses unerhörte und drollige Etwas mit fataler Sohn-Ähnlichkeit ist aber auch ein metaphysisches Monstrum. Kein Begriff passt, es ist einmalig, undefinierbar. *Näheres läßt sich übrigens nicht darüber sagen, da Odradek außerordentlich beweglich und nicht zu fangen ist.*

Die eigentliche Sorge des Hausvaters ist nun, dass dieser drollige, seltsame, auch geheimnisvolle Nichtsnutz, dieses Zwischending von Hausrat und Sohn, eine eigentümliche Unzerstörbarkeit besitzen könnte. *Vergeblich frage ich mich,* so die Sorge des Hausvaters, *was mit ihm geschehen wird. Kann er denn sterben? Alles, was stirbt, hat vorher eine Art Ziel, eine Art Tätigkeit gehabt und daran hat es sich zerrieben; das trifft bei Odradek nicht zu. Sollte er also einstmals etwa noch vor den Füßen meiner Kinder und Kindeskinder mit nachschleifendem Zwirnsfaden die Treppe hinunterkollern? Er schadet ja offenbar niemandem; aber die Vorstellung, daß er mich auch noch überleben sollte, ist mir eine fast schmerzliche.*

Die »Sorge des Hausvaters« hat Kafka in die »Landarzt«-Sammlung aufgenommen. Womöglich hat er dieses Textes wegen diesen Band dem Vater gewidmet, um dem Vater-Sohn-Drama auch einmal eine absurd-skurrile Wendung zu geben.

Nach der Tragödie also die Komödie mit der unsterblichen Zwirnspule.

ELFTES KAPITEL

Gefangenschaft und Augenblicke der Freiheit.
Briefe an Milena aus Meran. Die Angst. Mit Milena
im Wiener Wald. Geglückte Tage und Trennung.
Kafkas literarisches Resümee dieser Geschichte

Nun fühlte sich Kafka dem Vater gegenüber so frei – vielleicht auch, weil er sich mit dem Brief einiges von der Seele geschrieben hatte –, dass er die Beziehung mit Julie fortsetzte, auch nachdem die Hochzeit abgeblasen war. Er versuchte, das Werk der Erleichterung, das ihm im »Brief an den Vater« gelungen war, fortzusetzen in einer Reihe von Tagebuch-Aufzeichnungen, die Anfang 1920 entstanden und die Max Brod unter dem Titel »Er« in seiner Nachlassedition versammelt hat. In diesen Texten geht Kafka deutlich auf Distanz zu sich selbst und stellt sich mit bemerkenswerter Gelassenheit als Grenzfall dar, beängstigend, aber auch vielversprechend.

Beängstigend ist das Gefühl der Gefangenschaft: *Er fühlt sich auf dieser Erde gefangen, ihm ist eng, die Trauer, die Schwäche, die Krankheiten, die Wahnvorstellungen der Gefangenen brechen bei ihm aus, kein Trost kann ihn trösten ... Fragt man ihn aber, was er eigentlich haben will, kann er nicht antworten denn er hat – das ist einer seiner stärksten Beweise – keine Vorstellung von Freiheit.*

Vielversprechend und im scharfen Kontrast dazu das geradezu unheimliches Gefühl von Freiheit und Neubeginn, er sieht ungeheure Aufgaben vor sich, mit einem Hochgefühl, doch auch verbunden mit dem Gefühl der Unzulänglichkeit. Trotz allem aber ist es ein Gefühl des Aufschwungs: *Alles was er tut, kommt ihm zwar außer-*

ordentlich neu vor, aber auch entsprechend dieser unmöglichen Fülle
des Neuen außerordentlich dilettantisch, kaum einmal erträglich, un-
fähig historisch zu werden, die Kette der Geschlechter sprengend, die
bisher immer wenigstens zu ahnende Musik der Welt zum erstenmal
bis in alle Tiefe abbrechend. Manchmal hat er in seinem Hochmut
mehr Angst um die Welt als um sich.

Bei Kafka verstärkt sich das Gefühl der Gefangenschaft, wenn er
aus sich herausgeht in der Hoffnung, dort draußen bei den Anderen
Rettung zu finden. Umgekehrt tut sich ihm eine befreiende *Fülle des*
Neuen auf, wenn er bei sich bleibt und sich unabhängig macht vom
Urteil der Anderen. Die Macht dieser Urteile kann er dann brechen,
zumindest relativieren im poetischen Bild: *Er hat viele Richter, sie*
sind wie ein Heer von Vögeln, das in einem Baum sitzt. Ihre Stimmen
gehen durcheinander, die Rangs- und Zuständigkeitsfragen sind nicht
zu entwirren, auch werden die Plätze fortwährend gewechselt.

Man erinnere sich an die bedrückenden Bilder und Stimmungen
im »Process«. Hier aber erscheinen die bedrohlichen Richter verwandelt in eine Vogelschar, die munter zwitschert und flattert. Das
ist die entlastende Wirkung eines poetischen Bildes. Mit ihm lässt
es sich wieder freier atmen.

Die Macht des Urteils der Anderen zu brechen ist das eine. Be-
deutsam ist auch, sich nicht allzu abhängig zu machen von der Hoffnung auf Sichtbarkeit. Das legt er sich sinnfällig zurecht in einer
originellen Deutung des Robinson-Schicksals: *Hätte Robinson den*
höchsten oder richtiger den sichtbarsten Punkt der Insel niemals ver-
lassen, aus Trotz oder Demut oder Furcht oder Unkenntnis oder Sehn-
sucht, so wäre er bald zugrundegegangen, da er aber ohne Rücksicht
auf die Schiffe und ihre schwachen Fernrohre seine ganze Insel zu er-
forschen und ihrer sich zu freuen begann, erhielt er sich am Leben und
wurde – in einer allerdings dem Verstand nicht notwendigen Konse-
quenz – schließlich doch gefunden.

Wenn man schon einsam ist, so ist es das Beste, *seine ganze Insel zu erforschen,* sich also vertraut zu machen mit dem, worauf man zurückgeworfen ist. Doch damit nicht zu viel Optimismus aufkommt, bremst Kafka sich sogleich im nächsten Eintrag: ›*Du machst aus Deiner Not eine Tugend*‹ –, *Erstens tut das jeder und zweitens tue gerade ich es nicht. Ich lasse meine Not Not bleiben, ich lege die Sümpfe nicht trocken, sondern lebe in ihrem fiebrigen Dunst.*

Robinson hatte es sich auf seiner Insel heimisch gemacht, aber war dann doch glücklich, als er schließlich gefunden wurde. Jedoch verbessert man womöglich seine Chancen, gefunden zu werden, wenn man nicht zu sehr darauf hofft.

Im Frühjahr 1920 wird Kafka, der immer noch mit Julie verbunden ist, von Milena gefunden.

Die 24-jährige Milena Pollak, geborene Jesenská, hatte bereits ein bewegtes Leben hinter sich, als sie Ende 1919 Kafka in einem Prager Café darum bat, den »Heizer« ins Tschechische übersetzen zu dürfen. Als Studentin, zuerst der Medizin und dann der Kunstwissenschaften, gehörte sie, zusammen mit ihren beiden Freundinnen, zu den auffallenden, sich emanzipiert gebenden Figuren in den Prager Cafés. Wohl schon damals wird Kafka sie bemerkt haben, weil sie einfach nicht zu übersehen war mit ihren weit wallenden farbkräftigen Gewändern und ihrem klugen, selbstbewussten, kecken Auftreten. Die Konflikte mit ihrem Vater, einem angesehenen und wohlhabenden Zahnmediziner, waren stadtbekannt. Sie hatte die todkranke Mutter gepflegt und rächte sich an dem gleichgültigen Vater, indem sie dessen Konto plünderte und Morphium aus dessen Praxis entwendete. Als die noch nicht Volljährige den stadtbekannten Kaffeehaus-Literaten und wegen seiner Frauengeschichten berüchtigten Ernst Pollak zu heiraten beabsichtigte, steckte der Vater sie in eine Nervenheilanstalt, aus der sie erst mit der Volljährigkeit ein dreiviertel Jahr später entkam. Gleich danach heiratete sie im Frühjahr 1918 Ernst Pollak, mit dem sie nach Wien zog. Dort musste sich Milena zunächst mit Sprachunterricht, Kofferschleppen und anderen einfachen Arbeiten durchschlagen, da Pollak das Geld, das er inzwischen als Devisenhändler reichlich verdiente, für sich behielt. Milena war von sprühender Intelligenz, bewegte sich ganz selbstverständlich in den literarischen Szenen von Wien und Prag und begann, von Wien aus für Prager Zeitungen Feuilletons zu schreiben, womit sie sich in kurzer Zeit einen Namen machte. Sprachbegabt wie sie war, versuchte sie sich auch als Übersetzerin. So kam es, dass sie Verbindung mit Kafka aufnahm.

Anfang April 1920 war Kafka zur Kur nach Meran gefahren, wo er bis Ende Juni blieb. In diesen Monaten entwickelte sich die stürmische Liebesgeschichte mit Milena, zunächst wieder nur in Briefen, wie damals bei Felice.

Gleich nach der Ankunft in Meran schrieb er ihr: *Sie mühn sich mit der Übersetzung inmitten der trüben Wiener Welt. Es ist irgendwie rührend und beschämend für mich.* Diese Verbindung, die durch eine Übersetzungsarbeit geschaffen wird, war ihm noch ungewohnt. Sie war ihm angenehm und bekümmerte ihn zugleich. Wie viel wechselseitige Teilnahme erträgt sie? Das erkundete er in tastenden Versuchen. Milena hatte einige Sorgen über ihren Mann wohl vorsichtig angedeutet, denn Kafka nimmt dies zum Anlass, sich einer früheren kurzen Begegnung mit ihm zu entsinnen: *vor Jahren, ich schlich auf dem Franzensquai an der Hauswand hin und traf Ihren Mann, der auch nicht viel großartiger mir entgegenkam, zwei Kopfschmerzen-Fachleute, jeder allerdings in seiner ganz andern Art.*

Von Brief zu Brief vollzieht sich, zunächst in behutsamen Schritten, die allmähliche Verfertigung der Liebe beim Schreiben. Der nächste Brief, vom 12. April, beginnt so: *eben hat der zwei Tage und eine Nacht dauernde Regen aufgehört … ein Ereignis wert gefeiert zu werden und das tue ich indem ich Ihnen schreibe.* Es ist also ein Fest, an Milena schreiben zu können, und so schildert er ihr nun den zum Garten gelegenen Balkon der Pension »Ottoburg«, wo der Freiluftenthusiast fast den ganzen Tag seine Liegekuren abhält, bei jedem

Wetter. Er beginnt damit, Milena in seine Wunderlichkeiten einzu-
weihen.

Der dritte Brief von Ende April führt bereits Klage darüber, dass
von Milena noch kein Brief angekommen sei, als ob sie verpflichtet
wäre, ihm möglichst umgehend zu schreiben. Hat er sie mit irgendetwas gekränkt? Geht es ihr nicht gut? Vielleicht sind die Lebens-
umstände in Wien für sie schlecht, womöglich verträgt sie das Klima
nicht? Nur weg aus Wien! Dann der plötzliche Vorstoß: *Vielleicht
wäre selbst Meran gut.*

Also bereits im dritten Brief eine vorsichtige Einladung nach Meran. Das ist einigermaßen kühn, denn noch kennt er Milena kaum,
weiß wenig über sie, sieht sie noch nicht einmal vor sich; er habe
bemerkt, schreibt er, *daß ich mich an Ihr Gesicht eigentlich in keiner
bestimmten Einzelheit erinnern kann.*

Endlich kommt ein Brief von Milena, mit der alarmierenden Nachricht allerdings, dass auch sie Blut gespuckt hat. Das stiftet eine neue
Gemeinsamkeit. Jetzt kann er unumwunden erklären, wie nahe er
sich ihr fühle. Er schildert ihr ausführlich seinen Blutsturz samt Deutung. Der literarisch versierten Milena gegenüber tut er das mit einigem Witz als eine Art Dramolett mit dem Gehirn und der Lunge als
Hauptdarsteller: *Es war so, daß das Gehirn die ihm auferlegten Sorgen
und Schmerzen nicht mehr ertragen konnte. Es sagte: ›ich gebe es auf;
ist hier aber noch jemand, dem an der Erhaltung des Ganzen etwas liegt,
dann möge er mir etwas von meiner Last abnehmen und es wird noch
ein Weilchen gehn.‹ Da meldete sich die Lunge, viel zu verlieren hatte
sie ja wohl nicht. Diese Verhandlungen zwischen Gehirn und Lunge, die
ohne mein Wissen vor sich giengen, mögen schrecklich gewesen sein.*

Er ist fast ein wenig stolz auf seine Blutsturz-Geschichte. Ihr
Blutsturz hingegen, schreibt er, ist doch hoffentlich harmlos, *wahrscheinlich ein Nichts.* Zum Glück kann sie es mit seinem Ernstfall
nicht aufnehmen. Doch Milena soll auf der Hut sein, sie bedarf der
Schonung.

Diese Fürsorglichkeit schafft Kafka die Gelegenheit, zum ersten Mal in diesem Briefwechsel von Liebe zu sprechen, wenn auch vorerst indirekt. *Daß man Sie aber ein wenig behüten muß, muß doch jeder einsehn, der Sie lieb hat ...* Er beginnt sogleich eifrig mit dem Behüten: sie soll sich schonen, keine Anstrengungen, viel Schlaf empfiehlt er. Und selbstanklägerisch wie gewohnt setzt er hinzu: *Wenn Sie auch nur eine Minute Ihrer Schlafzeit für Übersetzungsarbeit verwenden, so ist es so, wie wenn Sie mich verfluchen würden. Denn wenn es einmal zu einem Gericht kommt, wird man sich nicht in weitere Untersuchungen einlassen, sondern einfach feststellen: er hat sie um den Schlaf gebracht.* Besser kann man es nicht sagen. Er fühlt sich ihr jetzt so nahe und so in ihre Angelegenheiten verstrickt, dass ihre Übersetzung des »Heizers«, die inzwischen in der Zeitschrift »Kmen« erschienen ist, eigentlich nur stört – das sei wie eine *Stimme aus dem alten Grabe,* schreibt er. Er nimmt das Erscheinen der Übersetzung also nicht zum Anlass, sich darüber auszutauschen; stattdessen schildert er ihr, weil sie offenbar danach gefragt hat, die Geschichte seiner Verlobungen. Sein Resümee: Immer sei er es gewesen, der am meisten gelitten habe, freilich sei es immer auch er gewesen, der die Schuld trägt. Im Übrigen aber sei das *Nachdenken über diese Dinge unnütz.*

Im sechsten Brief, also nach einem guten Monat, brennt er lichterloh: *ich sehe Sie deutlicher, die Bewegungen des Körpers, der Hände, so schnell, so entschlossen, es ist fast eine Begegnung, allerdings wenn ich dann die Augen bis zu Ihrem Gesicht heben will, bricht dann im Verlaufe des Briefes – was für eine Geschichte! – Feuer aus und ich sehe nichts als Feuer.*

Von diesem Moment an beginnt die Flut von Briefen an Milena, bis zum Zusammentreffen Ende Juni 1920, also anderthalb Monate später, schreibt er ihr dreißig Briefe. Wieder der Versuch, wie damals bei Felice, mit Briefen eine Frau an sich zu binden. Eine Briefgeschichte.

Das Schreiben spielt aber jetzt eine andere Rolle als bei Felice. Sie hatte, wie er ja wusste, von ihm eine bürgerliche Karriere erwartet und das Schreiben eher als eine wenn auch leidenschaftlich betriebene Nebentätigkeit angesehen. Deshalb hatte er geradezu trotzig sein Schreiben als die eigentliche Lebensaufgabe zur Geltung gebracht. Das war Milena gegenüber nicht nötig. Sie verstand sich selbst auch als Literatin, und die Verbindung zu ihm war ja zuallererst eine literarische gewesen. Literatur war von vornherein das Lebenselixier dieser Beziehung. Er ist in sie verliebt und zugleich voll des Vertrauens in ihre Professionalität. *Alles was Sie mit den Büchern und Übersetzungen tun werden, wird richtig sein.*

Bei Felice wusste er, dass sie nach einer bestimmten Zeit die Heirat anstrebte. Milena war bereits verheiratet und machte keine Andeutungen, dass sie etwas daran ändern wollte. Das empfand er zunächst als Entlastung. Da er bei ihr tieferes Verständnis für seine literarische Leidenschaft voraussetzen konnte, hoffte er, das Schreiben und die Liebe zu Milena miteinander verschmelzen zu können. Ihn erregte die Aussicht, dass er mit ihr zusammen die Irrgänge und Labyrinthe seines Schreibens würde durchstreifen können. Bei ihr habe er das Gefühl, schreibt er ihr, *als führte ich Sie an der Hand hinter mir durch die unterirdischen, finstern, niedrigen, häßlichen Gänge der Geschichte, fast endlos …*

Während Kafka so innig um Milena wirbt, ist die Geschichte mit Julie, die in Prag auf ihn gewartet zu haben scheint, wohl noch nicht zu Ende. In den Briefen an Milena wird Julie immer nur *das Mädchen* genannt.

Mit Julie war, noch ehe der Briefwechsel mit Milena begann, ein Treffen Anfang Juni 1920 in Karlsbad vereinbart. Dieses Treffen sagt Kafka nun ab und teilt Julie mit, dass er sich in einem intensiven Briefaustausch mit einer anderen Frau befinde. Kafka schildert Milena Julies Verzweiflung.

Doch auch Milena leidet, es plagen sie Existenzsorgen, Selbstzweifel, und es gibt wieder einmal ein Zerwürfnis mit ihrem Ehemann, Ernst Pollak. In dieser bedrängten Situation bittet sie Kafka, bei seiner für den Juni geplanten Rückkehr nach Prag Zwischenstation in Wien zu machen, um sie dort zu besuchen.

Jetzt überkommt Kafka wieder die alte Angst vor der persönlichen Begegnung nach so zahlreichen Briefen. Beim Schreiben, im Imaginären also, konnte die Liebesbeziehung wuchern, nun droht das Nadelöhr der wirklichen Wirklichkeit: *Ich will nicht (Milena, helfen Sie mir! Verstehen Sie mehr als ich sage!) ich will nicht (das ist kein Stottern) nach Wien kommen, weil ich die Anstrengung geistig nicht aushalten würde. Ich bin geistig krank, die Lungenkrankheit ist nur ein Aus-den-Ufern-treten der geistigen Krankheit.* In immer neuen Formulierungen beschwört er die Unmöglichkeit zu kommen, um am Ende zu erklären: sollte doch die *schreckliche Überraschung* geschehen und er würde in Wien auftauchen, *dann brauche ich weder Frühstück noch Abendessen, sondern eher eine Bahre auf der ich mich ein Weilchen niederlegen kann.* Wie der Jäger Gracchus.

Dieser morbide, verzweifelte Zug muss Milena so erschreckt haben, dass sie Zweifel äußerte, ob es richtig ist, den Briefwechsel fortzusetzen. Ihr Erschrecken und ihre Zweifel hätten ihn in eine tiefe *Nacht* gestürzt, schreibt er ihr daraufhin. Doch wenige Tage später ist alles wieder gut, da kommen von Milena am 9. Juni gleich zwei erlösende Briefe: *sie sind nicht zum lesen da, sondern um ausgebreitet zu werden, das Gesicht in sie zu legen und den Verstand zu verlieren.*

Er überhäuft Milena mit sprachlichen Liebkosungen und mit Proben seiner hohen Kunst der Selbstherabsetzung. Er fühle sich tief unter ihr, wie auf Knien, *und daß ich knie erfahre ich vielleicht erst dadurch, daß ich ganz nahe vor meinen Augen Ihre Füße sehe und sie streichle.*

Das ist die Wollust der freiwilligen Erniedrigung aus Hingabe. Von ganz anderer Art sind die unfreiwilligen Erniedrigungen, die Milena von ihrem Mann, Ernst Pollak, zu erdulden hat, etwa, wenn der seine Neben-Geliebten in der gemeinsamen Wohnung einquartiert. Kafka gibt Milena den Rat, den Mann für eine Weile zu verlassen, vielleicht nach Böhmen, jedenfalls nicht zu weit von Prag entfernt, damit er sie dort besuchen könne. Auch bietet er ihr Geld an, falls sie Unterstützung brauche.

Anderthalb Monate wechselt man nun schon Briefe, doch erst im Brief vom 11. Juni 1920 fügt er ganz am Ende noch den Satz an: *Bitte sag mir einmal wieder – nicht immer, das will ich gar nicht – sag mir einmal Du.*

Dieses *Du* erleichterte es Kafka, im Folgenden sehr ausführlich über seine *Angst* zu sprechen.

Diese Angst ist so etwas wie der Türhüter zu seinem Wesen. Milena würde von ihm nichts begriffen haben, schreibt er, wenn sie nicht wenigstens ahnte, was es mit seiner *Angst* auf sich habe und worauf sie sich also gefasst machen müsste, wenn man einander noch näherkommt. Felice hatte er vor seinem Schreiben gewarnt, Milena warnt er vor seiner Angst. Er findet eine kurze Formel für diese Angst: Sie ist eine *innere Verschwörung gegen mich*. Also ist er es selbst, der gegen sich konspiriert. Tief innen gibt es etwas, was ihn zerstören will. Es äußert sich verschieden. Manchmal ist es so, als würde er nach innen gesaugt. Und das bedeutet: *ein Zurückweichen vor der Welt, daher Vergrößerung ihres Drucks, daher weiterhin Vergrößerung der Angst.* In Milena sieht er das Gegenbild dazu: mit ihrer *Jugend*, ihrer *Frische* und ihrem *Mut* stößt sie in die Welt vor, die zurückweicht und Raum freigibt. Der Geist der Offensive – nur im Angriff ist klingendes Spiel! – gleicht manchmal einem Sturmwind, dann wird es ihm schon fast zu viel, und ihm ist, als müsse er sich unterm Sofa verstecken, wenn sie so *hereingebraust* kommt – *ich kann doch einen Sturm nicht in meinem Zimmer halten*, schreibt er. Doch vielleicht sollte man es darauf ankommen lassen, vielleicht würde er dann hinausgeweht werden, ins Freie, weit weg von der Angst, die in der Enge haust.

Schreibend ermutigt sich Kafka, und so findet er sich schließlich doch bereit, Milena unter die Augen zu treten, der Angst zum Trotz. Zuerst aber muss er Julie noch einen Abschiedsbrief schreiben, dann reist er aus Meran ab und nimmt für die Rückkehr nach Prag den Umweg über Wien, wo er vom 29. Juni bis zum 4. Juli vier Tage mit Milena verbringt.

Es waren schöne Tage. Der Höhepunkt war eine gemeinsame Wanderung im Wiener Wald und ein Ausruhen auf einer besonnten Waldlichtung. Milena hat später in einem Brief an Max Brod berichtet, wie es dabei zuging, als bei Kafka die Angst verschwand, wenigstens für eine Weile: »Was seine Angst ist, das weiß ich bis in den letzten Nerv. Sie existierte auch schon immer vor mir, solange er mich nicht kannte. Ich habe seine Angst eher gekannt, als ich ihn gekannt habe. Ich habe mich gegen sie gepanzert, indem ich sie begriffen habe. In den vier Tagen, in denen Frank (sic!) neben mir war, hat er sie verloren. Wir haben über sie gelacht. ... Diese Angst bezieht sich nicht nur auf mich, sondern auf alles, was schamlos lebt, auch beispielsweise auf das Fleisch. Das Fleisch ist zu enthüllt, er erträgt nicht, es zu sehen. Das also habe ich damals zu beseitigen vermocht. Wenn er diese Angst spürte, hat er mir in die Augen gesehen, wir haben eine Weile gewartet, so als ob wir keinen Atem bekommen könnten oder als ob uns die Füße wehtäten, und nach einer Weile ist es vergangen. Es war nicht die geringste Anstrengung nötig, alles war einfach und klar, ich habe ihn über die Hügel hinter Wien geschleppt, ich bin vorausgelaufen, da er langsam gegangen ist, er ist hinter mir hergestampft, und wenn ich die Augen schließe, sehe ich noch sein weißes Hemd und den abgebrannten Hals und wie er sich anstrengt. Er ist den ganzen Tag gelaufen, hinauf, hinunter, er ist in der Sonne gegangen, nicht ein einziges Mal hat er gehustet ...«

Auch Kafka erinnert sich, im Brief an Milena vom 9. August, dieser gelösten Stunden im Wiener Wald: *Da ich Dich liebe ..., liebe ich die ganze Welt und dazu gehört auch Deine linke Schulter, nein es war zuerst die rechte und darum küsse ich sie, wenn es mir gefällt (und Du so lieb bist die Bluse dort wegzuziehn) und dazu gehört auch die linke Schulter und Dein Gesicht über mir im Wald und Dein Gesicht unter mir im Wald und das Ruhn an Deiner fast entblößten Brust. Und darum hast Du recht, wenn Du sagst daß wir schon eins waren und ich habe gar keine Angst davor ... Aber eben zwischen dieser Tag-Welt und jener ›halben Stunde im Bett‹ von der Du einmal verächtlich als von einer Männer-Sache schriebst, ist für mich ein Abgrund, über den ich nicht hinwegkommen kann, wahrscheinlich weil ich nicht will. Dort drüben ist eine Angelegenheit der Nacht, durchaus in jedem Sinn Angelegenheit der Nacht; hier ist die Welt und ich besitze sie und nun soll ich hinüberspringen in die Nacht, um sie noch einmal in Besitz zu nehmen. Kann man etwas noch einmal in Besitz nehmen? Heißt das nicht: es verlieren. Hier ist die Welt, die ich besitze und ich soll hinüber, einer unheimlichen Zauberei zuliebe ... Weg damit, ich fürchte mich schrecklich davor.*

Dass ihm die Sexualität zu jener gefährlichen Nacht wird, ist hinreichend klar formuliert, in genau demselben Sinne, wie er einige Jahre früher in der Zeit mit Felice im Tagebuch den *Coitus als Bestrafung des Glückes des Beisammenseins* erlebt hat.

Kafka schätzte das Natürliche oder das vermeintlich Natürliche. Vegetarische Ernährung, frische Luft, sorgfältige Körperpflege, kein Alkohol, keine sonstigen Rauschmittel. Auch sein Widerwillen gegen Künstlichkeit, Affektiertheit im Verhalten gehört hierher, ebenso das Vermeiden von Schwulst und Phrasen in der Sprache.

Warum aber stieß ihn die Sexualität ab? Gerade an diesem Punkt wird deutlich, dass es ihm auf die Disziplinierung, die geistige Kontrolle und Gestaltung des Natürlichen ankam. Er nennt das *Reinheit*.

Ein Gelingen, ein Glück stellt sich für ihn erst dann ein, wenn das Natürliche sich mit dem Geistigen verbindet, wenn man nicht mehr, wie bei Krankheit und Tod, nur ein Opfer des Natürlichen ist. So aber empfand er die Sexualität am eigenen Leibe, wenn sie anfallsweise über ihn kam. Mit einiger Ausführlichkeit schildert er Milena die einschlägige Urszene, jene bereits zitierte Episode, wie er ein Ladenmädchen vom Fenster aus beobachtete, wie man sich durch Blickkontakt verständigte und dann gemeinsam ein Stundenhotel aufgesucht hatte. Er sei danach *glücklich* gewesen, *aber dieses Glück bestand nur darin, daß ich endlich Ruhe hatte vor dem ewig jammernden Körper.* Er hatte sich eine ihn selbst demütigende Triebabfuhr verschafft, war also dem Begehren gefolgt. Und genau dieses Begehren ist für ihn nichts anderes als eine Verschwörung gegen sein besseres Selbst, gegen das, was Geist an ihm ist. Damals war er froh gewesen, *dass das Ganze nicht noch abscheulicher, nicht noch schmutziger gewesen war.* Solche Anwandlungen wie einst bei dem Ladenmädchen kommen selbstverständlich immer wieder, auch zum Beispiel in Meran, so gesteht er Milena, als er über eine bestimmte Zeit hin Tag und Nacht überlegte, *wie ich mich des Stubenmädchens bemächtigen könnte.*

Es kommt anfallsweise über ihn. Dann fühlt er sich abgestoßen von dem, was ihn umtreibt, diese *Sehnsucht nach einer kleinen, nach einer ganz bestimmten Abscheulichkeit, nach etwas leicht Widerlichem, Peinlichem, Schmutzigem, noch in dem Besten, was es hier für mich gab war etwas davon, irgendein kleiner schlechter Geruch, etwas Schwefel, etwas Hölle.*

Es ist ihm ernst, und doch ist ein selbstironischer Ton nicht zu überhören. Er spielt mit dem aufklärerischen Verdikt gegen die »Verteufelung« der Sexualität, in diesem Sinne ist leicht spöttisch von *Schwefel* und *Hölle* die Rede. Doch diese Selbstironie kann nicht darüber hinwegtäuschen, dass für ihn die Sexualität etwas Unreines ist, falls sie nicht vom Geist durchdrungen, also sublimiert ist. Es ist sein Anspruch, die Verbindung zwischen Geist und Natur in menschenwürdiger Weise zu bewahren. Drängt sich die Triebnatur vor, ohne vom Geist durchdrungen zu sein, so entsteht, Kafka zufolge, der *Schmutz.* Der ängstigt ihn, zieht aber auch an und ängstigt, je mehr er anzieht.

Es bleibt das Verlangen, der Gefangenschaft des Begehrens zu entkommen. Erst jenseits davon gibt es Freiheit, auch die Freiheit für die Liebe. Das Begehren strebt nach Besitz, nach Gebrauchen und Verbrauchen. Die Liebe lässt den Anderen sein und freut sich an ihm, freut sich daran, dass es ihn gibt. Dann erst ist die *Luft da, die man im Paradies vor dem Sündenfall geatmet hat.*

Es gibt für Kafka zwei Arten, der Gefangenschaft des bloßen Begehrens zu entkommen. Die Liebe und das Schreiben.

Die Liebe ist für Kafka besonders verbunden mit dem Blick, mit dem Sehen als geistiges Vermögen, das in der Nähe die Distanz wahrt. Die liebende Anschauung spielt deshalb auch eine bedeutsame Rolle in Kafkas bereits zitierter Schilderung der Glücksmomente im Wiener Wald.

Die andere Art, der Gefangenschaft des bloßen Begehrens zu entkommen, ist das Schreiben, *dieses Hinausspringen aus der Totschlägerreihe Tat-Beobachtung, Tat-Beobachtung, indem eine höhere Art der Beobachtung geschaffen wird.*

Das Glück des Schreibens, heißt es an anderer Stelle, bestehe darin, *die Welt ins Reine, Wahre, Unveränderliche* heben zu können. Das Dunkle, Triebhafte, Rätselhafte wird vom Geist beleuchtet und durchdrungen, sprachlich zur Erscheinung gebracht. Die Reinheit findet sich dabei nicht auf der Seite des Gegenstandes, sondern bei seiner Darstellung. Dort erst gibt es jene wunderbare Freiheit, die im Handgemenge der Wirklichkeit, in der *Totschlägerreihe,* so oft verloren geht. Das gelingende Schreiben ist eine deutliche Darstellung des Lebens in seiner ganzen Undeutlichkeit.

Nach der geglückten Begegnung in Wien beginnt Kafka von einem Leben mit Milena zu träumen. Doch die Beziehung zu Julie ist immer noch nicht ganz gelöst. Julie kämpft um ihn, und er ist entsetzt über die eigene Grausamkeit. Milena schildert er den Abschied von Julie so: *als wieder die Hauptsache zur Sprache kam – lange Minuten*

zitterte das Mädchen neben mir auf dem Karlsplatz am ganzen Kör-
per – konnte ich doch nur sagen, daß neben Dir alles andere, mag es
auch an sich unverändert bleiben, verschwindet und nichts wird. Sie
stellte ihre letzte Frage, gegen die ich immer wehrlos geblieben bin, näm-
lich: ›ich kann nicht weggehen, schickst Du mich aber fort, dann gehe
ich. Schickst Du mich fort?‹ … Ich antwortete: ›Ja‹.
Doch Julie lässt sich nicht fortschicken. Es kommt zum Streit,
bei dem Julie *böse Worte* über Milena äußert, Worte, *für die ich sie*
hätte schlagen wollen und müssen, schreibt er, zugleich grimmig und
schuldbewusst. Die Trennung von Julie ist nun also vollzogen, von
seiner Seite.

Jetzt wagt er auch Milena gegenüber, seine Wünsche und Hoffnungen deutlicher zu formulieren. Gibt es ein Leben zu zweit?
Doch nun wird klar, dass Milena offenbar nicht von ihrem Mann
loskommt, obwohl sie unter ihm leidet. *Du liebst ihn, was Du auch*
sagen magst und wenn wir uns vereinigen (ich danke Euch, Ihr Schul-
tern!) ist es auf einer anderen Ebene, nicht in seinem Bereich.

So säuberlich lassen sich die Bereiche doch nicht trennen. Schließlich empfiehlt Kafka, Milena möge sich wenigstens vorübergehend
von Ernst Pollak trennen, über den er in den früheren Briefen re-
spektvoll geschrieben hat, den er inzwischen aber in einem düste-
ren Licht sieht. Milena plage sich ab, warum lässt Pollak sie ohne
Hilfe und warum hält sie trotzdem an ihm fest? Er macht ihr das
nicht zum Vorwurf, sondern nimmt es zum Anlass, sich selbst wieder einmal erfindungsreich herabzusetzen. Etwas für ihn Unerreich-
bares, schreibt er, spiele sich da offenbar zwischen Milena und ihrem
Mann ab, in einer solchen Höhe, dass man von tief unten, wo er
sich befindet, kaum etwas erkennen kann. Doch dann gibt er dieser
Selbsterniedrigung eine überraschende Wende. Er ist nicht nur unter
ihr, sondern auch über ihr. Milena würde, schreibt er weiter, nicht
nur heruntersteigen müssen, sondern auch hoch hinauf, sie müsste
in geradezu *übermenschlicher Art* hoch über sich *hinausgreifen,* um

ihn zu erreichen. Ob aber nun tief unter ihr oder hoch über ihr, auf jeden Fall stellt sich Kafka als Zumutung von Bodenlosigkeit dar.

So hat das Milena später auch gesehen. An Max Brod schrieb sie: »Aber ich war mit beiden Füßen unendlich fest mit dieser Erde hier zusammengewachsen, ich war nicht imstande, meinen Mann zu verlassen und vielleicht war ich zu sehr Weib, um die Kraft zu haben, mich diesem Leben zu unterwerfen, von dem ich wußte, daß es strengste Askese bedeuten würde, auf Lebenszeit. In mir aber ist eine unbezwingbare Sehnsucht, ja eine rasende Sehnsucht nach einem ganz anderen Leben, als ich es führe und als ich es wohl je führen werde, nach einem Leben mit einem Kinde, nach einem Leben, das der Erde sehr nahe wäre. Und das hat also wohl in mir über alles andere gesiegt, über die Liebe, über die Liebe zum Flug, über die Bewunderung und nochmals die Liebe.«

Ende Juli 1920 zeichnet sich ab, dass Milena, wenn auch in sich zerrissen, bei ihrem Mann bleiben wird und dass Kafka sich langsam zurückzieht. Man trifft sich noch einmal am 14. und 15. August in Gmünd, auf halber Strecke zwischen Wien und Prag. *An dem Tag, schreibt er rückblickend an Milena, sprachen wir miteinander und hörten einander zu, oft und lange wie fremde Menschen.*

In Kafkas Briefen nach dem Treffen in Gmünd nehmen die Selbstanklagen zu – *schmutzig bin ich Milena, endlos schmutzig, darum mache ich ein solches Geschrei mit der Reinheit –*, ebenso die Ausbrüche von Verzweiflung – *Liebe ist, daß Du mir das Messer bist, mit dem ich in mir wühle –*, doch er erlaubt sich nun auch Bosheiten gegen Ernst Pollak: *Alles Geheimnis Eures unzerreißbaren Zusammenhalts, dieses reiche unausschöpfbare Geheimnis gießt Du immer wieder in die Sorge um seine Stiefel.*

Doch anders als damals bei Felice reißt die Verbindung mit Milena nicht ab. Sie bleiben, auch wenn sie nun wieder zum »Sie« übergehen, so sehr miteinander vertraut, dass Kafka ihr ein Jahr später seine Tagebücher übergibt.

Seine Zeit mit Milena hält Kafka im Spätherbst 1920 in der folgenden kleinen Geschichte fest:

Ich liebte ein Mädchen, das mich auch liebte, ich mußte es aber verlassen.

Warum?

Ich weiß nicht. Es war so als wäre sie von einem Kreis von Bewaffneten umgeben, welche die Lanzen nach auswärts hielten. Wann ich mich auch näherte, geriet ich in die Spitzen, wurde verwundet und mußte zurück. Ich habe viel gelitten.

Das Mädchen hatte daran keine Schuld?

Ich glaube nicht oder vielmehr, ich weiß es. Der vorige Vergleich war nicht vollständig, auch ich war von Bewaffneten umgeben, welche ihre Lanzen nach innen, also gegen mich hielten. Wenn ich zu dem Mädchen drängte, verfieng ich mich zuerst in den Lanzen meiner Bewaffneten und kam schon hier nicht vorwärts. Vielleicht bin ich zu den Bewaffneten des Mädchens niemals gekommen und wenn ich hingekommen sein sollte, dann schon blutend von meinen Lanzen und ohne Besinnung.

Ist das Mädchen allein geblieben?

Nein, ein anderer ist zu ihr vorgedrungen, leicht und ungehindert. Ich habe erschöpft von meinen Anstrengungen so gleichgültig zugesehn, als wäre ich die Luft, durch die sich ihre Gesichter im ersten Kuß aneinander legten.

ZWÖLFTES KAPITEL

Der nackte Mensch. Das Zögern vor der Geburt.
»Das Schloss« als Roman des Zur-Welt-Kommens.
Dorfverwurzelung oder Schlossverankerung.
Die Implosion der Macht. Das Schloss der Frauen.
Das Schloss als Werkstatt des Schreibens

Milena beschrieb im Spätsommer 1920, als sie sich für ein Zusammenbleiben mit Ernst Pollak entschieden hatte, in einem Brief an Max Brod ihre Liebe zu Franz Kafka als eine unmögliche Liebe:»Gewiß steht die Sache so, daß wir alle dem Augenschein nach fähig sind zu leben, weil wir irgendeinmal zur Lüge geflohen sind, zur Blindheit, zur Begeisterung, zum Optimismus, zu einer Überzeugung, zum Pessimismus oder zu sonst etwas. Aber er ist nie in ein schützendes Asyl geflohen, in keines. Er ist absolut unfähig zu lügen, so wie er unfähig ist, sich zu betrinken. Er ist ohne die geringste Zuflucht, ohne Obdach. Darum ist er allem ausgesetzt, wovor wir geschützt sind. Er ist wie ein Nackter unter Angekleideten.«

Als dieser »nackte Mensch«, der aus den lebensdienlichen Übereinkünften und Sinngebungen herausgefallen ist, für den die haltgebenden kulturellen Selbstverständlichkeiten nicht gegeben zu sein scheinen, als dieser Mensch »ohne schützendes Asyl« hat sich Kafka selbst in einem Brief an Milena dargestellt: *Es ist etwa so, wie wenn jemand vor jedem einzelnen Spaziergang nicht nur sich waschen, kämmen usw. müßte – schon das ist ja mühsam genug – sondern auch noch, da ihm vor jedem Spaziergang alles Notwendige immer wieder fehlt, auch noch das Kleid nähn, die Stiefel zusammenschustern, den*

Hut fabricieren, den Stock zurechtschneiden usw. Natürlich kann er das alles nicht gut machen, es hält vielleicht paar Gassen lang, aber auf dem Graben z. B. fällt plötzlich alles auseinander und er steht nackt da mit Fetzen und Bruchstücken. Diese Qual nun, auf den Altstädter Ring zurückzulaufen! Und am Ende stößt er noch in der Eisengasse auf einen Volkshaufen, welcher auf Juden Jagd macht.

Das war geschrieben im November 1920, als in Prag bei nationalistischen Unruhen in der neu gegründeten tschechoslowakischen Republik tatsächlich wieder einmal Jagd auf Juden gemacht wurde. Diese Erfahrung der Schutz- und Obdachlosigkeit machte Kafka nicht nur in solchen Situationen. Das Gefühl der Fremdheit, als müsse er immer wieder am Nullpunkt der sozialen Eingewöhnung beginnen, war für ihn fast alltäglich. Das gewöhnliche Leben erschien ihm verbaut. Im Tagebuch nannte er das: *Mein Leben ist das Zögern vor der Geburt.*

Kafka blickt auf die Welt wie jemand, der noch nicht ganz zur Welt gekommen ist. Und was ihm dieser entfremdende Blick enthüllt, ist nicht angetan, den Geburtsvorgang, soweit er in seiner Macht steht, zu beschleunigen. Er zögert, weil er Angst hat. Und weil er zögert, wächst die Angst.

Er bestehe aus nichts anderem als – Angst, bekennt er Milena.

An Felice hatte er geschrieben, er bestehe aus nichts anderem als – Literatur.

Das *Zögern vor der Geburt,* die Angst und das Schreiben – bei Kafka gehört das offenbar zusammen. Das Schreiben ist eine Art vorgeburtliches Leben, wenn man noch nicht zur *Totschlägerreihe* gehört und wenn man noch zu beschreiben vermag, was einen schreckt. Schreiben als Versuch, die Angst zu beschreiben und sie damit zu bannen. Schreiben also als Asyl gegen die Angst.

Es ist viel geschrieben worden über Kafkas Weltangst. Er selbst war zu diesem Punkt durchaus mitteilsam. Da gab es die Sexualangst, die er Milena gegenüber als einen *Abgrund* beschrieb und als ein *Hinüberspringen in die Nacht.* Das rein körperliche Begehren als etwas Unreines, das sich nur schwer mit dem Gefühl der Liebe vereinigen ließ.

Und dann die Angst vor dem Vater, vor den Ansprüchen, die er repräsentierte: die Normalität, beruflicher Erfolg, Gründung einer Familie, gesellschaftliches Ansehen. Angst vor dem gewöhnlichen gesellschaftlichen Verkehr, vor dem sozialen Rollenspiel, wo der Selbstverlust droht. Das Entfremdungsdilemma: Man geht in sich und verliert die Welt oder man geht in die Welt und verliert sich selbst.

Angst machte ihm auch seine prekäre gesellschaftliche Stellung als Jude. Er ist zu wenig Jude, um in den religiösen Bindungen des Judentums Halt zu finden; und er ist sich seines Judentums zu sehr bewusst, um den Weg der Assimilation ohne Skrupel und Schuldgefühl gehen zu können. Er bewundert, ja romantisiert das Ostjudentum, weil er in ihm eine Verwurzelung in einer lebendigen Tradition zu entdecken glaubt.

Er selbst fühlte sich entwurzelt, getrennt von den Tschechen, aber auch von den nichtjüdischen Deutschen. Es blieb ihm die Zuflucht in die Sprache. Doch ganz zu Hause fühlte er sich dort auch nicht. Er kam sich manchmal als Usurpator vor, und deshalb gab es die Angst, man könnte ihm jeden Augenblick seine unrechtmäßig erworbene *Beute* abjagen.

Und schließlich das *Negative* der ganzen Epoche, worunter er den Glaubensverlust, die metaphysische Obdachlosigkeit versteht. Auch das ängstigt und führt zur Flucht in die Ersatzreligionen, die Kafka als Versuche der *Verankerung des in Not befindlichen Menschen in irgendwelchem mütterlichen Boden* beschreibt.

Kafka weiß aber auch: Die Ängste machen ihn hellsichtig. Er erfährt sich als jemand, den sein Lebensschicksal dazu verurteilt, schreibend in Gebiete vorzudringen, die denen verschlossen bleiben müssen, die in ihrer Wirklichkeit mit einigem Behagen zu Hause sind. Das Schreiben nennt er deshalb einen *Ansturm gegen die letzte irdische Grenze.*

Diesen Satz notiert er am 16. Januar 1922.

Wenige Tage später beginnt er, nach einer Schreibpause von anderthalb Jahren, den großen Roman »Das Schloss«.

Kafka war mit seiner fortschreitenden Tuberkulose zur Kur in Spindelmühle im Riesengebirge eingetroffen. Nach einem abendlichen Spaziergang auf verschneitem Weg bis zu einer Brücke schreibt er die ersten Sätze des Romans. *Es war spät abend als K. ankam. Das Dorf lag in tiefem Schnee. Vom Schlossberg war nichts zu sehn. Nebel und Finsternis umgaben ihn, auch nicht der schwächste Lichtschein deutete das große Schloß an. Lange stand K. auf der Holzbrücke die von der Landstraße zum Dorf führt und blickte in die scheinbare Leere empor.*

Kafka selbst hatte bei seinem ersten Spaziergang im verschneiten Spindelmühle vor der Brücke haltgemacht, seinen Protagonisten K. aber schickt er über die Brücke und lässt ihn das Experiment des Zur-Welt-Kommens unternehmen. K. hat alles hinter sich gelassen, Familie, Heimat, und wagt einen neuen Anfang. Er ist kein Wahrheitssucher, er dürstet nicht nach Erkenntnis. Wenn ihm an irgendeiner ›Wahrheit‹ liegt, so nur in jenem von Kafka gerne zitierten Flaubertschen Sinne, wonach in der Wahrheit lebt, wer verwurzelt ist in Beruf, Ehe und Familie. K. will also einen Platz in jenem Dorfe finden, das sich nach der Brücke vor ihm auftut. Er will aufgenommen werden und sich ein Zuhause schaffen.

Er ist auch nicht ausgezogen, um das Geheimnis eines ominösen Schlosses zu lüften. *Ist denn hier ein Schloß?,* fragt er verwirrt, als man ihn aus dem Schlaf am Ofen des Dorfgasthauses weckt, wo er ein erstes Unterkommen gefunden hat. Der ihn so unsanft aufstört, stellt sich vor als Sohn des Schlosskastellans, Schwarzer mit Namen, und erklärt: *Dieses Dorf ist Besitz des Schlosses, wer hier wohnt oder übernachtet, wohnt oder übernachtet gewissermaßen im Schloß. Nie-*

*mand darf das ohne gräfliche Erlaubnis. Sie aber haben eine solche Er-
laubnis nicht oder haben sie wenigstens nicht vorgezeigt.*

Wie sich wenig später herausstellt, ist es offenbar das Einfachste
von der Welt, diese Erlaubnis zu erhalten. So scheint es jedenfalls
zunächst. K. hatte behauptet, vom Schloss als Landvermesser berufen worden zu sein, und deshalb fragt Schwarzer telefonisch bei der
Schlossbehörde um Bestätigung nach. Dort weiß man nichts von der
Berufung eines Landvermessers. Doch wenig später ruft das Schloss,
wie reumütig, zurück und korrigiert den *Irrtum.* Das Schloss gibt
nach, wenn man nur hartnäckig bei seiner Version bleibt. Von nun an
wird K. im Dorf und auch vom Schloss der Landvermesser genannt.

Aber ist er es? Ist er vom Schloss wirklich berufen worden? Oder
gibt er es nur vor? Dafür spricht, dass er sich überrascht zeigt, hier
überhaupt ein Schloss vorzufinden.

Der Roman beschränkt sich auf die personale Perspektive von K.,
es gibt also keinen auktorialen, allwissenden Erzähler, der darüber
Auskunft geben könnte, wie es sich mit K. oder dem Schloss wirklich
verhält. Wir sehen die Welt als ebenso rätselhaft und undurchsichtig, wie sie sich K. darstellt und wie sie ihm erscheint. Das gilt nicht
nur für die Welt, wie sie K. erscheint, sondern auch für den Protagonisten K. selbst. Auch über ihn gibt es keine auktorialen Auskünfte.
Man ist auf Deutungen und Mutmaßungen angewiesen.

Das Einzige, was wir wissen: K. behauptet, als Landvermesser
gerufen worden zu sein. Und das Schloss, das ihn zunächst zurück-
weist, scheint seine Behauptung vorerst zu akzeptieren. Es gibt offenbar nach, wenn man nur energisch genug auftritt.

Der Landvermesser im »Schloss«-Roman hat seinen stärksten
Moment am Anfang, als er noch fragen kann: *Ist denn hier ein
Schloß?* Er ist noch nicht eingeschüchtert, das Schloss hat noch keine
Macht über ihn, weil er keinen Respekt vor ihm hat. Doch indem er
im Dorf Fuß fasst, wird er in die dort wirkenden gemeinschaftsbil-
denden Mythen und Erzählungen hineingezogen. So wird auch für

ihn das Schloss zu einer allesbeherrschenden Macht, mit der man sich offenbar gut stellen muss, wenn man hier von der Gemeinschaft aufgenommen werden und leben möchte.

Nach der ersten Nacht im Brückenhof-Gasthaus macht sich K. am frühen Morgen auf den Weg, um das ominöse Schloss in Augenschein zu nehmen. Der vermeintliche Weg zum Schloss führt aber gar nicht dorthin, sondern nur darum herum. Das Schloss bleibt unnahbar, aber aus einem Abstand kann er es doch sehen. Ein enttäuschender Anblick: *Es war doch nur ein recht elendes Städtchen, aus Dorfhäusern zusammengetragen.* Doch beim längeren Hinschauen wirkt alles merkwürdig, fast unheimlich. Der einförmige Rundbau, der die Dächer überragt, ist mit Fenstern bestückt, deren Reflexe im Sonnenlicht etwas *Irrsinniges* haben, das Ganze kommt ihm so vor, *wie wenn irgendein trübseliger Hausbewohner, der gerechterweise im entlegensten Zimmer des Hauses sich hätte eingesperrt halten sollen, das Dach durchbrochen und sich erhoben hätte, um sich der Welt zu zeigen.*

Das Schloss ist also ein Gebäudekomplex, der über dem Dorf thront. Doch das Schloss ist auch hier unten im Dorf, sagen die Leute. Es ist überall.

Im »Herrenhof«, im besten Gasthof am Platz, residieren Schlossbeamte mit ihren Sekretären, wenn sie hier unten etwas zu erledigen haben. Und dann gibt es auch noch Boten vom Schloss. Barnabas zum Beispiel, der für K. zuständige Bote. Das Schloss hat also Vertreter unten im Dorf, doch bleibt seine Macht eigenartig ungreifbar, chimärisch. Es werden nur Akten angelegt über das, was sowieso geschieht; es wird unaufhörlich registriert, es werden Beschwerden entgegengenommen. Das Schloss ist keine organisierende und anordnende Macht, eigentlich auch keine verbietende Macht, sondern ein riesiger Apparat, der einfach nur festhält, was sowieso der Fall ist. Aber offenbar stehen die Dinge im Dorf so, dass sie erst als wirklich gelten können, wenn sie vom Schloss irgendwie beglaubigt und vor ihm gerechtfertigt sind. Das Sein hier unten im Dorf findet seine Rechtfertigung durch das Schloss dort oben. Und so lässt sich nun auch K. in den Bann ziehen und sucht nach – Rechtfertigung.

Bei der Suche nach Rechtfertigung stößt K. wieder auf die eigentümliche Nachgiebigkeit des Schlosses. Das Schloss scheint ihm sein Ansinnen einfach nur zurückzuspiegeln. Der erste Brief des Schlossbeamten Klamm, den der Bote Barnabas überbringt, beginnt mit dem Satz: *Sehr geehrter Herr! Sie sind, wie Sie wissen, in die herrschaftlichen Dienste aufgenommen.* Je mehr K. über diesen ersten Satz nachsinnt, desto undeutlicher wird er ihm. Ist mit den Worten *wie Sie wissen* die Aufnahme im Ort und in die Dienste des Schlosses bestätigt, oder wird hier nur die Tatsache bestätigt, dass der Landvermesser zu wissen meint, aufgenommen worden zu sein? In diesem Falle würde Klamm ihm nur sein eigenes vermeintliches Wissen zurückgespiegelt haben. Die Frage, ob er wirklich aufgenommen ist oder es sich nur einbildet, bliebe damit unbeantwortet. Rechtfertigung und Selbstrechtfertigungen verschwimmen.

K. wird außerdem an den Gemeindevorsteher im Dorf verwiesen. Mit ihm soll er alles Weitere regeln, ihm sei er schließlich auch Rechenschaft schuldig.

Der Gemeindevorsteher aber erklärt nun, dass man im Dorf gar keinen Landvermesser benötige, denn die Grenzen der Besitztümer seien von alters her geregelt. Kleine Streitereien über fragliche Besitzverhältnisse werde man auch in Zukunft ohne Kataster und Neuvermessung beilegen können.

K. ist also bereits kurz nach seiner Ankunft mit einem elementaren Widerspruch konfrontiert. Er ist zugleich aufgenommen und abgewiesen. Wie soll er sich in diesem Widerspruch verhalten? Er verlegt sich auf die Kunst des Deutens. Vielleicht lösen sich die Widersprüche auf, wenn man jene Bedeutungen aufdeckt, die sich hinter den Worten und Verhaltensweisen verbergen. Was bedeutet, beispielsweise, die Auskunft des Gemeindevorstehers? Kann man ihr Glauben schenken? Hat der Gemeindevorsteher überhaupt einen Überblick? K. zweifelt daran, als er die ungeheure Unordnung unter seinen Amtspapieren bemerkt. Ganze Kleiderschränke sind voll davon, und beim Suchen einzelner Aktenstücke wird ein Schrank einfach umgekippt. Offenbar findet sich eher die Frau des Gemeindevorstehers in dem Chaos zurecht. Aber welche Interessen verfolgt sie? Ist sie vielleicht eifersüchtig auf Frieda, das Mädchen aus dem Ausschank des »Herrenhofs« und Geliebte Klamms, mit der K. inzwischen eine Liebesbeziehung begonnen hat, wohl auch um sich Klamm zu nähern. Es gibt also einige Verwirrung im Beziehungsgeflecht des Dorfes hier unten. Die Erzählungen des Gemeindevorstehers lassen die Verwirrung noch größer werden. Es kann durchaus sein, erklärt er, dass vor langer Zeit einmal ein Landvermesser angefordert worden war, ein Vorgang, der in der Schlossbürokratie hängen geblieben war und nun von einem übereifrigen Beamten wieder in Gang gesetzt wurde.

K. ist empört über dieses *lächerliche Gewirre …, welches unter Umständen über die Existenz eines Menschen entscheidet.*

K., der ins Dorf gekommen ist, um dort zu leben und zu arbeiten wie die anderen auch, wird immer weiter von diesem ursprünglichen Ziel abgelenkt. Er muss das verwirrende Gespinst, in welchem er steckt, verstehen. Die ihm fremde Welt, die K. betritt, ist eine Welt voller deutungsbedürftiger Zeichen, die er erst noch lesen lernen muss; er bewegt sich darin wie ein Ethnologe in einer fremden Kultur, die er erst noch erkunden muss. Bis dahin aber wird K., wie es in Kafkas Frühwerk einmal heißt, *seekrank* sein, weil der Boden schwankt.

Etwas Wesentliches unterscheidet K. von den Einheimischen. Die leben selbstverständlich mit dem Schloss. Das Schloss gehört zu ihrem Leben, es steckt in ihnen. Es ist gewissermaßen etwas Implizites. Bei K. aber wird der Schlossbezug explizit. K. nimmt, wie er sagt, den *Kampf mit dem Schloss* auf. Es ist ihm verwehrt, wie selbstverständlich mit dem Schloss zu leben. Er möchte die Wahrheit des Schlosses begreifen, seine Regeln und Hierarchien, seine Geschichte und wie man ihm näherkommt. Doch das Schloss bleibt rätselhaft und weicht zurück.

Zurückweichend verhält man sich aber auch im Dorf. Hier ist man auf die Schlossbeziehung eingespielt, hält den Landvermesser aber in dieser Hinsicht auf Distanz. K. kann nicht mitspielen, er durchschaut nicht das komplizierte Beziehungsgeflecht der Dorfbewohner, ihre Verhaltensweisen bleiben ihm rätselhaft, die Grundregeln des Lebens im Dorf sind ihm nicht geläufig. Als Außenseiter muss K. den Sinn des Schlossbezuges mühsam entziffern und deuten, die Dorfbewohner indes leben ganz selbstverständlich aus diesem Sinnbezug. Sie müssen nicht über vieldeutige Briefe aus dem Schloss brüten und sich in Abstraktionen verlieren. Als Einheimische sind sie im Konkreten zu Hause. K. beneidet sie darum. Er möchte so sein wie sie: *War er einmal ununterscheidbar von Gerstäcker oder Lasemann – und sehr schnell mußte das geschehen, davon hing alles ab –, dann erschlossen sich ihm gewiß mit einem Schlag alle Wege …*

Hier hat Kafka seinem Protagonisten das eigene Problem aufgehalst. Der Landvermesser wird, wie auch Kafka selbst, nie so selbstverständlich zu der Gemeinschaft gehören, in der er lebt. Die Verwurzelung im alltäglichen Leben bleibt beim Landvermesser ebenso prekär wie bei Kafka, der über seinen *Mangel des Bodens, der Luft, des Gebots* geklagt hat.

Obwohl Kafka aus diesem *Mangel* auch einen ungeheuren schöpferischen Gewinn zog, nämlich einen verfremdenden Blick auf das Leben werfen zu können, so hat er doch stets von solcher Verwurzelung in *Boden und Gebot* geträumt, und er hat Anstrengungen unternommen, ein Leben zu führen, das in diesem Sinne seine Wahrheit in sich selbst trägt. Wir erinnern uns: Dreimal hat er sich verlobt, mit Felice hat er Möbelgeschäfte aufgesucht. Zweimal hat er schon ziemlich konkret den Plan gefasst, nach Palästina auszuwandern und hat dafür Hebräisch gelernt und sich im Gartenbau ausbilden lassen. Nicht lange vor seinem Tod wird er mit Dora Diamant, der letzten Geliebten, davon träumen, in Berlin oder vielleicht sogar irgendwo in Palästina ein kleines Lokal aufzumachen, Dora in der Küche und er würde kellnern. Doch alle diese Versuche, als »Durchschnittsmensch« (Dora Diamant) zur Welt zu kommen, bricht er ab, um schließlich doch wieder zum Schreiben zurückzukehren. Zu einem Schreiben, bei dem dann, wie im »Schloss«-Roman, die Schwierigkeiten, zur Welt zu kommen, erkundet werden.

Kafka und sein Landvermesser fühlen sich von den impliziten Wahrheiten des Lebens, also von den Wahrheiten, die man im unmittelbaren Lebensvollzug realisiert, abgeschnitten. Das macht sie zu Fremden. Und nun versuchen sie, eine explizite Wahrheit zu finden, die einem ein wahres, also von einer höheren Instanz beglaubigtes, gerechtfertigtes und mit Sinn erfülltes Leben ermöglicht. Aber die Logik: erst Wahrheit, dann Leben wird vielleicht niemals ins Leben hineinführen, das in der Regel so verläuft, dass sich erst aus dem gelebten Leben gewisse Schlüsse auf eine Wahrheit ergeben, die in diesem Leben wirksam ist.

Diese beiden Wege – der explizite, also zuerst das Schloss, dann das Dorf, und der implizite, also zuerst das Dorf, dann das Schloss – zeichnen sich für K. schon recht früh deutlich als Alternative ab, er frage sich, *ob er Dorfarbeiter mit einer immerhin auszeichnenden aber nur scheinbaren Verbindung mit dem Schlosse sein wollte oder aber scheinbarer Dorfarbeiter, der in Wirklichkeit sein ganzes Arbeitsverhältnis von den Nachrichten des Barnabas bestimmen ließ.*

In dieser Alternative zwischen Schlossverankerung oder Dorfverwurzelung öffnet sich eine Dimension, die sich auch religiös interpretieren lässt und immer auch schon, angefangen bei Max Brod, so interpretiert worden ist. Dann geht es nicht nur um das gleichsam ethnologisch-soziale Modell – wie kann man eine fremde Welt und Kultur begreifen und in ihr Fuß fassen –, sondern auch um die Frage:

Wie finde ich im Religiösen Halt, wie finde ich einen gnädigen Gott, und dies, obwohl von Gott im »Schloss« nun wirklich nicht die Rede ist, sondern nur von einem Grafen West-West, der aber immerhin ebenso ungreifbar ist wie Gott oder Samuel Becketts Godot.

Jedenfalls, vor jene ominöse Alternative – hier Schlossverankerung, dort Dorfverwurzelung – gestellt, beabsichtigt K. einen Weg zu wählen, der ihn nicht von der Gnade eines Höheren abhängig macht. Er möchte als einfacher *Dorfarbeiter* anerkannt werden, *möglichst weit von den Herren vom Schloß entrückt,* er möchte Wege erkunden, *die ihm wenn es nur auf die Herren oben und ihre Gnade angekommen wäre, für immer nicht nur versperrt sondern unsichtbar geblieben wären.*

K. strebt also die Dorfverwurzelung an, die säkulare Option. Doch gegen seine Absicht bleibt er, auch infolge der Zurückweisungen durch das Dorf, fixiert auf das Schloss. Aus dem Wunsch nach Dorfverwurzelung wird das Verlangen nach Schlossverankerung, auch wenn es nur ein Umweg sein sollte für eine wirkliche Verwurzelung im Dorf. K. wird jedenfalls, ob freiwillig oder nicht, auch zum Metaphysiker, er umkreist das Schloss und seine Herren, grübelt über ihre Botschaften und setzt sich mit ihren Hierarchien ins Benehmen, freilich nur, um immer wieder zu erfahren, dass sich das Schloss zurückzieht, wenn man sich ihm nähert. Auf diese Weise wird sein Schlossbezug so stark, dass er die Personen, denen er im Dorf begegnet, nicht in ihrer Eigenbedeutung wahrnimmt, sondern nur instrumentell in Bezug auf das Schloss. Das gilt besonders für die Frauenfiguren.

K. bringt Tage und Nächte im Dorf damit zu, den Erzählungen der Dorfbewohner über das Schloss zu lauschen, um herauszufinden, was es mit ihm auf sich hat, wie man sich ihm am besten nähert.

In den »Forschungen eines Hundes«, einer späteren Erzählung Kafkas, versucht der Hund dem Geheimnis der Hundenahrung auf die Spur zu kommen: Er will ihre Herkunft bis an ihren Anfang zurückverfolgen, ihr Geheimnis ergründen. Das kann er aber nur, so denkt er, wenn er die Nahrung nicht verschlingt; er muss sie, wenn er ihre Wahrheit erkennen will, *vor sich haben,* er darf sie nicht nur *in sich haben.* Der Hund fastet also, um forschen zu können, der Erkenntniswille widerstreitet dem Lebenswillen. So verhält es sich auch beim »Hungerkünstler«, ebenfalls ein Text aus der späteren Zeit. Auch der Hungerkünstler hungert sich zu seiner Wahrheit hinunter. Welches Geheimnis will er ergründen? Das sagt er nicht, nur ganz am Ende flüstert er mit bitterem Humor, es habe ihm eben nichts geschmeckt, deshalb das Hungern.

So ähnlich ergeht es auch dem Landvermesser. Jedermann im Dorf ist durch eine Art Nahrungskreislauf mit dem Schloss verbunden. Alle haben sie die Wahrheit in sich. Sie steckt implizit in ihrem Leben. Der Landvermesser aber nimmt nicht teil an der impliziten Wahrheit des Dorflebens. Er strebt nach einer besonderen Beziehung zum Schloss, er will die Wahrheit explizit erkennen: es verlangt ihn nach Anweisung, Normen, Geboten, Rechtfertigungen, höheren Sinngebungen, nach dem ganzen expliziten Programm des Religiösen oder Metaphysischen. Das hat zur Folge, dass er von seinem ursprünglichen Ziel, eingemeindet zu werden, immer weiter abkommt.

Mit diesem Bestreben trägt K. aber auch Unruhe unter die Leute im Dorf. Er bringt sie in eine Situation, in der sie sich ebenfalls ausdrücklich auf ihr Verhältnis zum Schloss beziehen müssen. Er reißt sie aus der Unmittelbarkeit ihres Lebens und mutet ihnen zu, das Geheimnis ihrer Lebenskraft zu enthüllen, er lockt die verschwiegen wirkende Wahrheit ihres Lebens hervor. Die meisten reagieren auf diese Zumutung mit stummer, fast feindseliger Abwehr. Der Dorfschullehrer zum Beispiel wehrt die Frage des Landvermessers nach dem obersten Schlossherrn, dem Grafen West-West, als geradezu blasphemisch ab. *Nehmen Sie Rücksicht auf die Anwesenheit unschuldiger Kinder,* mit diesen Worten weist er den Landvermesser zurecht.

Fassen wir zusammen: Das Schloss thront übermächtig über dem Dorf, und zugleich gehört alles zum Dorf. Und doch entzieht sich das Schloss, bleibt ungreifbar, und manchmal, in Schnee und Nebel, ist es so gut wie verschwunden. Es ist nichts.

Das Schloss ist wirklich, doch auch ein Phantasma, das sich ändert, je nachdem, wie man darauf schaut oder wie man ihm begegnet. K. war nicht so weit von der Wahrheit entfernt, als sich ihm bei seiner Ankunft dort, wo sich später das Schloss zeigen wird, nur eine dunkle Leere auftat. Doch die Leere füllt sich, und das Schloss wird mächtig in dem Maße, wie K. in die Vorstellungen der Dorfbevölkerung über die Macht des Schlosses hineingezogen wird. Die Macht des Schlosses lebt von dem Glauben an diese Macht. Die Macht ist also desto mächtiger, je ohnmächtiger man sich fühlt. Das hat Kafka in einem Aphorismus aus der Zeit in Zürau zum Ausdruck gebracht: *Mit stärkstem Licht kann man die Welt auflösen. Vor schwachen Augen wird sie fest, vor noch schwächeren bekommt sie Fäuste, vor noch schwächeren wird sie schamlos und zerschmettert den, der sie anzuschauen wagt.*

Diesem Zusammenhang zwischen Macht und Ohnmacht sind wir auch schon bei der Türhüter-Parabel begegnet. Je länger der Mann vom Lande vor dem Gesetz sitzen bleibt, desto undurchdringlicher wird es für ihn, bis er dann sogar die Flöhe im Bart des Türhüters um Hilfe angeht. So auf Hilfe erpicht treibt sich auch der Landvermesser am Fuße des Schlosses herum.

Gegen Ende des unvollendeten Romans imaginiert Kafka eine aberwitzige Umkehrszene: Die Macht möchte wieder dorthin zurück, woher sie gekommen ist; sie möchte sich wieder in denen auflösen, die sie ständig schaffen, indem sie sich ihr unterwerfen. Die Macht implodiert.

K. hat eine Vorladung zum Schloss-Sekretär Erlanger im »Herrenhof« erhalten. Es ist inzwischen tiefe Nacht. Im »Herrenhof« sind an einem schmalen Gang winzige Zimmer aufgereiht mit Türen, vor denen man sich tief bücken muss. Jetzt ist alles still und leer. K. ist erschöpft, unendlich müde, er taumelt durch den Gang, findet nicht die richtige Tür, öffnet irgendeine und stößt auf einen Schlossbeamten im Bett, der sich sogleich beflissen als der Sekretär Bürgel vorstellt. Er redet nun unablässig auf K. ein, der mit dem Schlaf kämpft und im Begriffe ist, sich zu Bürgel ins Bett zu legen. Bürgel macht K., der es nur noch wie von Ferne im Halbschlummer hört, das denkwürdige Geständnis, wie sehnsüchtig man im Schloss den Besuchen der *Parteien* vom Dorf entgegenharrt: *Die niemals gesehene, immer erwartete, mit wahrem Durst erwartete und immer vernünftiger Weise als unerreichbar angesehene Partei sitzt da. Schon durch ihre stumme Anwesenheit ladet sie ein in ihr armes Leben einzudringen, sich darin umzutun wie in eigenem Besitz und dort unter ihren vergeblichen Forderungen mitzuleiden.*

K. hat die ganze Zeit danach gestrebt, vom Schloss anerkannt zu werden. Nun enthüllt ihm ein Schlossbeamter, dass es umgekehrt das Schloss ist, das sich nach Anerkennung durch die *Parteien* sehnt und in ihnen sich spiegeln möchte. Die wahren Herrscher, so Bürgel, sind die Parteien, sie können alles beherrschen und brauchen dafür nicht mehr zu tun, *als ihre Bitten irgendwie vorzubringen.*

Doch das bekommt K. schon nicht mehr richtig mit, er ist eingeschlafen. Erzähltechnisch ist das übrigens problematisch: Der Erzähler teilt etwas mit, was K. ja eigentlich entgangen ist, und insofern wird hier die Beschränkung auf die Perspektive K.s durchbrochen. Vielleicht aber ist das Absicht: eine ironische Brechung, denn das Geständnis über die Schwäche des Schlosses darf nicht an den Schlaf der Welt rühren.

Im »Herrenhof« wird es Tag. K. treibt sich inzwischen wieder auf dem Gang herum, und hinter den Türen hört man Geräusche des Aufbruchs. K. merkt nicht, dass seine Anwesenheit die scheuen Beamten hindert, sich zu zeigen. Sie trauen sich nicht auf den Gang heraus. Desto lauter tönt es aus den Zimmern. Das Ganze wirkt eher komisch. *Einmal klang es wie der Jubel von Kindern, die sich zu einem Ausflug bereitmachen, ein andermal wie der Aufbruch im Hühnerstall, wie die Freude, in völliger Übereinstimmung mit dem erwachenden Tag zu sein, irgendwo ahmte sogar ein Herr den Ruf eines Hahnes nach.* Respekt vermag das Schlosspersonal in diesem Moment nun wirklich nicht mehr einzuflößen. Der Machtapparat löst sich auf in einer Atmosphäre von Kindergeburtstag. Das Schloss mag auch etwas Göttliches repräsentieren, doch unter der Wirkung des poetischen Gegenzaubers nimmt dieses Göttliche komische Züge an. Es gibt ein Schloss der Männer, davon war bisher die Rede. Und es gibt ein Schloss der Frauen.

Für die Frauen ist das Schloss nicht nur ein Machtapparat, sondern ebenso ein Inbegriff der Hingabe, auch der sexuellen. Sie wollen mit den Herren des Schlosses schlafen, jedenfalls träumen sie davon. Als K. am ersten Morgen auf dem Weg zum Schloss im Schnee versinkt und Zuflucht findet in einer dampfigen Badestube, fällt ihm eine Frau auf mit einem Kleid wie aus Seide, im Lehnstuhl liegend, den Blick *unbestimmt in die Höhe* gerichtet. Sie nennt sich im Gespräch mit K. *ein Mädchen aus dem Schloß*, in einem Ton, der unentschieden lässt, ob sie K. verachtet oder sich selbst. Für die Frauen im Dorf gilt in der Regel als Höhepunkt des Lebens, wenn sie einmal von einem Schlossbeamten als Geliebte erwählt wurden. Diese Erwählung wird, auch wenn sie nur kurze Zeit gedauert hat, zur kostbarsten Erinnerung, so bei Frieda oder der Brückenhofwirtin Gardena, die K. endlose Geschichten darüber erzählt. Davon zehren diese Frauen, und das gibt ihnen ihre fragwürdige Würde. Die Männer des Dorfes, von solchen Beziehungen ausgeschlossen, wirken neben diesen Frauen schwächlich, unentwickelt. So kommt es, dass im Dorf eine Art Matriarchat herrscht. Die Frauen haben offenbar eine besonders kostbare Wahrheit in sich, wenn ihnen einst das Glück widerfahren ist, von einem Schlossbeamten erwählt worden zu sein.

Das Spiel der Sexualität – ist das vielleicht die triviale Wahrheit, die Dorf und Schloss zusammenhält? Die Geschichte der aus der Dorfgemeinschaft ausgestoßenen Familie des Boten Barnabas könnte als Hinweis darauf gelesen werden.

Das Dorf hat sich von dieser ehemals angesehenen Familie zurückgezogen, weil Amalia, eine Tochter des Hauses, die Ungeheuerlichkeit begangen hatte, das Liebeswerben eines Schlossbeamten zurückzuweisen. Dieser Beamte hatte ihr einen offenbar obszönen Brief geschrieben, und sie hatte diesen Brief vor den Augen des Schlossboten zerrissen. Amalia hat ein Tabu verletzt. Die Ungeheuerlichkeit besteht nicht nur in der Zurückweisung eines Schlossbeamten. Schlimmer ist, dass sie gesehen hat, was man im Interesse des Gemeinschaftslebens besser nicht sieht, nämlich, dass es obszöne Verhältnisse sind, in denen das Dorf mit dem Schloss verstrickt ist. Anders gesagt: Alle reden vom Schloss als dem Inbegriff der Wahrheit des Lebens und denken und wollen doch nur das eine: Geschlechtsverkehr.

Amalia durchschaut das Spiel, sie lässt sich nicht von jener Sentimentalität blenden, mit der die anderen Frauen ihre Schlossgeschichten einhüllen, sie *sah auf den Grund … Aug in Aug mit der Wahrheit stand sie und lebte und ertrug dieses Leben damals wie heute.* An Amalia wird ein Gesetz der Gemeinschaft vollstreckt: Wer an ihre Tabus, an ihre verschwiegene Wahrheit rührt, wird ausgestoßen. Amalia bewahrt ihre Reinheit gegenüber den Zumutungen des Schlosses und hält die damit verbundene Einsamkeit aus, anders als die übrigen Familienmitglieder, die nicht aus dem Spiel ausgeschlossen werden wollen und deshalb bereit sind, auch die schlimmsten Spielregeln zu akzeptieren. Olga beispielsweise, Amalias Schwester, wird zur Prostituierten bei den Knechten und Dienern des Schlosses, um auf diese Weise das Schloss gnädig zu stimmen.

Amalia indes hat nur Verachtung übrig für alles, was mit dem Schloss zusammenhängt, und für alle, die das Verlangen nach dem

Schloss umtreibt. *Ich hörte einmal, erzählt sie, von einem jungen Mann, der beschäftigte sich mit den Gedanken an das Schloss bei Tag und bei Nacht, alles andere vernachlässigte er, man fürchtete für seinen Alltagsverstand, weil sein ganzer Verstand oben im Schloss war, schließlich aber stellte es sich heraus, daß er nicht eigentlich das Schloß, sondern nur die Tochter einer Aufwaschfrau in den Kanzleien gemeint hatte, die bekam er nun allerdings und dann war wieder alles gut.*

Auch der Landvermesser K. denkt unablässig an das Schloss. Auch er stellt jenen Frauen nach, die in irgendeiner Beziehung zum Schloss stehen. Und doch verhält es sich bei ihm umgekehrt wie bei jenem jungen Mann, von dem Amalia erzählt. Dem geht es wirklich um die Frau. Dem Landvermesser aber geht es um das Schloss.

Der eine begehrt im Schloss das Sexuelle, der andere sucht im Sexuellen etwas Schlossartiges. Für den Landvermesser ist es unerträglich, dass die Wahrheit, die er sucht, das Sexuelle sein soll. Indem er durch das Sexuelle hindurch nach einer Beziehung zum Schloss sucht, verlangt es ihn – ja wonach eigentlich? Ist es nur, wie er immer wieder beteuert, als Landvermesser hier unten im Dorf anerkannt zu sein und ruhig leben zu können? Es ist nicht nur das. Es ist wohl auch etwas Größeres, etwas Schlossartiges, ein außeralltäglicher Zustand, etwas Überschwängliches, das sich wie Erlösung anfühlt.

Der Landvermesser wälzt sich mit Frieda in einer Bierlache vor dem Zimmer des Schlossbeamten Klamm im »Herrenhof«, aber er hat nicht Frieda im Sinn, sondern diesen Klamm, das Schloss also. *Dort vergiengen Stunden, Stunden gemeinsamen Atems, gemeinsamen Herzschlags, Stunden, in denen K. immerfort das Gefühl hatte, er verirre sich oder er sei soweit in der Fremde, wie vor ihm noch kein Mensch, eine Fremde, in der selbst die Luft keinen Bestandteil der Heimatluft habe, in der man vor Fremdheit ersticken müsse und in deren unsinnigen Verlockungen man doch nichts tun könnte als weiter gehn, weiter sich verirren.*

Diese Szene erinnert an jene Passagen eines Briefes an Milena, wo Kafka seine Angst vor dem Geschlechtlichen als *eine Angelegenheit der Nacht* beschreibt. Als aus Klamms Zimmer nach Frieda gerufen wird, fühlt sich K. wie befreit, ein *tröstliches Aufdämmern;* endlich mischt sich das Schloss in die obszöne Umarmung ein, in die Sinnverlassenheit dieser Balgerei in der Bierpfütze. Frieda aber pocht trotzig an Klamms Tür, sie will beim Landvermesser bleiben.

K. kann sich dieses Sieges nicht freuen. Eine Frau, die ihm zuliebe ihre Verbindung zum Schloss kappt, verliert für ihn sofort jeden Wert. Er fühlt sich *verloren,* weil er das Schloss verliert, und muss deshalb nach anderen Frauen Ausschau halten, beispielsweise Pepi, Friedas Nachfolgerin im Ausschank, oder die Herrenhofwirtin, in deren riesigen Kleiderschrank er schon einmal Einblick erhält.

An dieser Stelle bricht der Roman ab. Es könnte ja endlos weitergehen. Immer andere Frauen würden sich dem Landvermesser anbieten. Es würden auch weiterhin rätselhafte Botschaften vom Schloss herabgelangen, die Anlass geben zu weiteren unendlichen Interpretationen. Deshalb ist es nicht plausibel, dass der Roman, nach einer Auskunft von Max Brod, damit enden sollte, dass der sterbende Landvermesser endlich vom Schloss in Gnaden aufgenommen wird. Warum sollte diese letzte Botschaft eine sein, auf die man sich verlassen kann, warum sollte sie nicht, wie alle Botschaften vom Schloss zuvor, ebenfalls vieldeutig und unendlich ausdeutbar sein? Es ist nicht abzusehen, warum sich das plötzlich ändern sollte, bloß um zu einem Ende zu kommen. Die Logik des Romans lässt ganz einfach keine ultimative Gnade zu.

Von einer Bedeutungsdimension des Schlosses war noch nicht die Rede. Das Schloss verweist nämlich auch auf die Welt des Schreibens selbst. Das Schreiben erobern und im Schreiben leben war für Kafka, wie wir inzwischen wissen, die alles entscheidende Lebensaufgabe, wie für K. die Eroberung des Schlosses. Ist also das Aufgenommen-werden durch das Schreiben nicht so etwas wie das Aufgenommen-werden durch das Schloss?

Tatsächlich: Das Schloss hat viel mit dem Schreiben zu tun, Briefe werden geschrieben, die sich endlos interpretieren lassen, Protokolle werden angefertigt, und es werden unaufhörlich Akten angelegt, also Verschriftlichungen dessen, was im Dorf der Fall ist. Von einem besonders eifrigen Schlossbeamten, so berichtet der Gemeindevorsteher, gehe die Kunde, dass sich bei ihm ganze Aktensäulen stapeln, die immerfort zusammenstürzen, und dieses *kurz aufeinander-folgende Krachen* sei für diesen außerordentlich tüchtigen Beamten bezeichnend und er werde dafür bewundert. Ähnliches wusste Kafka scherzhaft zu berichten von seinem eigenen Schreibtisch im Büro, dem Ort des uneigentlichen Schreibens; doch auch zu Hause auf dem Arbeitstisch, dem Ort des eigentlichen Schreibens, sah es nicht anders aus. Als hübsche Humoreske wird die frühmorgendliche *Aktenverteilung* im »Herrenhof« dargestellt, deren unerlaubter Zeuge der Landvermesser wird. Die Herren vom Schloss, heißt es, sind *zu schamhaft, zu verletzlich*, um sich bei diesem Kerngeschäft fremden Blicken auszusetzen; für sie ist es ein ebenso intimer Vorgang wie für Kafka selbst das Schreiben. Deshalb stockt die Aktenverteilung, die Beamten wagen sich nicht aus ihren Zimmern, solange K. auf dem Gang anwesend ist; so stapeln sich die Akten vor den geschlossenen Türen, die sich manchmal einen Spaltbreit öffnen, und dann werden Akten blitzschnell ins Zimmer hineingezogen; Hilfskräfte mit ihren Aktenwägelchen tänzeln zwischen den Türen wie Mädchen, die sich feilbieten; am Ende dieses wunderlichen Balletts bleibt, verloren und unbeachtet, ein *Papierchen* übrig. *Das könnte recht gut meine Akte sein*, schießt es K. durch den Kopf.

So gesehen ist das Schloss auch eine Schreibwerkstatt der Macht, von der ein unheimlicher Zauber ausgeht. Es ist die Verzauberung durch die identifizierende Macht, die Plätze zuweist und Identitäten festlegt und bekräftigt. Das spiegelt sich dann in den Akten, in denen über jedermann Buch geführt wird, zum Zwecke der Feststellung und Fixierung.

Gegen diese Art des Schreibens aber ist Kafkas Schreiben gerichtet. Es ist ein Gegenzauber. Schreiben ist für ihn freie Beweglichkeit und als solche eine *Konstruktion der Genusssucht*, wie es in einem Brief an Max Brod heißt.

Was aber genießt Kafka, wenn er schreibt? Er genießt, was ihm unter den sozialen Zwängen des Lebens zur Qual wird: die eigene Unbestimmtheit, die unendlichen Möglichkeiten des Imaginären, die er entfalten kann, ohne sie durch unwiderrufliche Entscheidungen reduzieren zu müssen; er genießt die eigene Vieldeutigkeit, die ihn aber sogleich ängstigt, wenn er unter die sozialen Zwänge der Eindeutigkeit gerät. Im Schreiben, diesem *Zögern vor der Geburt*, genießt er jenen Augenblick, in dem er noch nicht unter die Suggestion der lebensdienlichen Fiktionen des Wahren, Guten, Nützlichen geraten ist. Im Schreiben ist alles noch offen, und alles hängt noch von einem selbst ab, von der Gnade des schöpferischen Einfalls. Es ist auch der Augenblick, der vor dem Sturz in die ideologischen und sozialen »Wahrheiten« liegt, unter deren Schutz sich jedes normale Leben früher oder später begeben wird. Es ist der Augenblick, in dem man noch alles erfinden kann, weil es nichts objektiv Verbindliches gibt, dem man sich beugen müsste.

Diese Lockerungen durch den poetischen Umgang mit den sogenannten letzten Fragen wecken bisweilen euphorische Gefühle: *Mein Leben war süßer als das der anderen.*

Es versteht sich bei Kafka allerdings von selbst, dass solches Glück des Schreibens von heftigen Schuldgefühlen begleitet ist: *Ich habe nicht gelebt, ich habe nur geschrieben.*

DREIZEHNTES KAPITEL

Das Testament. Sommer 1923 in Müritz, mit Dora Diamant.
Fast glücklich. Lebens- und Liebesversuch in Berlin.
»Der Bau«. Eine Briefgeschichte für das Mädchen im Park.
Die letzte Erzählung: »Josefine, die Sängerin oder
das Volk der Mäuse«. Ende

In der ersten Septemberwoche 1922 brach Kafka die Arbeit am »Schloss« ab. Er war zu dieser Zeit noch in Planá, einem kleinen südböhmischen Ort, wo er zusammen mit Ottlas Familie eine Privatpension bezogen hatte. Rückblickend nennt er die beiden Monate Juni und August, die er hier verbrachte, eine gute Zeit, auch deshalb, weil er mit seinem Roman vorangekommen war.

Nun aber waren Ottla und ihre Familie im Begriff abzureisen. Zwar hatte er sich durch das Familienleben bisweilen auch gestört gefühlt, doch nun löste die Abreise bei ihm Ängste aus. Unerträglich war ihm der Gedanke, allein zu bleiben, ohne ins Schreiben vertieft zu sein, da sich abzeichnete, dass er mit dem »Schloss« an kein befriedigendes Ende kam. Wohl deshalb, so vermutete er selbst, erlitt er Ende August einen Nervenzusammenbruch und konnte danach die Arbeit am Roman überhaupt nicht mehr fortsetzen. *Diese Woche*, schrieb er am 11. September 1922 an Max Brod, *habe ich nicht sehr lustig verbracht (denn ich habe die Schloßgeschichte offenbar für immer liegen lassen müssen …).*

In diesem Brief analysiert er geradezu pedantisch die verschiedenen Ängste, von denen er geplagt wird. Er hat Angst vor der Einsamkeit, und da er die Einsamkeit zum Schreiben aber auch benötigt und nach ihr verlangt, hat er auch Angst um die Einsamkeit, also davor, dass sie ihm geraubt werden könnte. Dazu kommt noch die Angst vor der Angst, wodurch sich die Zahl der Ängste noch einmal verdoppelt. Wichtig ist ihm dabei die Unterscheidung zwischen der einsamen Einsamkeit, die er schätzt, und der Einsamkeit unter Menschen, die ihn besonders quält, weil sie ihn mit seiner vermeintlichen Unfähigkeit zum normalen menschlichen Umgang konfrontiert.

Um nicht eine Beute all dieser Ängste zu werden, blieb er also nach der Abreise Ottlas nicht in Planà, wie ursprünglich geplant, sondern reiste ebenfalls ab. Das fragmentarische »Schloss«-Manuskript blieb liegen, wenig später überließ er es Milena.

Inzwischen war er auf eigenen Wunsch und auf dringende Empfehlung der Ärzte bei der AUVA in den vorzeitigen Ruhestand versetzt worden. Fieberschübe und Schwächezustände fesselten ihn über Wochen ans Bett in der elterlichen Wohnung, im November 1922 kam eine Lungenentzündung dazu.

In dieser Situation teilte er Max Brod im Brief vom 29. November 1922 seinen letzten Willen in Bezug auf seine schriftstellerische Hinterlassenschaft mit: *Von allem was ich geschrieben habe gelten nur die Bücher: Urteil, Heizer, Verwandlung, Strafkolonie, Landarzt und die Erzählung Hungerkünstler. (Die paar Exemplare der ›Betrachtung‹ mögen bleiben, ich will niemandem die Mühe des Einstampfens machen, aber neu gedruckt darf nichts daraus werden). Wenn ich sage, daß jene 5 Bücher und die Erzählungen gelten, so meine ich damit nicht, daß ich den Wunsch habe, sie mögen neu gedruckt und künftigen Zeiten überliefert werden, im Gegenteil, sollten sie ganz verloren gehn, entspricht dieses meinem eigentlichen Wunsch. Nur hindere ich, da sie schon einmal da sind, niemanden daran, sie zu erhalten, wenn er dazu Lust hat.*

Dagegen ist alles, was sonst an Geschriebenem von mir vorliegt (in Zeitschriften Gedrucktes, im Manuskript oder in Briefen) ausnahmslos soweit es erreichbar oder durch Bitten von den Adressaten zu erhalten ist (hier weist er besonders auf die »Schloss«-Hefte im Besitz von Milena hin) – *alles dieses ist <u>ausnahmslos am liebsten ungelesen</u>* *(doch wehre ich Dir nicht hineinzuschauen, am liebsten wäre es mir allerdings wenn Du es nicht tust, jedenfalls aber darf niemand anderer hineinschauen – alles dieses ist ausnahmslos zu verbrennen und dies möglichst bald zu tun bitte ich Dich.*

Später, nach Kafkas Tod, fand Max Brod unter dessen Papieren eine ein Jahr zuvor geschriebene Verfügung, die sich mit dieser letzten deckt bis auf die Tatsache, dass über die bereits erschienenen Werke nichts gesagt wird.

Max Brod wird sich in jeder Hinsicht über den letzten Willen seines Freundes hinwegsetzen. Schließlich wird alles, auch noch das letzte beschriebene Blatt Papier, das gefunden wird, veröffentlicht. Max Brod rechtfertigt seine Entscheidung damit, dass er Kafka nie im Unklaren darüber gelassen habe, dass er sich an eine Verfügung zur Vernichtung des Nachlasses nicht halten werde. Wenn Kafka ihn gleichwohl zum Nachlassverwalter bestimmte, so folge für ihn daraus, dass Kafka die Vernichtung seiner Manuskripte nicht wirklich gewollt haben kann, zumindest nicht ohne Selbstwiderspruch gewollt hat. Die Argumentation leuchtet ein. Gleichwohl hat man Max Brod Vorwürfe gemacht. Doch wie auch immer: Brod ist es zu verdanken, dass ein ungeheures Werk nicht der Vernichtung anheim gegeben worden ist.

Aus der ersten Hälfte des Jahres 1923 sind fast keine Aufzeichnungen überliefert, weder in den Manuskriptheften noch im Tagebuch. Doch vom Schreiben hat er sich nicht verabschiedet. Kafka fühlte sich noch mitten darin, auch wenn er gerade nichts zu Papier brachte. In einem Brief an Robert Klopstock von Ende März 1923, in dem Kafka den Freund darum bittet, von einem Besuch abzusehen, heißt es: *Ich habe inzwischen, nachdem ich durch Wahnsinnszeiten gepeitscht worden bin, zu schreiben angefangen und dieses Schreiben ist mir in einer für jeden Menschen um mich grausamsten (unerhört grausamen, davon rede ich gar nicht) Weise das Wichtigste auf Erden,*

wie etwa einem Irrsinnigen sein Wahn (wenn er ihn verlieren würde,
würde er ›irrsinnig‹ werden) oder wie einer Frau ihre Schwangerschaft.
Das hat mit dem Wert des Schreibens, wie ich auch hier wiederhole,
gar nichts zu tun, den Wert erkenne ich ja übergenau, aber ebenso auch
den Wert, den es für mich hat … Und darum halte ich das Schreiben in
zitternder Angst vor jeder Störung umfangen und nicht nur das Schrei-
ben, sondern auch das dazugehörige Alleinsein.

Dieser Zustand, sich im Schreiben zu fühlen und doch nicht
schreiben zu können, ist besonders quälend. Um aus diesem eigenartig leeren, inneren Umtrieb herauszukommen, vertiefte Kafka sich
in das Hebräisch-Studium. Im April 1923 war Hugo Bergmann, der
alte Schulfreund und nunmehr Leiter der Universitätsbibliothek in
Jerusalem, zu Besuch in Prag, mit ihm besprach Kafka wieder einmal
die Möglichkeiten einer Auswanderung nach Palästina. Hugo Berg-
manns Frau Else blieb noch etwas länger in Prag, und ihr schilderte
er sein Gefühl, dass *förmlich das Schiff an der Schwelle meines Zim-*
mers anlegt.

Es war nicht nur die Krankheit, die ihn von der Palästina-Fahrt ab-
hielt, sondern auch das Eingeständnis, dass er sich allen Bemühungen
zum Trotz doch nicht genügend in den jüdischen Dingen eingewur-
zelt fühlte. Else Bergmann gegenüber drückte er das so aus: *es wäre*
keine Palästinafahrt geworden, sondern im geistigen Sinne etwas wie
eine Amerikafahrt eines Kassierers, der viel Geld veruntreut hat.

Im Sommer 1923 schloss sich Kafka seiner Schwester Elli an, die
mit ihren beiden Kindern zu einem Ferienaufenthalt im Ostsee-
bad Müritz aufbrach. Die Ärzte hatten ihm Seeluft empfohlen. Die
Pension »Glückauf«, wo man untergebracht war, lag nur ein paar
Schritte entfernt von einer Ferienkolonie ostjüdischer Kinder aus
dem jüdischen Volksheim in Berlin, das Felice einst tätig unterstützt
hatte. Diese Nachbarschaft gefiel ihm, und er schilderte sie sogleich
in einem Brief an Hugo Bergmann: *Durch die Bäume kann ich die*
Kinder spielen sehn. Fröhliche, gesunde, leidenschaftliche Kinder. Ost-

juden, durch Westjuden vor der Berliner Gefahr gerettet. Die halben Tage und Nächte ist das Haus, der Wald und der Strand voll Gesang. Wenn ich unter ihnen bin, bin ich nicht glücklich, aber vor der Schwelle des Glücks.

Hier lernte er die Ostjüdin Dora Diamant kennen, die zu den Betreuern der Kinder gehörte und zuständig war für die Küche. Die 25-jährige Dora stammte aus einer chassidischen Familie in Polen, ihre Muttersprache war das Jiddische, das in ihrem Deutsch durchklang, was auf Kafka sehr reizvoll wirkte. Sie selbst sagte von sich: »Ich kam aus dem Osten, als ein dunkles Geschöpf voller Träume und Vorahnungen, wie aus einem Roman von Dostojewski entsprungen.«

Sie begegnete Kafka am Strand; seine dünne, drahtige und hohe Gestalt, die braune Haut, das tiefschwarze Haar ließen sie glauben, »er müßte ein Halbblut-Indianer sein und nicht ein Europäer«. Sie verliebte sich in ihn und er sich in sie. Bereits nach wenigen Tagen waren sie ein Paar, zunächst noch ein wenig heimlich, bald aber offen. Die beiden machten Pläne, sie wollten in Berlin zusammenziehen.

Doch zunächst beendete Kafka zusammen mit Elli den Aufenthalt in Müritz und kehrte mit kurzem Zwischenhalt in Berlin am 9. August nach Prag zurück. Von dort aus begab er sich für einige Wochen in den böhmischen Kurort Schelesen, um *zu Gewicht zu kommen*, wie er sagte. Er wollte Dora nicht wieder als *Halbtoter* unter die Augen treten. Doch die Gewichtzunahme war bescheiden, als er am 23. September 1923 in Berlin eintraf.

In Berlin erreichte die Inflation in diesen Monaten ihren Höhepunkt. Die vereinbarte Miete für das Zimmer in Steglitz war in wenigen Tagen bereits um das Dreifache gestiegen, so wurden nach wenigen Wochen noch zwei weitere Umzüge nötig auf der Suche nach einer bezahlbaren Unterkunft.

Fast ein halbes Jahr lebten Dora und Kafka zusammen in Berlin. Diese vertraute und harmonische Zweisamkeit wollte er unbedingt gegen Störungen abschirmen. Deshalb bat er Ottla, die Eltern davon abzuhalten, ihn in Berlin zu besuchen. *Diese ganze Berliner Sache ist ein so zartes Ding, ist mit letzter Kraft erhascht und hat wohl davon eine große Empfindlichkeit behalten.* Mit Dora gelang Kafka wohl zum ersten Mal ein für seine Verhältnisse glückliches Zusammenleben mit einer geliebten Frau. Das zeigte sich schon allein darin, dass es ihm möglich war, in ihrer Gegenwart – schreiben zu können. Schon allein das hatte bei ihm die Bedeutung eines Liebesbeweises. Dora hat in ihren Erinnerungen Kafkas Schreiben verständnisvoll geschildert. Durch ihre jüdisch-chassidische Erziehung war es ihr in Fleisch und Blut übergegangen, dass Bücher etwas Heiliges sein können, und so übertrug sie ihre diesbezügliche Ehrfurcht auch auf das Schreiben ihres Geliebten. »Kafka mußte schreiben, weil das Schreiben seine Lebensluft war. Er atmete sie im Rhythmus der Tage, an denen er schrieb. Wenn man von ihm sagt, daß er vierzehn Tage lang schrieb, so heißt das, daß er an vierzehn Abenden und Nächten hintereinander fortschrieb. Gewöhnlich wanderte er schwerfällig und unlustig umher, bevor er mit dem Schreiben begann. Er sprach dann wenig, aß ohne Appetit, nahm an nichts Anteil und war sehr niedergedrückt; er wollte allein sein. Anfangs verstand ich diese Stimmung nicht, später hatte ich immer ein Gefühl dafür, wenn er zu schreiben begann. Sonst brachte er auch für die unwesentlichsten Dinge das lebhafteste Interesse auf, doch an solchen Tagen verschwand er vollständig. Ich kann diese Tage in ihrem unterschiedlichen Spannungsgehalt nur durch den Vergleich mit Farben voneinander unterscheiden: purpurrote, dunkelgrüne oder blaue Tage. Er hatte es später gern, wenn ich im Zimmer blieb, während er schrieb. Einmal begann er nach dem Abendbrot zu schreiben; er schrieb sehr lange, so daß ich auf dem Sofa trotz des elektrischen Lichtes einschlief. Auf einmal saß er neben mir, ich erwachte und blickte ihn an. In seinem Gesicht hatte sich eine deutlich wahrnehmbare Veränderung vollzogen; die Spuren der geistigen Anspannung lagen so klar zutage, daß sein Gesicht davon völlig verwandelt war. Eine seiner letzten Erzählungen, ›Der Bau‹, ist in einer einzigen Nacht geschrieben worden. Es war Winter; er begann früh am Abend und war gegen Morgen fertig.« Der Text ist unvollendet geblieben, deshalb hat Kafka ihn auch nicht in die letzte Sammlung – »Ein Hungerkünstler« – aufgenommen, für die er vielleicht sogar vorgesehen war.

Der Ich-Erzähler ist ein Tier von der Art eines Maulwurfs; das vergisst man bald und wird nur wieder daran erinnert, wenn beispielsweise der genussvolle Verzehr rohen Fleisches geschildert wird. Der Ich-Erzähler schildert, wie er seinen Bau, ein unterirdisches Labyrinth, errichtet hat, wie er darin lebt und warum dieses ganze unterirdische System von Gängen, Tunnels und Höhlungen überhaupt errichtet wurde und gegen wen. Wie eine schulgerechte Novelle treibt die Geschichte auf einen Wendepunkt zu: ein undefinierbares Zischen, das nicht mehr zu überhören und kaum mehr auszuhalten ist. Von nun an ändert sich alles. Inmitten dieses Umbruchs bricht der Text ab.

Es handelt sich um ein ungeheures Stück Literatur über innere Labyrinthe und äußere Bedrohungen, über die Manöver der Selbstbehauptung in einer unheimlichen Welt und nicht zuletzt auch wieder – über das Schreiben.

Die Metaphorik des Bauens und Grabens für das Schreiben hatte Kafka schon zuvor gerne verwendet, in dieser nicht lange vor seinem Tod geschriebenen Erzählung wird sie vorherrschend. An Max Brod hatte er als 21-Jähriger geschrieben: *Wir durchwühlen uns wie ein Maulwurf und kommen ganz geschwärzt und sammethaarig aus unsern verschütteten Sandgewölben.* Später heißt es dann in einem Brief, ebenfalls an Max Brod: *eben laufe ich herum oder sitze versteinert so wie es ein verzweifeltes Tier in seinem Bau tun müßte.* Dieser Brief ist während des Familienurlaubs in Planá geschrieben und beklagt sich über die Lärmhölle, welche die Kinder um ihn herum verursachen. Kafka spielt hier durchaus selbstironisch mit seiner Bereitschaft, sich von einer feindlichen Welt umzingelt zu fühlen und sich in seinem *Bau* vergraben zu müssen.

Ein andermal gibt Kafka dem Bilde des Bauens und Grabens für das Schreiben eine besonders aberwitzige Gestalt. *Das Schreiben versagt sich mir. Daher Plan der selbstbiographischen Untersuchungen. Nicht Biographie, sondern Untersuchung und Auffindung möglichst kleiner Bestandteile. Daraus will ich mich aufbauen so wie einer, dessen Haus unsicher ist, daneben ein sicheres aufbauen will, womöglich aus dem Material des alten. Schlimm ist es allerdings wenn mitten im Bau seine Kraft aufhört und er jetzt statt eines unsichern aber doch vollständigen Hauses, ein halbzerstörtes und ein halbfertiges hat, also nichts. Was folgt ist Irrsinn, also etwa ein Kosakentanz zwischen den zwei Häusern, wobei der Kosak mit den Stiefelabsätzen die Erde solange scharrt und auswirft, bis sich unter ihm sein Grab bildet.*

Dieser Text deutet auf die Erzählung »Der Bau« voraus, denn auch dort wird der unterirdische Schutz- und Lebensraum schließlich zum Grab.

In die Metaphorik des Baus geht auch etwas von dem »Fuchsbau der unendlich reflektierten Innerlichkeit« ein, den Kafka in Kierkegaards »Begriff der Angst« dargestellt gefunden hatte. Bei Kierkegaard heißt es: »Vergebens hat er viele Ausgänge bei seinem Fuchsbau; in dem Augenblick, da seine verängstigte Seele bereits glaubt, sie sehe das Tageslicht einfallen, zeigt sich, daß es ein neuer Eingang ist, und dergestalt sucht er, von der Verzweiflung verfolgt, immer zu einem Ausgang und findet immer zu einem Eingang, durch den er zu sich selbst zurückkehrt.« Diesem verwirrenden Spiel, bei dem der gesuchte Ausgang selbst nur wieder ein Eingang ist, begegnen wir auch in Kafkas Erzählung, die außerdem mit der Vorstellung der platonischen Höhle spielt, wo unter Tage sich die Trugbilder zeigen und oben unter der Sonne die Wahrheit.

Das alles deutet sich in dieser Erzählung an, doch entscheidend ist wohl jene Tagebuchnotiz: *Mein Leben ist das Zögern vor der Ge-*

burt. Dieser Satz war, wie wir gesehen haben, ein Zentralmotiv für die Geschichte des Zur-Welt-Kommens im Roman »Das Schloss«, und er gibt auch der vorletzten Erzählung »Der Bau« die eigentliche Bedeutung. Der Erzähler zieht es vor, in einem Bau zu bleiben wie im Mutterleib, und macht es sich dort heimisch, in den Gängen, Vorratsräumen, Ruheorten, Örtlichkeiten, die sich auch als Bilder des Schreibens verstehen lassen. So wird etwa ein kunstvoll angelegter Gang ein *Werk* genannt und ein in früherer Zeit geschaffenes Labyrinth sogar ein *Erstlingswerk.*

Wir können uns also den »Bau« einerseits ganz konkret als Tunnelsystem eines Maulwurfes vorstellen, andererseits aber auch als Gleichnis für die Selbstergründung und Selbstbefestigung und schließlich auch als Sinnbild des Schreibens. Diese Sinnbezüge gehen ineinander über.

Vorausgesetzt werden Verfeindungsverhältnisse, die den Bau offenbar veranlasst haben. Passend dazu wird zuerst ein Täuschungsmanöver geschildert: das komplizierte System von Eingängen, die keine sind, aber so aussehen. Der äußere Feind muss in die Irre geführt werden. Neben dem äußeren Feind gibt es aber auch den inneren Feind, die Bedrohung, die aus dem Schutzraum selbst kommt. *Und es sind nicht nur die äußern Feinde die mich bedrohen, es gibt auch solche im Innern der Erde, ich habe sie noch nie gesehn, aber die Sagen erzählen von ihnen und ich glaube fest an sie. Es sind Wesen der innern Erde, nicht einmal die Sage kann sie beschreiben, selbst wer ihr Opfer geworden ist hat sie kaum gesehn, sie kommen, man hört das Kratzen ihrer Krallen knapp unter sich in der Erde, die ihr Element ist, und schon ist man verloren. Hier gilt auch nicht daß man in seinem Haus ist, vielmehr ist man in ihrem Haus. Vor ihnen rettet mich auch jener Ausweg nicht, wie er mich ja wahrscheinlich überhaupt nicht rettet, sondern verdirbt, aber eine Hoffnung ist er und ich kann ohne ihn nicht leben.*

Das Innere, errichtet gegen die äußere, gefährliche Welt, wird also selbst zur Falle. Dieses Innere, das da geschützt werden soll, ist die größte Gefahr, und gerade deshalb wohl wird sie zunächst eine Weile lang vergessen. Alles ist auf die Abwehr gegen das Außen gerichtet, etwa die früher gebauten Irrgänge am Eingang, *Erstlingswerk* genannt, vielleicht eine Anspielung auf die avantgardistisch ambitionierte Hermetik von Kafkas frühen Erzählungen. Diese *dünnwandige Spielerei*, heißt es weiter, *würde* einem ernsthaften Angriff nicht widerstehen können. Der Autor, so lässt sich das lesen, würde wohl doch trotz der Verrätselung gnadenlos identifiziert werden können.

Doch manchmal widerfährt es dem Erbauer dieser Labyrinthe auch, dass er sich selbst in ihnen verirrt: *es ist mir ärgerlich und rührend zugleich, wenn ich mich manchmal in meinem eigenen Gebilde für einen Augenblick verirre und das Werk sich also noch immer anzustrengen scheint, mir, dessen Urteil schon längst feststeht, doch noch seine Existenzberechtigung zu beweisen.*

Die eigenen Labyrinthe, so befremdend sie ihm erscheinen, sollen ja eigentlich vor dem Einbruch des Fremden schützen. Doch dieses Fremde dort draußen lockt ihn auch hinaus, weil er darin ein Versprechen von Freiheit spürt; einer Freiheit, die ihm fehlt, wenn er in seinen inneren Gängen herumkriecht. Also benutzt er bisweilen seine Eingänge als Ausgänge, er arbeitet sich durch das selbst geschaffene Labyrinth hinaus ins Freie, jagt und tollt dort herum und spürt in seinem Körper *neue Kräfte, für die im Baue gewissermaßen kein Raum ist.*

Nicht nur neue Kräfte spürt er in sich, es kommt dort draußen beim Ausgang, der zugleich ein Eingang ist, auch zu einer beglückenden Selbstbegegnung: *Mir ist dann, als stehe ich nicht vor meinem Haus, sondern vor mir selbst, während ich schlafe, und hätte das Glück gleichzeitig tief zu schlafen und dabei mich scharf bewachen zu können.*

Den *Gespenstern der Nacht*, die ihn in seinem Bau tief drinnen plagen, kann er nun *bei voller Kraft des Wachseins* mit ruhiger Urteilsfähigkeit begegnen. Und dabei findet er, *daß es merkwürdiger*

Weise nicht so schlimm mit ihm steht, wie ich oft glaubte und wie ich wahrscheinlich wieder glauben werde, wenn ich in mein Haus hinab-steige. Der Blick von außen kann also auch entlasten. Bald aber steigt er wieder hinab, die innere Welt des mühsam errichteten Baus ruft ihn zurück und die Angst vor den äußeren Feinden.

Die Feinde stellt er sich vor, doch wirklich begegnet ist er bisher noch keinem. Dafür wuchern die Fantasien, in denen es nicht nur einzelne Feinde sind, die ihm nachstellen oder auflauern, sondern ganze Heerscharen. Vielleicht ist das sogar günstig für ihn, denn *sie bekämpfen sich auch gegenseitig und jagen in diesen Beschäftigungen am Bau vorbei.*

Jedenfalls herrscht eine eigentümliche Ruhe. Ist es die Ruhe vor dem Sturm? Oder hat ihn die *Macht des Baues* vor dem *Vernich-tungskampf* bewahrt? Er weiß es nicht und kehrt wieder zurück in den Bau. Dort spielt er mit dem Gedanken, gänzlich Abschied zu nehmen von der Welt außerhalb des Baus, *die Dinge ihren Lauf neh-men zu lassen und sie durch unnütze Beobachtungen nicht aufzuhal-ten.* Das würde bedeuten: die Ohnmacht draußen sich eingestehen und das an Macht zu bewahren, was er hier unten im *Bau* sich ver-schaffen kann. Draußen kann er niemandem vertrauen. *Vertrauen aber kann ich nur mir und dem Bau.*

Wenn ihn die vorgestellten Gefahren nicht beunruhigen, kann er hier unten seine Einsamkeit sogar genießen. Dann wirkt sein Bau auf ihn wie eine überaus geräumige Welt, mit ihren vielen Gän-gen, Querverbindungen, Nischen und den reichlichen Vorräten. Am schönsten ist es am *Burgplatz*, wo viele Gänge münden. Das Zen-trum des Systems. Der Bau gibt einen Frieden, der höher ist als alle Vernunft, *wenn man sich ihm nur völlig öffnet.*

So schwelgt der Erzähler über die glücklichen Augenblicke des Aufenthaltes im eigenen Werk. In solcher Stimmung ist der Bau nicht mehr nur ein *Rettungsloch*, sondern ein Selbstzweck, eine Selbstverwirklichung im Werk. Die labyrinthischen Gänge, Plätze und Nischen dort unten werden angeredet wie Gefährten: *Was kümmert mich die Gefahr jetzt, da ich bei Euch bin.*

In dem Augenblick aber, da er mit sich und seinem Werk ganz eins ist, geschieht das Unerhörte und bringt die Wende: plötzlich ist da ein *Zischen,* zuerst nur schwach, wie ein Hintergrundgeräusch, das sich leicht überhören lässt, doch nun nicht mehr überhört werden kann. Er versucht das Geräusch zu orten; mit wachsender Sorge und zunehmender Hektik durchstreift er die Gänge, beginnt sogar neue Gänge zu graben. Doch das Geräusch bleibt, es ist überall und fast immer in derselben Lautstärke. Es scheint sich gar nicht zu entfernen. Es bleibt überall gleich nahe. Mit der Ruhe ist es nun vorbei. Wenn er nicht gräbt und wühlt, grübelt er. Kommt das Geräusch von den zahlreichen kleinen Tieren, die herumwuseln? Das wäre ja harmlos, doch es hört sich wie etwas Ungeheures an, es könnte ein riesengroßer *Zischer* sein, der seine Kreise um ihn zieht, immer enger, immer näher.

Allmählich dämmert es ihm, es ist der *innere Feind,* von dem anfangs bereits die Rede war. Es wird ihm jäh bewusst, dass bisher alles noch Spiel war, jetzt erst wird es wirklich ernst. Die früheren Anzeichen und Ahnungen, auf die er nichts gegeben hatte, fallen ihm ein. Da war ein leises Zischen gewesen, er hat es überhören wollen, hat es überdeckt durch seine hektische Betriebsamkeit, mit der er sich gegen andere vermeintliche Gefahren hatte sichern wollen. Gewiss war er immer besorgt gewesen, doch offenbar zu oberflächlich. In Wirklichkeit war er glücklich, ohne es richtig zu bemerken. *Ich habe viel Glück gehabt in allen diesen Jahren, das Glück hat mich verwöhnt, unruhig war ich gewesen, aber Unruhe innerhalb des Glücks führt zu nichts.*

Mit dem *Zischen* ist nun aber der Ernstfall eingetreten. Alles dreht sich um. Früher gab es unter den Sorgen doch ein Glück, jetzt kommt ein wirkliches Unglück zum Vorschein. Früher war der Bau ein Ort der Stille und des Rückzugs, jetzt ist er zur Falle geworden.

Dort wird er heimgesucht von einem unheimlichen Lärm. Der Gedanke, dass der aus ihm selbst kommt, schießt ihm durch den Kopf, als er das Rauschen *des eigenen Blutes im Ohr* hört. Das wäre dann die Andeutung des nahenden Todes. Gegen ihn hilft keine Abschirmung, und der ganze Bau wäre überflüssig gewesen, es sei denn als Selbstzweck, als Werk eben. So bleibt sein Sinn erhalten.

Die Erzählung hält nicht inne bei diesem jäh aufblitzenden Verdacht, dass das Zischen inwendig sein könnte. Vielmehr wird die Suche nach einem äußeren Feind, der da zischt, noch eine Weile fortgesetzt und bricht dann mitten im Satz ab.

Schreiben, getrieben von der Angst und gegen die Angst gerichtet; Schreiben auch als Glück, als Aufenthalt in einem anderen Sein; Schreiben als Zuflucht, solange es der Körper gestattet. Das alles hat seinen Ausdruck gefunden in dieser vorletzten Erzählung.

Ich möchte wohl wissen, ob ich den Gespenstern entkommen bin, sagte Kafka zu Dora Diamant, als er mit dem »*Bau*« fertig war, ohne ihn abzuschließen.

Bei den Spaziergängen im Steglitzer Park trafen Kafka und Dora einmal ein weinendes Mädchen, das seine Puppe verloren hatte. Kafka erfindet, um das Mädchen zu trösten, sogleich eine kleine Geschichte. Die Puppe sei, erklärt er, nur auf Reisen gegangen und habe ihm einen Brief geschickt. Das Mädchen fragt misstrauisch, ob er denn den Brief dabeihabe. Nein, antwortet er, aber er werde ihn morgen mitbringen. Kafka machte sich nun, so erzählt Dora, »mit all dem Ernst an die Arbeit, als handelte es sich darum, ein Werk zu schaffen. Er war in demselben gespannten Zustand, in dem er sich immer befand, sobald er an seinem Schreibtisch saß, ob er nun einen Brief oder eine Postkarte schrieb. Es war übrigens eine wirkliche Arbeit, die ebenso wesentlich war wie die anderen, weil das Kind um jeden Preis vor der Enttäuschung bewahrt und wirklich zufriedengestellt werden musste. Die Lüge mußte also durch die Wahrheit der Fiktion in Wahrheit verwandelt werden.«

So ließ sich Kafka einiges einfallen und schrieb es liebevoll auf und trug den Brief anderntags zu dem kleinen Mädchen, das sehnsüchtig auf eine Nachricht der Puppe wartete. Die Puppe habe, so kann das Mädchen nun lesen, nicht immer in derselben Familie leben wollen, sie hätte eine Luftveränderung gebraucht, sie wolle jedoch die Verbindung zum Mädchen aufrechterhalten und werde sich wieder melden. So spann Kafka die Geschichte fort und trug die Briefe zu dem Mädchen, das sich regelmäßig im Park einfand. Er dachte sich einige Abenteuer aus, die das Mädchen so gefesselt verfolgte, dass es darüber bald den Verlust der Puppe vergaß. »Das Spiel«, berichtet Dora weiter, »dauerte mindestens drei Wochen. Franz hatte furchtbare Angst bei dem Gedanken, wie er es zu Ende führen sollte.« Das Ende sollte irgendwie tröstlich sein. Kafka verfiel dann auf etwas, was ihm im Leben selbst nie gelungen war: Er ließ die Puppe heiraten und schilderte dann das Glück der Jungverheirateten in allen Einzelheiten. Dieser letzte Brief endet mit dem Satz: »Du wirst selbst einsehen, daß wir in Zukunft auf ein Wiedersehen verzichten müssen.«

Dora kommentiert diese anmutige Episode mit dem klugen Satz: »Franz hatte den kleinen Konflikt eines Kindes durch die Kunst gelöst, durch das wirksamste Mittel, über das er persönlich verfügte, um Ordnung in die Welt zu bringen.«

In diesen Briefen an ein Mädchen steht das Schreiben, anders als sonst bei Kafka, ganz im Dienst der Wirkungsabsicht, hier geht es darum, ein Mädchen über den Verlust seiner Puppe zu trösten, was eben auch bedeutet, ein klein wenig Ordnung in die Welt zu bringen. Ein Schreiben also, das im sozialen Bezug aufgeht.

Daran knüpft Kafka in seiner letzten Erzählung an, die er wenige Wochen vor seinem Tod schrieb. Bis dahin hatte Kafka noch nie eine solche Thematik gewählt, bei der es um das Wesen und die Rolle der Kunst in der Gesellschaft geht. Schon allein das gibt dieser Erzählung den Charakter einer Bilanz: die lebenslange Leidenschaft für das Schreiben wird aus gesellschaftlicher Perspektive besichtigt und reflektiert. Was hat es überhaupt mit der Kunst auf sich, wie wirkt sie, welchen Stellenwert im Leben einer Gemeinschaft kann sie haben? Das sind die Fragen, die sich Kafka kurz vor seinem Tod stellt und denen er nachgeht am Beispiel der Maus Josefine und ihrem Publikum, dem Mäusevolk.

Kafka beginnt »Josefine, die Sängerin oder Das Volk der Mäuse« in Prag, wohin er am 17. März 1924 krankheitsbedingt zurückgekehrt ist, und er beendet die Erzählung, kurz bevor er am 5. April ins Sanatorium »Wienerwald« in Ortmann, Niederösterreich, gebracht wird. Als er an den letzten Sätzen schrieb, spürte er zum ersten Mal die Symptome der Kehlkopftuberkulose, und er sagte zu Robert Klopstock, dem Freund seiner letzten Jahre: *Ich glaube, ich habe zur rechten Zeit mit der Untersuchung des tierischen Piepsens begonnen. Ich habe soeben eine Geschichte darüber fertiggestellt.*

Robert Klopstock war über die alarmierende Veränderung der Stimme Kafkas so erschrocken, dass er nicht den Mut hatte, den Freund um diese *Geschichte* zu bitten. Es grauste ihn davor. Kafka selbst aber war diesmal sehr bemüht, den Text beim Verleger und zuvor auch schon bei der »Prager Presse« unterzubringen. Ihre Veröffentlichung war ihm auch deshalb wichtig, weil er das Honorar für die Finanzierung des teuren Sanatorium-Aufenthaltes gut gebrauchen konnte. Nie zuvor hatte für Kafka das Honorar eine Rolle gespielt, doch bei dieser letzten Erzählung war das anders. Zum ersten Mal erwähnt er ausdrücklich ein ökonomisches Motiv: *Josefine muß ein wenig helfen, es geht nicht anders,* schreibt er am 9. April an Max Brod.

Erstaunlich ist auch, dass Kafka sich mit dieser Erzählung in die Welt der Mäuse begibt, denn eigentlich waren Mäuse ihm *fürchterlich,* wie er im November 1917 aus Zürau schrieb, wo er auf Ottlas Bauernhof eine regelrechte Mäuseplage erlebte. Das Gewusel und das fortwährende Piepsen hatten ihm nächtelang den Schlaf geraubt.

In der Josefine-Erzählung zeigen sich die Mäuse eher von ihrer anmutigen Seite.

Erzählt wird das spannungsreiche Verhältnis zwischen Josefine und ihrem Mäusevolk von einem ihr gegenüber skeptisch eingestellten Angehörigen dieses Volkes. *Unsere Sängerin heißt Josefine. Wer sie nicht gehört hat, kennt nicht die Macht des Gesanges. Es gibt niemanden, den ihr Gesang nicht fortreißt, was umso höher zu bewerten ist, als unser Geschlecht im ganzen Musik nicht liebt,* so beginnt die Erzählung. Bereits nach wenigen Sätzen erfahren wir, dass es mit ihrer Kunst des Gesanges eigentlich nicht so weit her ist. *Im vertrauten Kreise gestehen wir einander offen, daß Josefines Gesang als Gesang nichts Außerordentliches darstellt.*

Sie pfeift wie alle anderen, bei denen das Pfeifen einfach nur als *charakteristische Lebensäußerung* gilt. Alle pfeifen, doch niemand sonst denkt daran, das Pfeifen als Kunst auszugeben. Das aber tut Josefine, mit ihrem ganzen Gehabe, und das Volk der Mäuse ist seltsamerweise bereit, es als Kunst gelten zu lassen. Das ist erstaunlich. Wie kann es sein, dass etwas Alltägliches als Kunst gilt – nicht bei allen, aber bei Josefine? Die Sonderbarkeit besteht darin, *daß jemand sich feierlich hinstellt, um nichts anderes als das Übliche zu tun.*

Behandelt wird hier also ein Problem, dass erst in der modernen Kunst nach Kafka aufgekommen ist: die Aufhebung der Grenze zwischen Kunst und Alltag mit dem Ergebnis, dass Kunst und Nicht-Kunst kaum mehr unterschieden werden können. »Ist das Kunst oder kann das weg?« – heißt es dann im Volksmund. Der Kunstcharakter hängt dann einzig und allein an der Entschiedenheit, mit der er als solcher behauptet wird. *Wir bewundern,* heißt es in der Erzählung, *was wir an uns gar nicht bewundern.* Das Kriterium für die Unterscheidung zwischen Kunst und sonstiger *Lebensäußerung* gründet offenbar in dem Willensakt, das Gewöhnliche als Ungewöhnliches gelten zu lassen. Das lässt sich auch als Verfremdungseffekt verstehen. Das Alltägliche und deshalb Übersehene wird durch eine solche Rahmung zur Kunst verfremdet und damit überhaupt erst wahrgenommen. Wenn man vor der pfeifenden Josefine sitzt, *weiß man: was hier pfeift ist kein Pfeifen.* Es bedeutet Gesang, wenngleich es auch weiterhin ein Pfeifen ist. Diese Art der Verwandlung des Pfeifens in Gesang erinnert an eine frühe Tagebucheintragung Kafkas: *wenn ich wahllos einen Satz hinschreibe z. B. Er schaute aus dem Fenster so ist er schon vollkommen.*

So ungefähr verhält es sich auch bei Josefine: ihr Pfeifen wird ihr zum Gesang, zu etwas Vollkommenen also. Doch das eigentlich Erstaunliche ist, dass diese Selbstverzauberung die anderen mitverzaubert.

Der Erzähler möchte noch genauer herausbekommen, was dieses Volk der Mäuse, das gewöhnlich *Musik nicht liebt* und nur *praktische Schlauheit* besitzt, dazu bringt, sich von Josefines Pfeifen so beeindrucken zu lassen. Hier die überraschende Antwort, formuliert als Frage: *Ist es ihr Gesang, der uns entzückt oder nicht vielmehr die feierliche Stille, von der das schwache Stimmchen umgeben ist?*

Es kommt also gar nicht auf das Hören dieses *schwachen Stimmchens* an, das als Gesang gelten will, sondern auf den Raum der Stille, der sich darum herum bildet. Gehört werden diese Stille und der Gesang nur insofern, als er im Kontrast dazu die Stille hervorbringt. Es gibt da ein fundamentales Missverständnis zwischen Josefine und ihrem Volk. Josefine beklagt sich, sie würde vom Volk nicht verstanden. Sie denkt, was sie pfeift, sei das Entscheidende und das Volk würde das nicht verstehen. Sie selbst aber versteht nicht, was das Volk an ihr zu schätzen weiß. Und das ist eben nicht das Pfeifen selbst, sondern die Stille, die sich darum herum ausbreitet. Das Wunder ist, dass diese Stille es dem Volk erlaubt, sich selbst als Gemeinschaft zu erleben. *Schon tauchen auch wir in das Gefühl der Menge, die warm, Leib an Leib, scheu atmend horcht.*

Was genau ist zu hören, wenn gemeinschaftlich auf dieses armselige Pfeifen inmitten der Stille gehorcht wird? Zu hören ist, wie sich ein winziges Etwas inmitten eines überwältigenden Nichts behauptet. *Dieses Pfeifen, das sich erhebt, wo allen anderen Schweigen auferlegt ist, kommt fast wie eine Botschaft des Volkes zu dem Einzelnen; das dünne Pfeifen Josefines mitten in den schweren Entscheidungen ist fast wie die armselige Existenz unseres Volkes mitten im Tumult der feindlichen Welt. Josefine behauptet sich, dieses Nichts an Stimme, dieses Nichts an Leistung behauptet sich und schafft sich den Weg zu uns.*

An dieser Stelle ahnt man, dass hier auch vom Schicksal des jüdischen Volkes die Rede ist und davon, wie Kafka in seinem Schreiben sein Verhältnis dazu bestimmt. Wie bei Josefine ist es nur ein *dünnes Pfeifen*, doch es wird mehr daraus, wenn es, trotzdem es ein *Nichts* ist, sich *den Weg zu uns* schafft. Dann wird das Schreiben oder das Pfeifen ein Sinnbild für die Selbstbehauptung einer armseligen Existenz in einer feindlichen Welt.

Josefine ist hochmütig, denn sie glaubt, das Volk brauche sie. Auch das ist ein großes Missverständnis, denn sie ist es, die das Volk braucht. Sie lebt von seiner Gunst.

Und doch hat sie etwas zu geben. Denn wenn man ihr zuhört, ist das eine Gelegenheit, auf sich selbst zu hören. Das ist das Beste, was der Erzähler von Josefines Pfeifen sagen kann. Bei Josefines Pfeifen habe die *Menge sich … auf sich selbst zurückgezogen. Hier in den dürftigen Pausen zwischen den Kämpfen träumt das Volk, es ist, als lösten sich dem Einzelnen die Glieder, als dürfte sich der Ruhelose einmal nach seiner Lust im großen warmen Bett des Volkes dehnen und strecken. Und in diese Träume klingt hie und da Josefines Pfeifen … Etwas von der armen kurzen Kindheit ist darin, etwas von verlorenem, nie wieder aufzufindenden Glück, aber auch etwas vom tätigen heutigen Leben ist darin, von seiner kleinen, unbegreiflichen und dennoch bestehenden und nicht zu ertötenden Munterkeit. Und dies alles ist wahrhaftig nicht mit großen Tönen gesagt, sondern leicht, flüsternd, vertraulich, manchmal ein wenig heiser. Natürlich ist es ein Pfeifen. Wie denn nicht? Pfeifen ist die Sprache unseres Volkes, nur pfeift mancher sein*

Leben lang und weiß es nicht, hier aber ist das Pfeifen freigemacht von den Fesseln des täglichen Lebens und befreit auch uns für eine kurze Weile.

Mit diesen wunderbaren Sätzen hat Kafka nicht lange vor seinem Tod wohl auch das eigene Schreiben charakterisiert: ein von den Fesseln des Lebens befreiendes Pfeifen.

Josefine verschwindet von der Bühne, und *dieses Volk zieht weiter seines Weges.* Was bleibt, ist eine Erinnerung an ihr Pfeifen. Doch, so heißt es am Schluss, *war ihr wirkliches Pfeifen nennenswert lauter und lebendiger, als die Erinnerung daran sein wird?*

Das aber ist bei Kafka selbst anders. Die Erinnerung an ihn, sein Nachleben in seinen Schriften, ist *lauter und lebendiger,* als er in seinem Leben je war.

Dieses Leben aber geht nun zu Ende. Vom Sanatorium »Wienerwald« in Ortmann wird er, weil die Kehlkopftuberkulose rapide fortschreitet, am 5. April in die Universitätsklinik nach Wien gebracht und von dort, weil keine Heilung mehr möglich erscheint, am 19. April in das Sanatorium »Kierling« in der Nähe von Wien überstellt. Dora Diamant und Robert Klopstock sind die treuen Begleiter dieser letzten Wochen. Noch am Vorabend des Todes korrigiert er die Druckfahnen des »Hungerkünstler«-Bandes mit der Josefine-Erzählung darin. »Als er die Korrektur beendete«, berichtet Robert Klopstock, »rollten ihm lange die Tränen herunter. Es war das erste Mal, daß ich eine Äußerung von Bewegung dieser Art in Kafka miterlebte. Er hat immer eine übermenschliche Macht der Beherrschung gehabt.«

Am 3. Juni 1924 gegen Mittag starb Franz Kafka.

SIGLEN

B I	Briefe 1900–1912, hg. v. Hans-Gerd Koch, Frankfurt/M. 1999
B II	Briefe 1913–1914, hg. v. Hans-Gerd Koch, Frankfurt/M. 1999
B III	Briefe 1914–1917, hg. v. Hans-Gerd Koch, Frankfurt/M. 2005
B IV	Briefe 1918–1920, hg. v. Hans-Gerd Koch, Frankfurt/M. 2013
D	Drucke zu Lebzeiten, hg. v. Wolf Kittler, Hans-Gerd Koch und Gerhard Neumann, Frankfurt/M. 2002
D App	Drucke zu Lebzeiten, Apparatband
N I	Nachgelassene Schriften und Fragmente I, hg. v. Malcolm Pasley, Frankfurt/M. 2002
N I App	Nachgelassene Schriften und Fragmente I, Apparatband
N II	Nachgelassene Schriften und Fragmente II, hg. v. Jost Schillemeit, Frankfurt/M. 2002
N II App	Nachgelassene Schriften und Fragmente II, Apparatband
P	Der Process, hg. v. Malcolm Pasley, Frankfurt/M. 2002
P App	Der Process, Apparatband
S	Das Schloss, hg. v. Malcolm Pasley, Frankfurt/M. 2002
T	Tagebücher, hg. v. Hans-Gerd Koch, Michael Müller und Malcolm Pasley, Frankfurt/M. 2002
T App	Tagebücher, Apparatband
T Komm	Tagebücher, Kommentarband
TzT	Rainer Stach: Kafka. Von Tag zu Tag, Frankfurt/M. 2018
V	Der Verschollene, hg. v. Jost Schillemeit, Frankfurt/M. 2002
V App	Der Verschollene, Apparatband
B	Franz Kafka: Briefe 1902–1924, hg. v. Max Brod, Frankfurt/M. 1975 (Taschenbuchausgabe)
B F	Franz Kafka: Briefe an Felice Bauer, hg. v. Hans-Gerd Koch, Frankfurt/M. 2015 (Taschenbuchausgabe)
B M	Franz Kafka: Briefe an Milena, erweiterte Neuausgabe, hg. v. Jürgen Born und Michael Müller, Frankfurt/M. 1986 (Taschenbuchausgabe)
B O	Franz Kafka: Briefe an Ottla und die Familie, hg. v. Hartmut Binder und Klaus Wagenbach, Frankfurt/M. 1974

BwB   Max Brod, Franz Kafka: Eine Freundschaft. Briefwechsel, hg. v.
           Malcolm Pasley, Frankfurt/M. 1989
B K   Max Brod: Über Franz Kafka, Frankfurt/M. 1991
KDW   Franz Kafka. Der Dichter über sein Werk, hg. v. Erich Heller und Joa-
           chim Beug, Frankfurt/M. 1977
KW A   Nachwort von Max Brod in Franz Kafka, Werke, Bd. 1: Amerika, Frank-
           furt/M. 1986
E   Erinnerungen an Franz Kafka, hg. v. Hans-Gerd Koch, Berlin 1996
Schop V   Arthur Schopenhauer: Sämtliche Werke Band V, hg. von Wolfgang
           Frhr. von Löhneysen. Frankfurt/M. 1986
St 1,2,3   Reiner Stach: Frank Kafka. Biographie, drei Bände, Frankfurt/M. 2014,
           2002, 2008
W   Klaus Wagenbach: Franz Kafka. Eine Biographie seiner Jugend,
           Neuausgabe Berlin 2006

LITERATUR

Theodor W. Adorno: Aufzeichnungen zu Kafka. In: Prismen. Kulturkritik und
  Gesellschaft. München 1963
Beda Allemann: Zeit und Geschichte im Werk Kafkas. Göttingen 1998
Peter-André Alt: Franz Kafka. Der ewige Sohn. München 2005
Jürg Amann: Franz Kafka. München 1983
Günter Anders: Mensch ohne Welt. Schriften zur Literatur und Kunst. Darin:
  Kafka, pro und contra. Die Prozeß-Unterlagen. München 1984
Reinhard Baumgart: Selbstvergessenheit. Drei Wege zum Werk. München
  1989
Louis Begley: Die ungeheure Welt, die ich im Kopfe habe. Über Franz Kafka.
  München 2008
Peter U. Beicken: Franz Kafka. Eine kritische Einführung in die Forschung.
  Frankfurt/M. 1974
Friedrich Beißner: Der Erzähler Franz Kafka und andere Vorträge. Frankfurt/M.
  1983
Walter Benjamin: Benjamin über Kafka. Texte, Briefzeugnisse, Aufzeichnungen,
  hg. von Hermann Schweppenhäuser. Frankfurt/M. 1981
Chris Bezzel: Kafka-Chronik. Daten zu Leben und Werk. München/Wien 1975
Hartmut Binder (Hg.): Kafka-Handbuch. Bd. 1: Leben und Persönlichkeit. Bd. 2:
  Das Werk und seine Wirkung. Stuttgart 1979
Hartmut Binder: Kafka. Der Schaffensprozeß. Frankfurt/M. 1983
Hartmut Binder: Kafkas Welt. Eine Lebenschronik in Bildern. Reinbek bei
  Hamburg 2008
Maurice Blanchot: Von Kafka zu Kafka. Frankfurt/M. 1993
Hans Blumenberg: Höhlenausgänge. Frankfurt/M. 1989
Jürgen Born (Hg.): Kafka-Symposium. Berlin 1965
Jürgen Born (Hg.): Franz Kafka. Kritik und Rezeption 1924–1938. Frankfurt/M.
  1983
Max Brod: Der Prager Kreis. Frankfurt/M. 1979
Max Brod: Über Franz Kafka. Frankfurt/M. 1974
Max Brod: Zauberreich der Liebe. Zürich 1928
Roberto Calasso: K. München 2006

Elias Canetti: Prozesse. Über Franz Kafka, hg. von Susanne Lüdemann und
 Kristian Wachinger. München 2019
Gilles Deleuze und Felix Guattari: Kafka. Für eine kleine Literatur. Frankfurt/M.
 1976
Wilhelm Emrich: Franz Kafka. Frankfurt/M. 1965
Christian Eschweiler: Franz Kafka und sein Roman-Fragment Der Prozess.
 Neu geordnet, ergänzt und erläutert. Weilerswist 2005
Karl Erich Grötzinger: Kafka und die Kabala. Das Jüdische in Werk und Denken
 von Franz Kafka. Frankfurt/M. 1992
Willy Haas: Die literarische Welt. Lebenserinnerungen. Frankfurt/M. 1983
Erich Heller: Franz Kafka. München 1976
Erich Heller: Die Welt Franz Kafkas. In: Enterbter Geist. Frankfurt/M. 1981
Roder Hermes u. a.: Franz Kafka. Eine Chronik. Berlin 1999
Arthur Holitscher: Amerika. Heute und Morgen. Berlin 1912 (2016)
Oliver Jahraus: Kafka. Leben, Schreiben, Machtapparate. Stuttgart 2006
Milena Jesenská: Alles ist Leben. Feuilletons und Reportagen 1919–1939,
 hg. von Dorothea Rein. Frankfurt/M. 1984
Sören Kierkegaard: Der Begriff der Angst (Übers: Liselotte Richter). Reinbek bei
 Hamburg 1960
Werner Kraft: Franz Kafka. Durchdringung und Geheimnis. Frankfurt/M. 1972
Michael Kumpfmüller: Die Herrlichkeit des Lebens. Januar 2018
Bert Nagel: Kafka und die Weltliteratur. München 1983
Ernst Pawel: Das Leben Franz Kafkas. München 1995
Heinz Politzer: Franz Kafka. Der Künstler. Frankfurt/M. 1978
Wiebrecht Ries: Transzendenz als Terror. Eine religionsphilosophische Studie
 über Franz Kafka. Heidelberg 1971
Marthe Robert: Das Alte im Neuen. Von Don Quichotte zu Franz Kafka.
 Frankfurt/M. 1984
Marthe Robert: Einsam wie Franz Kafka. Frankfurt/M. 1987
Christian Schärf: Franz Kafka. Poetischer Text und heilige Schrift. Göttingen
 2000
Arthur Schopenhauer: Sämtliche Werke Band V, hg. von Wolfgang Frhr. von
 Löhneysen. Frankfurt/M. 1986
Walter Sokel: Franz Kafka. Tragik und Ironie. Frankfurt/M. 1976
Reiner Stach: Kafka. Die frühen Jahre. Frankfurt/M. 2014
Reiner Stach: Kafka. Die Jahre der Entscheidung. Frankfurt/M. 2002
Reiner Stach: Kafka. Die Jahre der Erkenntnis. Frankfurt/M. 2008
Reiner Stach: Kafka von Tag zu Tag. Frankfurt/M. 2018
Joachim Unseld: Franz Kafka. Ein Schriftstellerleben. München 1982

Johannes Urzidil: Da geht Kafka. München 1966

Joseph Vogl: Orte der Gewalt. Kafkas literarische Ethik. München 1990

Joseph Vogl: Über das Zaudern. Berlin 2008

Klaus Wagenbach: Franz Kafka. Biographie seiner Jugend. Neuausgabe. Berlin 2008

Klaus Wagenbach: Franz Kafka in Selbstzeugnissen und Bilddokumenten. Reinbek bei Hamburg 1964

Martin Walser: Beschreibung einer Form. München 1961

Alfred Weber: Der Beamte. In: Die neue Rundschau 21, Jg. 1910

Felix Weltsch: Religion und Humor im Leben und Werk Franz Kafkas. Berlin 1957

Kurt Wolff: Briefwechsel eines Verlegers 1911–1963, hg. von Bernhard Zeller und Ellen Otten. Frankfurt/M. 1966

Hanns Zischler: Kafka geht ins Kino. Berlin 2017

NACHWEISE

ERSTES KAPITEL

11 *Ich habe kein litterarisches* ...: B F, 479

11 *Ein Kleriker hatte* ...: ebenda

11 *Alles was sich nicht* ...: 21.7.1913; T 569

12 *Der Sinn für die Darstellung* ...: T, 546

12 *Nun ist aber meine Kraft* ...: ebenda

12 *furchtlos, bloßgestellt, mächtig* ...: T, 569

13 *Safranski* ...: T, 46

13 *der Lebensstrom* ...: T, 870

13 *Als es in meinem Organismus* ...: T, 341

14 *Ich habe also nur die Bureauarbeit* ...: ebenda

14 *Es ist schon möglich, daß ich* ...: T, 146

14 *einen Einblick in den kalten Raum* ...: T, 147

15 *wie es mir, dem Unfähigsten* ...: Brief an den Vater; N II, 197

15 *Einsiedelei ist widerlich* ...: 6. September 1903; B I, 25

15 *ich bin stärker geworden* ...: ebenda

15 *Du warst, neben vielem* ...: B I, 28

15 *in einem Zug* ...: ebenda

16 *sich auf nichts verstand* ...: B I, 34

16 *daß zwei fremde Augen* ...: B I, 26

16 *Nur dadurch, daß die Menschen* ...: B I, 32

16 *Gott will nicht* ...: B I, 30

16 *Die Kunst hat das Handwerk nötiger* ...: B I, 27

17 *»atheistischen* oder pantheistischen Periode«: E, 20

18 *Wir brauchen aber die Bücher* ...: B I, 36

18 *Ich saß einmal vor vielen Jahren* ...: B I, 855

19 *Ich hoffe* ...: N I, 159

19 *Seekrankheit auf festem Lande*: N I, 89

19 *Ja, Berg Du bist schön* ...: N I, 80

20 *Dicke ... Beter* ...: N I, 97

20 *angeschaut zu werden*: N I, 89

FÜNFTES KAPITEL

93 *Schreiben heißt ja, sich öffnen* ...: B F, 251

94 *Jedes Hochzeitspaar* ...: B II, 286

94 *Heiraten, eine Familie gründen* ...: Brief an den Vater; N II, 200

95 *Sie* (die Griechen) *konnten das entscheidend Göttliche* ...: an Brod 7.8.1920, BwB, 280

95 *Selbstverständliche? ... Weißt Du Liebste* ...: B F, 369

96 *ich atme nur in Dir*: B F, 363

96 *Meine Sachen sind Dir nicht* ...: 26.4.13; B F, 388

96 *wieder Sie zueinander sagen*: B F, 390

96 *Was für ein Gefühl bei Dir aufgehoben* ...: B F, 392

97 *Ohne sie kann ich nicht leben* ...: B F, 401

97 *mir aber gegenüber erschlaffst Du* ...: B F, 402

97 *Es gibt Hindernisse ... wie Du verwandelt bist* ...: B F, 409

98 *Nun bedenke Felice* ...: B F, 423

98 *Ich habe kein Gedächtnis* ...: ebenda

98 *für den menschlichen Verkehr verloren ... nicht notwendige* ...: B F, 425

99 *Du aber* ...: B F, 426

99 *bescheidener ... Würdest Du das wirklich meinetwegen* ...: B F, 427

99 *Liebste Felice, nicht das* ...: B F, 430

99 *bewußtes Ja-sagen*: B F, 431

99 *daß kein Auskunftsbüro* ...: B F, 445

99 *Bleiben wir also wie wir sind...*: B F, 454

99 *Nur die Nächte mit Schreiben* ...: ebenda

99 *Ich habe kein litterarisches Interesse* ...: B F, 479

99 *Nicht das Leben dieser Glücklichen* ...: B F, 486

100 *ganzes Wesen auf Literatur gerichtet*: B F, 490

100 *Alles, was nicht Litteratur ist* ...: B F, 1022

100 *Neben einem solchen Menschen* ...: B F, 491

100 *Der Coitus als Bestrafung* ...: T, 575

100 *Ich liege auf dem Boden* ...: B F, 493

101 *Kind ... Immerhin bedeuteten wir einander* ...: 29.12.1913; B F, 522

102 *die von nichts anderem handeln* ...: 18/19.11.1913; B F, 514

102 *Ich hatte Ihnen unmittelbar* ...: B F, 512

102 *Liebes Fräulein Grete, ich habe* ...: B F, 601

102 *ans Heiraten nicht mehr zu denken* ...: B F, 526

102 Missverständnisse bis zu Feindseligkeiten: B F, 527

102 *Die Ehe ist die einzige Form* ...: B F, 526

102 *In einer bestimmten, nicht der tiefsten* ...: B F, 504

103 *Ich habe sie* (Felice) *neuerlich um ihre Hand* ...: B F, 529

SIEBTES KAPITEL

ACHTES KAPITEL

NEUNTES KAPITEL

ZEHNTES KAPITEL

ZWÖLFTES KAPITEL

213 *tröstliches Aufdämmern ... verloren ...*: S, 69

214 *kurz aufeinanderfolgende Krachen*: S, 106

214 *zu schamhaft, zu verletzlich*: S, 445

214 *Papierchen ... Das könnte recht gut meine Akte sein*: S, 438

215 *Konstruktion der Genusssucht*: BwB, 379

215 *Zögern vor der Geburt*: T, 888

215 *Mein Leben war süßer ...*: an Max Brod, 5.7.1922

215 *Ich habe nicht gelebt, ich habe nur geschrieben*: vgl. BwB, 378

DREIZEHNTES KAPITEL

216 *Diese Woche ...*: BwB, 415

217 *Von allem was ich geschrieben habe ...*: BwB, 421/422

218 *Ich habe inzwischen ...*: B, 431

219 *förmlich das Schiff ...*: B, 437

219 *es wäre keine Palästinafahrt ...*: B, 438

219 *Durch die Bäume kann ich ...*: B, 436

220 »*Ich kam aus dem Osten ...*«: E, 175

220 »*er müßte ein Halbblut-Indianer sein ...*«: E, 174

220 *zu Gewicht zu kommen ... Halbtoter*: o. A.

221 *Diese ganze Berliner Sache ...*: B O, 137

221 »*Kafka mußte schreiben, ...*«: E, 178

222 *Wir durchwühlen uns wie ein Maulwurf ...*: BwB, 11

222 *eben laufe ich herum ...*: 12.7.1922; BwB, 383

223 *Das Schreiben versagt sich mir ...*: N II, 373

223 »*Vergebens hat er viele Ausgänge ....*«: zit. N II, 595

223 *Mein Leben ist das Zögern ...*: T, 888

224 *Und es sind nicht nur die äußern Feinde ...*: N II, 578

225 *Erstlingswerk*: N II, 587

225 *dünnwandige Spielerei*: ebenda

225 *es ist mir ärgerlich und rührend ...*: N II, 589

225 *neue Kräfte ...*: N II, 590

225 *Mir ist dann, als stehe ich ...*: N II, 591

225 *Gespenstern der Nacht ... bei voller Kraft ... daß es merkwürdiger Weise ...*: ebenda

226 *sie bekämpfen sich auch gegenseitig ...*: N II, 592

226 *Macht des Baues*: ebenda

226 *Vernichtungskampf*: ebenda